Richard Rohr

Alles trägt den einen Namen

Die Wiederentdeckung des universalen Christus

Aus dem Englischen von
Andreas Ebert

Ich widme dieses Buch
meiner geliebten Labradorhündin Venus.
15 Jahre hat sie mich begleitet,
und ich musste sie in Gottes Hände geben,
als ich gerade mit dem Schreiben anfing.
Ohne Selbstrechtfertigung, theologische Floskeln
oder Angst vor Häresie
kann ich mit Fug und Recht sagen,
dass auch Venus für mich Christus war.

Die biblischen Texte in diesem Buch folgen keiner einheitlich vorgegebenen Übersetzung, sondern sind zumeist Paraphrasen, bei denen der Übersetzer versucht, den bereits vom Autor paraphrasierten Inhalt wiederzugeben.

Die einzig wirklich absoluten Mysterien des Christentums sind die Selbstmitteilung Gottes in der Tiefe des Seins, die wir Gnade nennen, und in der Geschichte, die wir Christus nennen.

Nach Karl Rahner, Jesuitenpater und Theologe, 1904-1984

Ich bete die Materie nicht an. Ich bete den Gott der Materie an, der um meinetwillen Materie wurde und sich herabließ, der Materie innezuwohnen, der mein Heil durch die Materie wirkte. Ich werde nicht aufhören, diese Materie zu ehren, die mein Heil bewirkt.

St. Johannes von Damaskus, 675-753

Keine Verzweiflung unsererseits kann die Dinge ändern, wie sie sind, oder die Freude des kosmischen Tanzes beflecken, die immer vorhanden ist.

Thomas Merton, 1915-1968

INHALT

ANHÄNGE

BEVOR WIR BEGINNEN

Caryll Houselander, eine englische Mystikerin[1] des 20. Jahrhunderts, beschreibt in ihrer Autobiografie *A Rocking-Horse Catholic,* wie sich eine ganz gewöhnliche Metro-Fahrt in London in eine Vision wandelte, die ihr Leben verändert hat. Ich gebe Houselanders Beschreibung dieses umwälzenden Erlebnisses im Wortlaut wieder, weil es auf den Punkt bringt, was ich das Christusgeheimnis nennen werde, nämlich die Einwohnung der Göttlichen Gegenwart in allen und allem seit Anbeginn der Zeit, wie wir sie kennen.

> Ich befand mich in einer Metro, in einem vollen Zug, in dem alle Sorten von Leuten zusammengepfercht waren, dasaßen oder an Haltegriffen hingen – Berufstätige jeder Branche auf dem Nachhauseweg am Feierabend. Ganz plötzlich sah ich vor meinem geistigen Auge, aber so lebensnah wie auf einem wundervollen Gemälde, in ihnen allen Christus. Aber ich sah noch mehr als das; nicht nur war Christus in jeder dieser Personen, lebte in ihnen, starb in ihnen, jubelte in ihnen, trauerte in ihnen – sondern weil Er in ihnen war und weil sie hier waren, war auch die gesamte Welt hier, hier in dieser Metro; nicht nur die Welt, wie sie in jenem Moment war, nicht

1 Wenn ich das Wort »Mystik« benutze, dann beziehe ich mich auf Erfahrungswissen anstatt eines bloßen Lehrbuch- oder Dogmatikwissens. Der Unterschied besteht dahin, dass Mystiker/innen dazu neigen, Dinge in ihrer Ganzheit, ihrem Zusammenhang, ihrem universalen und göttlichen Gesamtrahmen wahrzunehmen, anstatt sie ausschließlich als Einzelgegenstände zu sehen. Mystiker/innen erfassen sozusagen die gesamte *Gestalt* in einem einzigen Bild und überschreiten dadurch oftmals unsere eher schlussfolgernde und differenzierende Art und Weise, den gegenwärtigen Moment zu sehen. Insofern ähneln sie eher Dichtern und Künstlerinnen als logischen Denkern. Offenkundig hat beides seinen legitimen Ort, aber seit der Aufklärung im 17. und 18. Jahrhundert wurden solche ganzheitlichen Sichtweisen immer weniger geschätzt. Die Mystikerin und den Mystiker hielt man in der Tat für »Exzentriker« (außerhalb des Zentrums), aber womöglich sind Mystiker und Mystikerinnen in Wahrheit die zentriertesten aller Menschen?

nur alle Menschen in allen Ländern der Welt, sondern all jene Menschen, die in der Vergangenheit gelebt hatten, und alle, die noch kommen würden.

Ich gelangte auf die Straße und lief lange Zeit inmitten der Menge. Es war dasselbe hier, auf allen Seiten, in jedem Passanten, überall – Christus.

Mich hatte schon lange die russische Vorstellung des erniedrigten Christus verfolgt, des lahmen Christus, der durch Russland hinkt und um Sein Brot bettelt; des Christus, der zu allen Zeitaltern auf die Erde zurückkehrt und sogar bei Sündern einkehrt, um durch seine Not ihr Mitgefühl zu wecken. Jetzt wusste ich im Bruchteil einer Sekunde, dass dieser Traum eine Tatsache ist; kein Traum, keine Fantasie oder Legende eines frommen Volkes, kein Vorrecht der Russen, sondern Christus im Menschen ...

Ich sah zugleich die Ehrfurcht, die jedermann für einen Sünder aufbringen muss; anstatt seine Sünde zu missbilligen, die in Wirklichkeit seine größte Not ist, muss man Christus trösten, der in ihm leidet. Und diese Ehrfurcht muss sogar jenen Sündern erwiesen werden, deren Seelen tot zu sein scheinen, weil es Christus ist, der das Leben der Seele ist, der in ihnen tot ist; sie sind seine Gräber, und Christus im Grab ist keimhaft der auferstandene Christus ...

Christus ist überall; in Ihm hat jede Lebensform eine Bedeutung und einen Einfluss auf jede andere Lebensform. Es ist nicht die törichte Sünderin wie ich, die mit Schurken durch die Welt rennt und sich edel vorkommt, die ihnen ganz nah kommt und ihnen Heilung bringt; es ist die Kontemplative in ihrer Zelle, die diese Menschen nie zu Gesicht bekommen hat, aber in der Christus für sie fastet und betet – oder es kann eine Reinigungskraft sein, in der sich Christus erneut zu einem Diener macht, oder ein König, dessen goldene Krone eine Dornenkrone verbirgt. Die Erkenntnis unseres Einsseins in Christus ist die einzige Heilung menschlicher Einsamkeit. Für mich ist sie auch der einzige Letztsinn des Lebens, das einzige, was jedem Leben Zweck und Ziel gibt.

Nach ein paar Tagen verflüchtigte sich die »Vision«. Die Menschen sahen wieder so aus wie früher, es gab nicht mehr jene schockierende Einsicht für mich, wenn ich einem Mitmenschen von Angesicht zu Angesicht begegnete. Christus war wieder verborgen; in den folgenden Jahren musste ich geradezu nach Ihm suchen, und in der Regel fand ich Ihn nur durch einen bewussten und blinden Akt des Glaubens in anderen – und insbesondere in mir selbst.

Für mich – und für uns – stellt sich die Frage: Wer ist dieser »Christus«, den Caryll Houselander als den erkannte, der all ihre Mitfahrerinnen und Mitfahrer durchdrang und von ihnen ausstrahlte? Christus war für sie eindeutig nicht nur Jesus von Nazareth, sondern etwas, dessen Bedeutung viel gewaltiger und sogar kosmisch war. Thema dieses Buches ist, wie das kommt und weshalb das wichtig ist. Sobald wir diese Vision begriffen haben, hat sie meines Erachtens die Kraft, all das radikal zu ändern, was wir glauben, wie wir andere sehen und uns zu ihnen verhalten, wie wir die Größe Gottes erspüren und wie wir verstehen, was der Schöpfer in unserer Welt wirkt.[2]

2 Anmerkung des Übersetzers: Interessanterweise hat der große franco-amerikanische Trappistenmönch und Mystiker Thomas Merton am 18. März 1958 eine ähnliche Vision gehabt wie Caryll Houselander: »In Louisville, an der Ecke von Fourth und Walnut Street, mitten im Einkaufsviertel, wurde ich plötzlich von der Erkenntnis überwältigt, dass ich all diese Menschen liebe, dass sie zu mir gehören und ich zu ihnen, dass wir füreinander keine Außerirdischen sein können, obwohl wir einander völlig fremd sind. Es war wie das Erwachen aus einem Traum des Getrenntseins, aus ... der Welt der asketischen Entsagung und der vermeintlichen Heiligkeit. Die gesamte Illusion einer separaten Existenz ist Traumtänzerei. ... Dieses Gefühl, von einem nur eingebildeten Unterschied erlöst zu werden, war für mich eine derartige Befreiung und eine derartige Freude, dass ich fast lauthals herausgelacht hätte.« Thomas Merton, *Conjectures of a Guilty Bystander*, New York 2014, 153-155. Übersetzung Andreas Ebert.

Klingt das wie ein Zuviel von Hoffnung? Schauen wir noch einmal die Begriffe an, die Houselander bei ihrem Bemühen verwendet, die schiere Reichweite dessen zu erfassen, was sich für sie nach ihrer Vision verändert hat:

Überall – Christus
Erkenntnis des Einsseins
Ehrfurcht
Jede Art von Leben hat Sinn.
Jedes Leben hat einen Einfluss auf jede andere Lebensform.

Wer würde so etwas nicht erleben wollen? Und wenn uns Houselanders Vision heutzutage irgendwie exotisch vorkommt, dann wäre dies für die frühen Christen gewiss nicht so gewesen. Die Offenbarung, dass der auferstandene Christus allgegenwärtig und ewig ist, wurde in der Heiligen Schrift (Kolosser 1, Epheser 1, Johannes 1, Hebräer 1) und in der frühen Kirche einhellig bestätigt, solange die Euphorie des christlichen Glaubens noch existierte und expandierte. In unserer Zeit jedoch muss man sich dieser tiefen Sicht in einer Art Rückeroberungsprojekt wieder annähern. Als sich die westliche Kirche im Großen Schisma von 1054 vom Osten getrennt hat, verloren wir nach und nach diese profunde Kenntnis darüber, wie Gott von jeher alles, was ist, befreit und liebt. Im Gegenzug haben wir die Göttliche Gegenwart nach und nach auf den individuellen Leib des historischen Jesus reduziert, *obwohl sie vielleicht ebenso allgegenwärtig ist wie das Licht selbst – und durch menschliche Schranken nicht abgegrenzt werden kann.*

Man könnte sagen: Das Tor des Glaubens verschloss sich für jene umfassende und wunderschöne Erkenntnis, die die frühen Christen als »Kundgebung«, Epiphanie oder vor allem als »Menschwerdung« bezeichnet haben – und auch für ihre endgültige Vollgestalt, die wir bis heute »Auferstehung« nennen. Die östlichen und orthodoxen Kirchen hingegen hatten ursprünglich ein wesentlich breiter angelegtes Verständnis von alldem, eine Einsicht, die wir in den westlichen Kirchen, katholisch wie protestantisch, erst jetzt neu zu erahnen beginnen. Das sicherlich ist es, was Johannes gemeint hat, wenn er in seinem Evangelium schrieb: »Das Wort wurde Fleisch« (1, 14) und dabei auf einen universell gängigen Allgemeinbegriff *(sarx)* zurückgriff, anstatt einen individuellen menschlichen Leib zum Thema zu machen.[3] Tatsächlich wird der isolierte Name »Jesus« im gesamten Johannesprolog nirgends erwähnt! Ist das nicht auffällig? Nur der Doppelname »Jesus Christus« taucht am Ende auf, allerdings erst im vorletzten Vers.

Man kann den Schaden gar nicht zu hoch bewerten, der der Botschaft des Evangeliums zugefügt wurde, als sich die östlichen (»griechischen«) und westlichen (»lateinischen«) Kirchen trennten, was mit der gegenseitigen Exkommunikation ihrer Patriarchen im Jahr 1054 anfing. Seit über 1000 Jahren kennen wir die »Eine, Heilige, Ungetrennte« Kirche nicht mehr.

Aber gemeinsam könnten wir mit einem bestimmten Schlüssel jenes uralte Glaubens-Tor wieder öffnen, und dieser Schlüssel ist die angemessene Deutung eines Wortes, das zwar viele von uns häufig verwenden, aber oftmals unreflektiert. Das Wort ist *Christus*.

Was, wenn Christus ein Name für *das Transzendente in* jedem »Ding« im Universum ist?

3 John Dominic Crossan stellt das überzeugend in *Resurrecting Easter* (San Francisco, 2018) dar, einer Studie, wie unterschiedlich östliche und westliche Kunst die Auferstehung verstanden und dargestellt haben. Wir haben die Publikation des vorliegenden Buches eigens verschoben, damit ich seine künstlerischen, historischen und archäologischen Befunde noch in meine theologischen Erwägungen einbeziehen könnte.

Was, wenn Christus ein Name für die ungeheure Tragweite jeder wahren Liebe ist?
Was, wenn sich Christus auf einen grenzenlosen Horizont bezieht, der uns innerlich anzieht und gleichzeitig vorwärtstreibt?
Was, wenn Christus *ein anderer Name für alles* ist – in seiner ganzen Fülle?

Ich glaube, genau das versuchte die »Große Tradition« zu sagen, womöglich sogar, ohne es selbst zu wissen. Aber die meisten von uns sind mit dieser Vollen und Großen Tradition nie in Berührung gekommen. Ich verstehe darunter die immerwährende Tradition, die »ewige Philosophie«[4], die Weisheit und »Schwarmintelligenz« des gesamten »Leibes Christi« (1. Korinther 12,27) – und speziell für dieses Buch die Zusammenschau der sich gegenseitig korrigierenden Themen, die in der Orthodoxie, im Katholizismus und in den zahllosen Verästelungen des Protestantismus ständig wieder auftauchen und einander befruchten. Ich weiß, dass dies ein gewaltiges Vorhaben ist, aber haben wir derzeit eine andere Wahl? Wenn wir die Kernmerkmale des Glaubens herauskristallisieren wollen, anstatt auf zahllosen Nebenkriegsschauplätzen zu streiten, ist dies letztlich dennoch kein allzu schwieriges Unterfangen.

Wenn man mir gestattet, würde ich auf den folgenden Seiten gern die Rolle eines Reiseleiters einnehmen bei der Erforschung all der Fragen über Christus und über das wahre Wesen der Wirklichkeit, die sich vor uns auftut und ausbreitet. Das ist eine Suchbewegung, die mich seit über fünfzig Jahren fasziniert und inspiriert. Meiner franziskanischen Tradition folgend, will ich ein Gespräch von so gewaltiger Tragweite ganz unten, gleichsam vom Wurzel-

4 Vgl. Aldous Huxley, *Die ewige Philosophie: Texte aus drei Jahrtausenden*, München 1994.

grund der Erde her, in Angriff nehmen, so dass wir diesem Diskurs wie einem Pfad aus Brotkrumen folgen können, der uns durch den Wald führt: Er beginnt mit der Natur, passiert ein neugeborenes Kind mit Vater und Mutter in einem schäbigen Stall, führt unter anderem zu einer Frau, die in der Metro sitzt, und gelangt schließlich zum Sinn und Mysterium eines Namens, der auch unser aller Name sein könnte.

Falls meine eigene Erfahrung ein Indiz ist, kann die Botschaft dieses Buches die Art und Weise verwandeln, wie wir all diese Dinge wahrnehmen und in unserer Alltagswelt praktisch umsetzen können. Diese Botschaft könnte vielleicht den tiefen universellen Sinn erschließen, der der westlichen Zivilisation derzeit wohl abhandengekommen ist und nach dem sie sich doch zu sehnen scheint. Diese Botschaft hat das Zeug dazu, das Christentum als natürliche Religion neu zu begründen und nicht als eine Religion, die auf einer Spezialoffenbarung fußt und ausschließlich ein paar glücklichen Erwählten und Erleuchteten zugänglich ist.

Aber um dieses neue Verständnis zu erleben, müssen wir uns zeitweilig auf Umwegen bewegen und behutsam und achtsam vorgehen. Vor allem am Anfang bitte ich darum, dass man hinnimmt, dass einige meiner Ausführungen *teilweise rätselhaft bleiben dürfen, zumindest für eine gewisse Zeit*. Ich weiß, dass das für unseren egozentrischen Geist unbefriedigend und beunruhigend sein kann, der auf jedem Schritt des Weges schon im Voraus die Übersicht und Aufsicht über das Ganze behalten will. Aber es geht in dieser Sache darum, sich auf jene kontemplative Weise des Lesens und Lauschens einzulassen, die uns ein großes und weites Feld erschließen wird.

G. K. Chesterton hat einmal geschrieben: *»Deine Religion ist nicht die Kirche, zu der du gehörst, sondern der Kosmos, in dem du lebst.«* Sobald wir wissen, dass die gesamte physische

Welt um uns herum und die ganze Schöpfung das Versteck und gleichzeitig der Offenbarungsort Gottes sind, wird uns diese Welt zur Heimat, schenkt Geborgenheit, verzaubert und hält Gnade für alle die bereit, die den Blick in die Tiefe wagen. Ich nenne dieses tiefe gesammelte Schauen »Kontemplation«.

Die wesentliche Funktion von Religion besteht darin, uns mit allem zu verbinden (*Re-ligio* = sich neu verbünden oder verbinden). Sie soll uns helfen, die Welt und uns selbst in einer Gesamtschau zu sehen und nicht nur in isolierten Fragmenten. Wahrhaft Erleuchtete können deshalb die Einheit sehen, weil sie *von ihrer inneren Einheitserfahrung her nach außen und auf das Ganze schauen*, statt alles sofort als überlegen oder unterlegen, drinnen oder draußen zu definieren. Wenn du meinst, du könntest *individuell und privat* »erlöst« oder erleuchtet werden, dann bist du nach meinem Dafürhalten weder erlöst noch erleuchtet!

Eine kosmische Sichtweise des Christus konkurriert mit niemandem und grenzt niemanden aus, sondern schließt alle und alles ein (Apostelgeschichte 10,15.35) und erlaubt Jesus Christus schließlich und endlich, eine Manifestation Gottes zu sein, die das gesamte Universum in sich birgt und trägt. Wenn man die christliche Botschaft so versteht, schlagen die Liebe und Gegenwart des Schöpfers in der geschaffenen Welt Wurzeln, und die theoretische Unterscheidung von »natürlich« und »übernatürlich« wird sozusagen hinfällig. Albert Einstein soll gesagt haben: »Es gibt nur zwei Weisen, dein Leben zu leben. Entweder so, als sei nichts ein Wunder, die andere, als sei alles ein Wunder.« Auf den kommenden Seiten werde ich mich für die zweite Option starkmachen!

Obwohl von der Ausbildung her Philosophie und biblische Theologie meine Schwerpunkte sind, werde ich auch auf spezifische Erkenntnisse aus Psychologie, Naturwissenschaft, Geschichte und Anthropologie zurückgreifen, um meinen Thesen eine umfassendere Basis zu geben. Ich möchte nicht, dass dies ein rein »theologisches« Buch ist, sofern ich das vermag, auch wenn es jede Menge expliziter Theologie enthält. Jesus kam nicht auf die Erde, damit das ausschließlich Theologen verstehen und ihre mehr oder weniger sinnvollen Unterscheidungen vornehmen können, sondern damit »sie *alle* eins sind« (Johannes 17,21). Er kam, um zu vereinen und »um alle Dinge in sich zu versöhnen, alles im Himmel und auf Erden« (Kolosser 1,19). Jede Frau und jeder Mann auf der Straße – oder in einem Zug – sollte fähig sein, das zu verstehen und sich darüber zu freuen!

Im gesamten Buch wird man Sätze oder Passagen finden, die von den übrigen Abschnitten etwas abgesetzt sind. Wie folgende, die sich auf die anfangs zitierte Geschichte Caryll Houselanders beziehen:

Christus ist überall.
In Ihm hat jede Art von Leben Sinn
und steht mit allen anderen Lebensformen in einer festen Verbindung.

Ich verstehe diese Unterbrechungen als Einladung, bei einem Gedanken zu verweilen und sich auf ihn so lange einzulassen, bis er Körper, Herz und Wahrnehmung der Außenwelt durchdringt und dabei vor allem mit einem immer umfassenderen Raum in Kontakt kommt. Setz dich bei jedem kursiv gedruckten Satz hin und lies ihn, wenn nötig, nochmals durch – bis du seine Wirkung und seine umfassenderen Konsequenzen für die Welt und ihren Verlauf und für dich selbst wahrnimmst (mit anderen Worten: bis »das Wort« für dich »Fleisch wird«!). Spring nicht zu rasch zur nächsten Zeile!

In der klösterlichen Tradition nennt man diese Praxis, bei einem Text innezuhalten und seine Tiefen auszuloten, *»Lectio Divina«* (göttliche Lektüre). Es handelt sich um eine kontemplative Art des Lesens, die tiefer eintaucht als das intellektuelle Verstehen von Worten oder als das Benutzen von Worten, um Antworten zu geben oder um Probleme und Sorgen unmittelbar zu beheben. *Kontemplation bedeutet, geduldig darauf zu warten, dass sich Lücken schließen; sie kann auf sofortige schnelle Folgerungen oder einfache Antworten* verzichten. Sie hat es nicht eilig, zu einem abschließenden Urteil zu gelangen, ja, sie vermeidet es geradezu, solch schnelle Urteile zu fällen, weil Urteile eher mit dem egozentrischen Bedürfnis zu tun haben, alles selbst zu bestimmen und zu steuern, als mit einer behutsam-liebevollen Suche nach der Wahrheit.

Das also wird unser Übungsweg sein, wenn wir uns gemeinsam ans Werk machen, um ein Verständnis von Christus zu erarbeiten, der viel mehr ist als der Nachname Jesu.

TEIL 1

EIN ANDERER NAME FÜR ALLES

1
CHRISTUS IST NICHT DER NACHNAME JESU

Am Anfang schuf Gott den Himmel und die Erde.
Die Erde aber war ohne Gestalt und leer,
finster war es über dem Antlitz des Ur-Chaos,
und die göttliche Geistkraft brütete über den Wassern.
Gott sprach: »Licht!«, und da war Licht.

Genesis /1. Mose 1,1-3

Quer durch die Reihen der etwa 30 000 existierenden Varianten des Christentums gibt es Gläubige, die *Jesus* lieben und (zumindest theoretisch) kein Problem damit haben, sowohl sein Menschsein als auch seine Göttlichkeit zu akzeptieren. Viele von ihnen bringen zum Ausdruck, dass sie eine persönliche Beziehung zu Jesus haben – vielleicht als Antwort auf seine Inspiration, Nähe und Gegenwart in ihrem Leben, vielleicht aber auch aus Furcht vor seinem Urteil oder Zorn. Andere vertrauen auf sein Erbarmen oder benutzen ihn als Rechtfertigung für ihre Weltanschauungen und ihre Politik. Wie aber könnte der Begriff *Christus* die gesamte Gleichung ändern? Ist Christus einfach der Nachname Jesu? Oder handelt es sich um einen Offenbarungstitel, der unsere ganze Aufmerksamkeit verdient? Inwiefern unterscheiden sich die Funktion und die Rolle Christi von denen, die Jesus hat? Was meint die Bibel damit, wenn Petrus nach Pfingsten in seiner ersten Ansprache an die Menschenmenge sagt: »Gott hat diesen Jesus … zum Herrn und zum Christus gemacht« (Apostelgeschichte 2,36)? Waren beide nicht schon immer ein und dasselbe, beginnend mit der Geburt Jesu?

Um diese Fragen zu beantworten, müssen wir weit ausholen und fragen: Was hatte Gott in den ersten Augenblicken der Schöpfung im Sinn? War Gott völlig unsichtbar, bevor das Universum seinen Anfang nahm? Gibt es denn so etwas wie ein »Davor«? Weshalb hat Gott überhaupt etwas erschaffen? Was war Gottes Absicht mit der Schöpfung? Ist das Universum selbst ewig? Oder ist das Universum eine Schöpfung innerhalb der Zeit – wie auch Jesus?

Wir müssen zugeben, dass wir vermutlich nie das »Wie« oder auch nur das »Wann« der Schöpfung ergründen werden. Die Frage, die jede Religion zu beantworten versucht, ist meist das »Warum«. Gibt es einen Hinweis darauf, *warum und wozu* Gott den Himmel und die Erde gemacht hat? Lag dabei irgendeine göttliche Absicht vor, gab es ein Ziel? Und brauchen wir wirklich einen »Schöpfergott«, um die Existenz des Universums zu erklären?

Die meisten Traditionen, die sich lange Zeit behaupten konnten, haben auf diese Fragen Antworten gegeben, und für gewöhnlich lauten die etwa so: Alle existierende Materie ist Ausfluss einer Ersten Quelle, die ursprünglich nur als Geist existierte. Diese unerschöpfliche Primärquelle verströmte sich irgendwie in endliche, sichtbare Formen, erschuf alles vom Felsgestein bis hin zum Wasser, zu Pflanzen, Organismen, Tieren und Menschen – alles, was wir mit dem Auge sehen können. Dieser Selbsterweis jener ewigen Quelle, den man Gott nennt, war die erste *Inkarnation* (der gebräuchliche Begriff für die Materialisierung oder »Fleischwerdung« des Geistes). Sie fand lange vor der zweiten Inkarnation statt, die personalen Charakter hatte und sich, wie Christen glauben, in und mit Jesus ereignete. Die franziskanische Tradition sagt: Die Schöpfung ist die erste Bibel, und sie existierte bereits 13, 7 Milliarden Jahre, bevor die zweite Bibel geschrieben wurde.[5]

5 Römer 1,20 sagt dasselbe, falls man sich fragt, inwiefern diese Selbstkritik bereits in der Bibel aufleuchtet.

Wenn Christenmenschen das Wort »Inkarnation« hören, denken die meisten von uns sofort an die Geburt Jesu, die Gottes totale und persönliche Vereinigung mit der Menschheit manifestiert hat. Aber in diesem Buch möchte ich den Vorschlag machen, dass die allererste Inkarnation jener Moment war, der in Genesis/1. Mose 1 beschrieben wird, wo sich Gott mit dem physischen Universum vereinigt und zum Licht wird, das in allem leuchtet. (Dies ist meines Erachtens der Grund, weshalb das *Licht* Gegenstand des ersten Schöpfungstages ist. Seine Geschwindigkeit ist inzwischen als die einzige universale Konstante anerkannt.) Die Inkarnation ist dann eben nicht ausschließlich »Gott, der irgendwann zu Jesus wird«. Es handelt sich um ein wesentlich umfassenderes Ereignis, weshalb Johannes Gottes Präsenz zunächst mit dem Allgemeinbegriff »Fleisch« umschreibt (Johannes 1,14). Johannes spricht von jenem allgegenwärtigen Christus, den Caryll Houselander so hautnah erfahren hat, von dem Christus, dem auch wir anderen alle ständig in unseren Mitmenschen, in einem Berg, in einem Grashalm oder in einem Vogel begegnen.

Alles, was sichtbar ist, ist Selbstmitteilung Gottes. Ohne Ausnahme. Was sonst könnte es sein? »Christus« ist eine Bezeichnung für die ursprüngliche Matrix (den »*Logos*«), durch die »alle Dinge entstanden sind. Und kein einziges Ding ist ohne den Logos da« (Johannes 1,3). Die Dinge so sehen zu können hat meinem eigenen Glauben eine neue Dimension gegeben, ihn mit neuer Energie erfüllt und ihn weiter gemacht, und ich glaube, genau dies könnte der ganz besondere Beitrag des Christentums unter den Weltreligionen sein.[6]

6 Deswegen spricht der Titel des ersten Teils dieses Buches von »jedem Ding« und nicht einfach von »allem«, weil ich glaube, das Christusgeheimnis bezieht sich in besonderer Weise auf Dinglichkeit, Materialität, physische Existenz. Ich verstehe unter Christus keine Konzepte und Ideen. Sie mögen wohl das Christusgeheimnis kommunizieren, wie ich es hier zu tun

Wenn man darüber hinwegsehen kann, dass Johannes ein männliches Pronomen benutzt, um etwas zu beschreiben, was eindeutig jenseits von Geschlechterdefinitionen existiert, kann man sehen, dass er uns in seinem Prolog (1,1-18) eine heilige Kosmologie[7] anbietet und nicht nur eine Theologie. Lange vor der Inkarnation in der Person Jesus war Christus zutiefst *in* alle Dinge eingebettet – *als* alle Dinge! Die ersten Zeilen der Bibel betonen, dass »die göttliche Geistkraft über den Wassern der Urflut« beziehungsweise der gestaltlosen Leere »brütete«, und schlagartig wurde das materielle Universum in seiner gesamten Tiefe und Bedeutung sichtbar (Genesis 1,1ff.). »Zeit« bedeutet an dieser Stelle selbstverständlich noch nichts. Das Christusgeheimnis ist der neutestamentliche Versuch, jener Greifbarkeit und Anschaulichkeit einen Namen zu geben, die sich bereits am ersten Schöpfungstag ereignet hat.

Ich erinnere daran: *Licht ist nicht so sehr das, was man sieht, sondern das, wodurch man alles andere sieht.* Deswegen macht Jesus Christus im Johannesevangelium die fast überheblich klingende Aussage: »Ich bin das Licht der Welt« (Johannes 8,12): Jesus Christus ist das Verschmelzen von Materie und Geist an einem konkreten Ort, damit auch wir fähig werden, beides immer und überall zusammenzufügen und die Dinge in ihrer ganzen Fülle wahrzunehmen und zu genießen. Das kann so weit gehen, dass wir fähig werden, *so zu sehen, wie Gott sieht,* falls das keine allzu hochfliegende Erwartung ist.

versuche, aber »Christus« bezieht sich für mich auf Ideen, die auf spezifische Weise »Fleisch angenommen haben« (Johannes 1,14). Jede und jeder hat natürlich die Freiheit, anderer Meinung zu sein als ich, aber zumindest sollte man wissen, wovon ich ausgehe, wenn ich in diesem Buch von »Christus« rede.

7 Anmerkung des Übersetzers: *Kosmologie* (griechisch κοσμολογία, »die Lehre von der Welt«) beschäftigt sich mit dem Ursprung, der Entwicklung und der grundlegenden Struktur des Kosmos sowie mit dem Universum als Ganzem.

Naturwissenschaftler haben entdeckt, dass alles, was für das menschliche Auge wie Finsternis aussieht, in Wahrheit von winzigen Teilchen erfüllt ist, die »Neutrinos« genannt werden. Es handelt sich um Lichtpartikel, die im gesamten Universum unterwegs sind. Offenbar gibt es nirgends so etwas wie absolute Dunkelheit, obwohl das menschliche Auge meint, dass es so sei. Das Johannesevangelium ist genauer als unsere Vorstellungen, wenn es Christus »ein Licht« nennt, »das von der Finsternis nicht überwältigt werden kann« (1,5). Zu wissen, dass jenes innere Licht nicht ausgeknipst oder eliminiert werden kann, stimmt zutiefst hoffnungsvoll. Und als sei das nicht genug, zeigt das aktive Verb, das Johannes benutzt (»Das wahre Licht ... *kam* in die Welt«, 1,9), dass das Christusgeheimnis kein einmaliges Ereignis ist, sondern ein Prozess, der im Lauf der Zeit fortdauert – ebenso konstant wie das Licht, das das All erfüllt. Und »Gott sah, dass das Licht gut war« (Genesis 1,3). Ich bitte darum, das festzuhalten!

Aber die Metaphorik wird noch tiefsinniger und dichter. Christinnen und Christen gehen davon aus, dass diese universale Präsenz zu einem bestimmten historischen Zeitpunkt »von einer Frau unter dem Gesetz« geboren wurde (Galater 4,4). Dies ist der gewaltige christliche Sprung des Glaubens, den nicht alle nachvollziehen können oder wollen. Wir behaupten mit einer gewissen Dreistigkeit, dass ein konkretes Individuum so von der Gegenwart Gottes erfüllt wurde, dass man an und in ihm ablesen kann, wie Menschheit und Gottheit vereint zusammenwirken können – und deshalb auch in uns! Anstatt allerdings zu sagen, dass Gott durch Jesus *in* die Welt kam, wäre es vielleicht richtiger zu sagen, dass Jesus *aus* einer von Christus erfüllten Welt kam. Die zweite Inkarnation war Ausfluss der ersten und entsprang Gottes Liebesvereinigung mit der physischen Schöpfung. Für wen sich das noch immer schräg anhört, möge mir noch ein Weilchen Vertrauen vorschießen. Ich verspreche, dass meine Ausführungen den Glauben an Jesus und den an Christus vertiefen und erweitern wird. Es handelt sich um eine gewichtige neue Umschreibung dafür, wer oder was Gott sein könnte und was ein so verstandener Gott tut. Möglicherweise brauchen wir einen solchen Gott, um angemessener auf jene Fragen eingehen zu können, die Ausgangspunkt dieses Kapitels gewesen sind.

Der springende Punkt ist für mich folgender: Wenn ich weiß, dass die mich umgebende Welt zugleich Versteck und Offenbarung Gottes ist, kann ich nicht mehr behaupten, dass es einen wichtigen Unterschied zwischen dem Natürlichen und dem Übernatürlichen, dem Heiligen und dem Profanen gibt. (Eine göttliche »Stimme« macht in Apostelgeschichte 10 einem ziemlich widerborstigen Petrus ebendies klar.) Alles, was ich sehe und erkenne, ist in der Tat ein *»Uni-Versum«* (wörtlich: »das in Eins Gekehrte«), das sich um ein kohärentes Zentrum bewegt. Die göttliche Gegenwart sehnt sich nach Verbindung und Gemeinschaft, nicht nach Trennung und Teilung – *es sei denn, um einer noch tieferen künftigen Ebene von Einheit willen.*

Was für einen Unterschied macht das aus für die Art und Weise, wie ich durch die Welt gehe und wie ich alle meine Mitmenschen sehe, denen ich im Lauf des Tages begegne! Es ist jetzt so, als könne alles, was bisher enttäuschend und »verfallen« gewirkt hat, einschließlich all der riesigen Rückschläge im Blick auf einen positiven Verlauf der Geschichte, als Teil einer Gesamtbewegung gesehen werden, die nach wie vor begeistern kann und durch Gottes Liebe eine dienende Funktion hat. Das alles muss irgendwie brauchbar und voll von ungenutztem Potenzial sein, einschließlich jener Dinge, die sich wie Betrug oder gar wie Kreuzigung anfühlen. Weshalb und wie könnten wir die Welt sonst lieben? Nichts und niemand muss außen vor bleiben.

Die Art von Ganzheit, die ich beschreibe, ist etwas, was unsere postmoderne Welt nicht mehr zu schätzen vermag und sogar vehement leugnet. Ich frage mich immer, weshalb wir nach dem Triumph des Rationalismus während der Zeit der Aufklärung solch eine Zusammenhangslosigkeit vorziehen. Ich war einmal der Meinung, wir seien uns alle einig, dass die Suche nach Zusammenhängen und nach einer Art von letztem Sinn erstrebenswert ist. Aber im vergangenen Jahrhundert haben zahlreiche Intellektuelle die Existenz und den Erweis solch umfassender Ganzheit geleugnet – und im Christentum haben wir den Fehler begangen, die Gegenwart des Schöpfers in der gesamten Schöpfung auf eine einzige Manifestation in menschlicher Gestalt zu reduzieren, auf Jesus. Die Folgen unserer extrem selektiven Wahrnehmung für die Geschichte und die Menschheit waren geradezu desaströs. Die Schöpfung wurde als etwas Profanes hingestellt, als ein hübscher Zufall, als bloße Kulisse für das eigentliche Schauspiel der göttlichen Absicht – in dem immer und ausschließlich nur wir selbst die Hauptrolle gespielt haben. (Oder, noch prekärer, Er!) Es ist unmöglich, dass sich Menschen innerhalb eines profanen, leeren oder zufälligen Universums als spirituelle Wesen erleben. Diese Sichtweise vermittelt uns vielmehr eine Grundstimmung von Getrenntein und Konkurrenz; wir streben nach Überlegenheit, anstatt zutiefst verbunden zu sein und dieser Einheit zu erlauben, immer weitere Kreise zu ziehen.

Aber Gott liebt Dinge, indem er sie wird.
Gott liebt Dinge, indem er eins wird mit ihnen,
nicht indem er sie ausstößt.

Durch den Schöpfungsakt hat Gott gezeigt, dass und wie sich die göttliche Gegenwart in die physische und materielle Welt verströmt.[8] Gewöhnliche Materie ist das Versteck des Geistes und insofern der Körper Gottes. Was könnte das denn sonst sein, wenn wir – mit allen rechtgläubigen Juden, Christen und Muslimen – annehmen, dass »ein Gott alle Dinge erschaffen hat«? Seit Anbeginn der Zeit hat Gottes Geist durch die physische Schöpfung seine Ehre und Güte offenbart. Zahlreiche Psalmen bestätigen das bereits, wenn sie davon reden, dass »Flüsse in die Hände klatschen« und »Berge singen vor Freude«. War Paulus, als er geschrieben hat: »Es gibt nur Christus. Er ist alles und er ist in allem« (Kolosser 3,11), ein naiver Pantheist, oder hat er tatsächlich schon das volle Ausmaß des Evangeliums von der Inkarnation Gottes verstanden?

Gott hat anscheinend beschlossen, dem Unsichtbaren eine Gestalt zu verleihen in dem, was wir »sichtbar« nennen, so dass alle sichtbaren Dinge Offenbarung der einen spirituellen Energie Gottes sind, die sich endlos verströmt. Sobald das ein Mensch einmal begriffen hat, ist es schwierig, je wieder einsam zu sein in dieser Welt.

EIN UNIVERSALER UND PERSÖNLICHER GOTT

Zahlreiche Bibelstellen betonen sehr deutlich, dass dieser Christus »von Anfang an« existiert hat (Johannes 1,1-18, Kolosser 1,15-20 und Epheser 1,3-14 sind die Hauptquellen), so dass Christus und Jesus nicht einfach denselben Bedeutungsraum einnehmen können. Indem Christen das Wort »Christus« an Jesus angeklebt haben, als sei dies sein Nachname und nicht jenes Mittel, durch das Gott die gesamte Materie im Verlauf der Geschichte verzaubert hat,

8 Siehe sowohl Römer 8,19ff. als auch 1. Korinther 11,17ff., wo Paulus seine expansive Auffassung der Inkarnation auf für mich überzeugende Weise verdeutlicht. Die meisten von uns haben das allerdings nie so gehört.

wurde das christliche Denken ziemlich schludrig. *Unser Glaube wurde zu einem theologischen Wettstreit zwischen verschiedenen kleinkarierten Erlösungstheorien anstatt zu einer universalen Kosmologie, in der wir alle mit der uns innewohnenden Würde Platz finden können.*

Gerade heute brauchen wir, vielleicht mehr denn je zuvor, einen Gott, der so groß ist wie das noch immer expandierende Universum. Sonst werden gebildete Menschen Gott nach wie vor als bloßes Anhängsel an eine Welt sehen, die in sich selbst fantastisch, wunderschön und lobenswert ist. Wenn Jesus nicht auch als Christus präsentiert wird, dann prophezeie ich, dass immer weniger Menschen aktiv gegen das Christentum rebellieren werden, während es für immer mehr Menschen im Laufe der Zeit uninteressant wird. Zahlreiche naturwissenschaftliche Forscher, Biologen und Sozialarbeiter haben das Christusgeheimnis gewürdigt, ohne dass sie dafür irgendwelche Jesus-Sprache verwenden mussten. Das Göttliche war anscheinend niemals besonders erpicht darauf, dass wir seinen oder ihren exakten Namen auf die Reihe kriegen (siehe Exodus/2. Mose 3,14). Jesus selbst sagt: »Vertraut nicht denen, die ›Herr, Herr‹ *sagen*« (Matthäus 7,21; Lukas 6,46). Er selbst sagt, es käme auf die an, die das »Richtige tun« und nicht auf die, die »das Richtige sagen«. Aber verbale Rechtgläubigkeit ist eine Lieblingsbeschäftigung des Christentums und hat uns zu manchen Zeiten legitimiert, Menschen auf dem Scheiterhaufen zu verbrennen, weil sie nicht »das Richtige gesagt« haben.

Das passiert, wenn wir uns auf einen exklusiven Jesus fixieren, zu dem wir eine »persönliche Beziehung« haben, und darauf, wie er dich und mich vor einer irgendwie gearteten ewigen feurigen Folter retten kann. In den ersten zwei Jahrtausenden der Christenheit haben wir unseren Glauben in Gestalt eines Problems und einer Drohung formuliert. Aber wenn du meinst, das Hauptziel Jesu bestünde darin, ein Heilmittel für deine persönliche und individuelle Erlösung zur Verfügung zu stellen, liegt der Gedanke nahe, dass er mit der Menschheitsgeschichte insgesamt rein gar nichts zu tun hätte – mit Krieg und Ungerechtigkeit, mit der Zerstörung der Natur oder mit irgendetwas, was den Begierden unserer Egos oder unseren gesellschaftlichen Vorurteilen widerspricht. *Am Ende haben wir unter der Rubrik »Jesus« unsere Nationalkulturen verbreitet, anstatt im Namen Christi eine Botschaft der universellen Befreiung zu verkünden.*

Wenn wir keine Ahnung davon haben, dass die Welt in sich geheiligt ist – jedes noch so winzige Bruchstück des Lebens und des Todes –, fällt es uns schwer, Gott in unserer eigenen Lebenswirklichkeit zu sehen, geschweige denn die gesamte Wirklichkeit zu achten, zu schützen oder zu lieben. Die Folgen dieser Ignoranz umgeben uns überall; sie zeigen sich darin, wie wir unsere Mitmenschen bis heute ausbeuten und ihnen Schaden zufügen, aber auch die lieben Tiere, das Gewebe all dessen, was wächst, das Land, die Gewässer und besonders die Luft. Es hat bis zum 21. Jahrhundert gedauert, bis ein Papst das so deutlich ausgesprochen hat wie Papst Franziskus in seinem prophetischen Dokument *Laudato Si.* Möge es nicht zu spät sein und möge der Graben zwischen praktisch-konkreter Sichtweise (Wissenschaft) und holistischer Sichtweise (Religion) vollständig überwunden werden. Beide brauchen einander noch immer.

Das, was ich in diesem Buch als *inkarnatorisches Weltbild* bezeichne, ist das tiefe Erkennen der göttlichen Gegenwart in buchstäblich allem und allen. Das ist der Schlüssel zu geistiger und geistlicher Gesundheit und auch zu einer bestimmten Grundzufriedenheit und Lebensfreude. Eine inkarnatorische Weltsicht ist die einzige Möglichkeit, wie wir unsere inneren Welten mit der Außenwelt versöhnen können, Einheit mit Vielfalt, das Materielle mit dem Spirituellen, das Individuelle mit Kollektivem und das Göttliche mit dem Menschlichen.

Im frühen 2. Jahrhundert fing die Kirche an, sich »katholisch« zu nennen, das so viel bedeutet wie *global* oder *universal*. Das geschah, nachdem sie den eigenen *universalen* Charakter und die *Universalität* ihrer Botschaft begriffen hatte. Erst als die Kirche das Bewusstsein dafür wieder verloren hatte, eine unteilbare und inklusive Botschaft zu verkünden, wurde der Begriff »katholisch« mit Hilfe des Adjektivs »römisch« eingefriedet. Schließlich fuhren wir nach der bitter nötigen Reformation 1517 damit fort, uns in immer kleinere, miteinander konkurrierende Fraktale aufzusplittern. Davor hatte schon Paulus die Korinther gewarnt, indem er eine Frage stellte, die uns noch immer ausbremsen sollte: »Kann Christus aufgeteilt werden?« (1. Korinther 1, 13)? Aber wir haben in den Jahren, seit diese Worte geschrieben wurden, munter weiter gespaltet.

Das Christentum ist, um es milde auszudrücken, zu einem Sammelsurium von Stammeskulturen geworden. Aber das muss es nicht bleiben. Der eigentliche und ganze christliche Sprung des Glaubens besteht darin, dass wir darauf vertrauen, *dass uns Jesus gemeinsam mit Christus ein menschliches, aber dennoch völlig passgenaues Fenster in jenes Ewige Jetzt geschenkt hat, das wir Gott nennen* (Johannes 8,58; Kolosser 1,15; Hebräer 1,3; 2. Petrus 3,8).

> *Christus ist Gott, und Jesus ist die historische Gestaltwerdung des Christus in der Zeit.*
> *Jesus ist ein Dritter, nicht nur Gott und nicht nur Mensch, sondern Gott und Mensch vereint.*

Dies ist die einzigartige und zentrale Botschaft des Christentums, und sie hat massive theologische, psychologische und politische Konsequenzen – und zwar überaus positive. Aber wenn wir unfähig sind, diese beiden scheinbaren Antipoden Gott und Mensch in Jesus Christus zusammenzudenken, können wir beides meist auch nicht in uns selbst oder im restlichen materiellen Universum vereinen. Das ist bisher unsere Hauptsackgasse gewesen. Jesus sollte den Code knacken, aber weil wir ihn nicht mit Christus verbunden haben, haben wir den Kern dessen verloren, was das Christentum hätte sein können.

Ein ausschließlich persönlicher Gott wird zum Kitschgötzen einer Stammeskultur, und ein ausschließlich universaler Gott verlässt niemals den Raum abstrakter Theorie und philosophischer Prinzipien. Aber wenn wir lernen, beide zu verbinden, dann schenken uns Jesus und Christus einen Gott, der sowohl *persönlich* als auch *universal* ist.

Das Christusgeheimnis segnet und salbt von Anfang an die gesamte physische Materie mit einer ewigen Berufung. (Es sollte nicht überraschen, dass das Wort, das wir aus dem Griechischen [Χριστός] mit *Christus* übersetzen, von dem Hebräischen *mesach* kommt, was »der Gesalbte« oder der Messias bedeutet. Er offenbart, dass alles »gesalbt« ist!) Viele beten noch immer für etwas und warten noch immer auf etwas, was uns bereits dreimal geschenkt worden ist: zunächst in der Schöpfung; zweitens in Jesus, »damit wir ihn hören konnten, ihn sehen mit eigenen Augen, ihn schauen und mit unseren Händen berühren, das Wort, das das Leben selbst ist« (1. Johannes 1,1); und drittens in jener fortwährenden Liebesgemeinschaft (von Christen als der »Leib Christi« bezeichnet), die sich im Lauf der gesamten Menschheitsgeschichte allmählich entfaltet (Römer 8,18ff.). Wir befinden uns noch immer in diesem Fluss.

Angesichts unserer gegenwärtigen Bewusstseinsentwicklung und insbesondere des historischen und technologischen Zugangs, den wir heutzutage zum »Gesamtbild« haben, frage ich mich, ob ein aufrechter Mensch eine heile und heilige »persönliche« Beziehung zu Gott haben kann, *wenn* ihn dieser Gott nicht zugleich mit dem Universalen verbindet. Ein persönlicher Gott, das kann ja nicht bedeuten, ein kleinerer Gott, und ebenso kann dich auch Gott auf keine Weise kleiner machen – oder es wäre nicht Gott.

Paradoxerweise haben Millionen der sehr Frommen, die auf die »Wiederkunft« warten, weitgehend das erste Kommen verpasst – und auch das dritte! Ich wiederhole: *Gott liebt Dinge, indem er sie wird.* Und wie wir soeben gesehen haben, hat dies Gott mit der Erschaffung des Universums und mit Jesus so gemacht, und Gott tut es noch immer im realen und menschlichen Leib Christi (1. Korinther 12,12ff.) und sogar in schlichten Elementen wie Brot und Wein. Leider Gottes gibt es im Christentum eine ganze Sektion, die nach einem Fluchtweg aus Gottes kontinuierlicher Schöpfung sucht – und sogar darum betet –, zugunsten einer Art von Harmagedon oder Entrückung. Soviel zum Thema: den springenden Punkt verpasst! Die wirkungsvollsten Lügen sind häufig die wirklich großen.

Das sich entfaltende allumfassende Christusgeheimnis, an dem wir alle teilhaben, ist das Thema dieses Buches. Jesus ist eine Landkarte für die zeitgebundene persönliche Lebensebene, und Christus ist die Blaupause für alle Zeiten und alle Räume und für das Leben selbst. Beide offenbaren das universale Muster von steter Selbstentäußerung und neuer Erfüllung (Christus) beziehungsweise von Tod und Auferstehung (Jesus). Das ist jener Prozess, den wir in verschiedenen Epochen unserer Geschichte »Heiligkeit«, »Erlösung« oder einfach »Wachsen und Reifen« genannt haben. Christen können sehen, wie das universale Muster auf vollkommene Weise das innere Leben der Trinität nachahmt, wie es in der christlichen Theologie[9] formuliert wurde und wird. Die Trinität ist unsere Matrix dafür, wie sich die Realität insgesamt

9 Für eine umfassendere Behandlung dieser Vorstellung siehe mein früheres Buch *Der göttliche Tanz*, Asslar 2017, das man als Vorläufer dieses Buches verstehen kann.

entfaltet, da alle Dinge »nach dem Bild und Gleichnis« Gottes erschaffen sind (Genesis/1. Mose 1,26-27).

Für mich ist das Begreifen des vollen Christusgeheimnisses der Schlüssel zu einer grundlegenden Reform der christlichen Religion, die uns über alle Versuche hinausführen wird, Gott in unserer exklusiven Gruppe einzusperren oder gefangen zu halten. Das Neue Testament beschreibt es dramatisch und eindeutig: »Bevor die Welt erschaffen wurde, wurden wir in Christus auserkoren, ... von Gott als Eigentum beansprucht und von Anfang an auserwählt« (Epheser 1,3.11), »so dass er unter dem Oberhaupt Christus alles vereinen könnte« (1,10). *Sollte das alles stimmen, dann wäre das eine theologische Grundlage für sehr natürliche Religion, die jeden und jede einschließt. Das Problem war von Anfang an gelöst.* Schraub deinen christlichen Kopf ab, schüttle ihn einmal kräftig durch und setz ihn wieder auf!

JESUS CHRISTUS UND DIE LIEBESGEMEINSCHFT

Der franziskanische Philosoph und Theologe Johannes Duns Scotus (1266-1308), dessen Gedankenwelt ich vier Jahre lang gründlich studiert habe, versuchte, diese ursprüngliche und kosmische Sicht zu formulieren, als er schrieb: *»Gott will Jesus Christus vor allem als das* summum opus deum, *das höchste Werk Gottes haben.«*[10] Mit anderen Worten: Gottes »erste Idee« und Gottes Priorität bestanden darin, das Wesen Gottes sowohl sichtbar als auch mitteilbar zu machen. Der Terminus, der in der Bibel für diese Idee benutzt wurde, ist *Logos* und entstammt der griechischen Philosophie. Ich würde den Begriff mit »Blaupause« oder »Ur-Muster der Wirklichkeit« übersetzen. *Die gesamte*

10 Karl Rahner, Hg., Encyclopedia of Theology, Eintrag zum Scotismus, London 1975, S. 1548.

Schöpfung – nicht nur Jesus – ist Liebesgemeinschaft, Partnerin im göttlichen Tanz. Alles ist »Kind Gottes«. Keine Ausnahmen. Wenn man es recht bedenkt – was sonst sollte alles sein? Alle Geschöpfe müssen auf irgendeine Weise die göttliche DNA ihres Schöpfers in sich tragen.

Unglücklicherweise war das Konzept von Glauben, das im Abendland Gestalt annahm, viel eher *eine rationale Zustimmung dazu, dass gewisse Glaubensformeln wahr sind, als ein relaxtes und hoffnungsvolles Vertrauen darauf, dass Gott in allen Dingen wohnt und dass die gesamte Wirklichkeit unterwegs ist zu einem guten Ziel.* Es war vorhersagbar, dass wir schon bald intellektuellen Glauben (der dazu neigt, zu zergliedern und einzugrenzen) von Liebe und Hoffnung getrennt haben (die verbinden und insofern verewigen). Paulus sagt in seinem grandiosen Hymnus an die Liebe: »Es gibt nur drei Dinge, die Bestand haben – Glaube, Hoffnung und Liebe« (1. Korinther 13,13). Alles andere vergeht.

> *Glaube, Hoffnung und Liebe sind das Wesen Gottes und demzufolge das Wesen des gesamten Seins. So etwas Gutes kann nicht sterben. (Das meinen wir, wenn wir »Himmel« sagen.)*

Jede dieser Drei Großen Tugenden muss jeweils die anderen beiden enthalten, um authentisch zu sein: Liebe ist immer voller Hoffnung und treu, Hoffnung ist immer liebevoll und beständig, und Glaube ist immer von Liebe und Hoffnung erfüllt. Sie sind das Wesen Gottes und insofern das Wesen des gesamten Seins. Diese Ganzheit ist im Kosmos personifiziert als Christus und in der Menschheitsgeschichte als Jesus. Gott ist also nicht nur Liebe (1. Johannes 4,16), sondern auch die absolute Glaubenstreue und die Hoffnung in Person. Und die Kraft dieser Glaubenstreue und Hoffnung fließt vom Schöpfer aus zu allen Geschöpfen und bewirkt jedes Wachstum, jede Heilung und jeden Frühling.

Keine Einzelreligion wird je die ganze Tiefe solch eines Glaubens ganz umfassen.
Kein Volk hat ein Monopol auf solch eine Hoffnung.
Keine Nation kann den Strom solch universaler Liebe kontrollieren oder aufhalten.

Dies sind die allgegenwärtigen Gaben des Christusmysteriums, verborgen in allem, was je gelebt hat, was je gestorben ist und was wieder leben wird.

Ich hoffe, die Vision wird deutlicher. Sie ist in gewisser Weise so einfach und einleuchtend, dass man sie nur schwer lehren kann. Es handelt sich vor allem um eine Sache des Ver-Lernens, *damit du lernst, deinem gesunden christlichen Menschenverstand zu trauen,* wenn ich das einmal so sagen darf. Christus ist eine gute und einfache Metapher für absolute Ganzheit, vollständige Inkarnation und für die Bewahrung der Schöpfung. Jesus ist der archetypische Mensch (Hebräer 4,15), der uns gezeigt hat, wie echtes Menschsein aussehen könnte, wenn wir uns vollständig in es einleben könnten (Epheser 4,12-16). *Offen gesagt ist Jesus viel eher gekommen, um uns zu zeigen, wie wir menschlich sein können, als um uns zu sagen, wie wir spirituell sein können,* und dieser Prozess befindet sich, wie es scheint, noch immer in seinen frühen Phasen.

Ohne Jesus ist der schiere Umfang und Sinn unseres tief verstandenen Menschseins zu groß und zu gut, als dass sie unser Verstand sich vorstellen könnte. Aber wenn wir wieder Jesus und Christus zusammenfügen, können wir eine Große Vision und ein Großartiges Werk in Gang setzen.

2
ANNEHMEN, DASS DU GANZ UND GAR ANGENOMMEN BIST

Ich mache die gesamte Schöpfung neu ...
Es wird wahr werden ...
Es ist schon vollbracht!
Ich bin das Alpha und das Omega,
sowohl der Anfang als auch das Ende.
Offenbarung 21,5-6

Ich erkläre euch feierlich:
Bevor Abraham da war, BIN ICH.
Johannes 8,58

Wer spricht da in diesen beiden Bibelstellen? Ist es Jesus von Nazareth oder jemand anderes? Wir müssen auf jeden Fall zu dem Schluss kommen, dass, wer auch immer hier redet, einen riesigen und optimistischen Bogen zur Gesamtgeschichte spannt, und dass hier nicht einfach der kleine galiläische Zimmermann spricht. »Ich bin sowohl der Erste als auch der Letzte«, sagt die Stimme in Offenbarung 22,14 und beschreibt damit einen schlüssig nachvollziehbaren Verlauf vom Anfang bis zum Ende aller Dinge. Das zweite Zitat aus dem Johannesevangelium ist sogar noch erstaunlicher. Wenn nur Jesus es wäre, der hier spricht – und sich Gott nennt, während er in Jerusalems einzigartigem Tempel steht –, hätte das anwesende Volk jeden guten Grund, ihn zu steinigen!

Auch wenn ich nicht meine, dass Jesus jemals seine reale Einheit mit Gott angezweifelt hat, hat Jesus von Nazareth zu seinen Lebzeiten normalerweise nicht in göttlichen

»ICH BIN«-Statements geredet, wie sie sich siebenmal und ausschließlich nur im Johannesevangelium finden. In den Evangelien nach Matthäus, Markus und Lukas nennt sich Jesus fast durchgehend den »Menschensohn« beziehungsweise den »Jedermann«, wobei er diesen Ausdruck insgesamt siebenundachtzigmal benutzt.[11] Aber im Johannesevangelium, das irgendwann zwischen 90 und 110 nach Christus datiert wird, tritt die Stimme Christi in den Vordergrund, um fortan fast alles Reden zu übernehmen. Das hilft, einige Aussagen zu verstehen, die aus dem Munde Jesu untypisch wirken, wie zum Beispiel »Ich bin der Weg, die Wahrheit und das Leben« (Johannes 14,6) oder »Bevor Abraham wurde, bin Ich!« (Johannes 8,58). Jesus von Nazareth hätte vermutlich nicht so gesprochen, aber wenn dies die Worte des Ewigen Christus sind, dann ist »Ich bin der Weg, die Wahrheit und das Leben« eine durchaus berechtigte Aussage, die niemanden kränken oder bedrohen dürfte. Schließlich spricht Jesus *nicht* davon, dass man irgendeiner Gruppe von Menschen beitreten oder sie ausschließen soll. Er beschreibt vielmehr *den »Weg«, auf dem alle Menschen und alle Religionen zulassen müssen, dass Materie und Geist gemeinsam und vereint handeln.*

Sobald wir sehen, dass es der Ewige Christus ist, der in diesen Passagen spricht, erscheinen Jesu Worte über das Wesen Gottes – und über das Wesen derer, die nach Gottes Ebenbild erschaffen sind – von einer tiefen Hoffnung und einer weitreichenden Vision für die gesamte Schöpfung erfüllt zu sein. Die Geschichte ist nicht ziellos, kein bloßes Produkt rein zufälliger Bewegungen und kein Wettlauf zu einem apokalyptischen Ziel. Das ist eine gute und universelle Wahrheit, und sie ist auf keine spezifische

11 Siehe die gründliche Untersuchung dieses Begriffs in Walter Winks *The Human Being Jesus and the Enigma of the Son of Man*, Minneapolis 2002.

Gruppe angewiesen, die sich im Besitz einer exklusiven »Göttlichen Offenbarung« wähnt. Wie sehr unterscheidet sich das doch von jener Stammesmentalität, die Religion häufig entwickelt – oder von jener blutarmen Auffassung von einem individuellen Seelenheil für einige Wenige auf einem ziemlich kleinen Planeten in einem noch immer expandierenden Universum. Und der Ausgangspunkt dieser Geschichte rankt sich um eine einzige Sünde, die in grauer Vorzeit irgendwo zwischen Euphrat und Tigris begangen wurde!

Der Sprung des Glaubens, den rechtgläubige Christen von Anfang an gewagt haben, war die Annahme, dass diese ewige Gegenwart des Christus tatsächlich durch die Person Jesus gesprochen hat. Göttliches und Menschliches müssen irgendwie in der Lage sein, aus einem Mund zu sprechen, denn nur, wenn die Einheit von Gott und Mensch in Jesus »wahr« ist, besteht Hoffnung, dass sie auch in uns allen wahr sein könnte. Das ist der großartige Mitnahmeeffekt, wenn man Jesus zugleich als den Ewigen Christus reden lässt. Er ist in der Tat »der Anfänger und Vollender unseres Glaubens«, wie es der Hebräerbrief ausdrückt (12,2), der ein recht vollkommenes Modell des menschlichen Lebenswegs darstellt.

Ich fasse zusammen, weil ich weiß, dass das Gesagte für die meisten von uns einen gewaltigen Perspektivwechsel beinhaltet:

Die vollständige christliche Geschichte sagt, Jesus sei gestorben und Christus sei »erstanden« – ja, immer noch als Jesus, aber nun zugleich als die *kollektive Persönlichkeit, die den vollen Sinn und Zweck der gesamten Schöpfung einschließt und offenbart.* Oder, wie der Heilige Athanasius (296-373), der »Vater der Rechtgläubigkeit«, schrieb, als die Kirche noch ein sozialeres, geschichtlicheres und revolutionäreres Selbstverständnis hatte: *»Gott blieb sich treu, indem er durch* einen *Menschen gewirkt hat, um sich* überall *zu offenbaren und zugleich durch die anderen Teile seiner Schöpfung, damit nichts von seiner Göttlichkeit und seinem Selbstbewusstsein ausgenommen würde … sodass ›das gesamte Universum mit der Erkenntnis Gottes erfüllt war, wie die Gewässer das Meer erfüllen‹.*«[12] Dieses gesamte Buch könnte man als Fußnote zu den Worten des Athanasius verstehen – und nichts sonst!

Die Kirche des Orients hat ein heiliges Wort für diesen Prozess, den wir im Abendland *»Inkarnation«* oder *»Heil«* nennen. Sie nennt ihn »Vergottung« *(theosis)*. Wer das provozierend findet, sollte zumindest wissen, dass sie dies mit 2. Petrus 1,4 begründet, wo der Autor sagt: »Er hat uns etwas sehr Großartiges und Wunderbares geschenkt … *ihr seid fähig, am Wesen Gottes Anteil zu haben!*« Dies ist der Kern der guten Nachricht des Christentums und seine einzigartige transformative Botschaft.

Die meisten Katholiken und Protestanten halten die Inkarnation nach wie vor für ein einmaliges und auf eine einzige Person bezogenes Ereignis, bei dem es ausschließlich um die Person Jesu von Nazareth geht, anstatt für ein kosmisches Ereignis, das die gesamte Geschichte von Anfang an mit göttlicher Gegenwart durchtränkt hat. Letzteres hat zur Folge,

- dass Gott kein alter Mann auf einem Thron ist. Gott ist Beziehung, die Dynamik unendlicher Liebe zwischen der Göttlichen Vielfalt, wie es die Trinitätslehre zeigt. (Man beachte, dass 1. Mose/Genesis 1,26-27 zweimal das Pronomen im Plural verwendet, um den Schöpfer zu beschreiben: »Lasst *uns* Menschen machen nach *unserem* Ebenbild.«)

12 Athanasius, De Incarnatione Verbi, 45.

- dass Gottes unendliche Liebe von Anfang an alles umfasst, was Gott geschaffen hat (Epheser 1,3-14). Diese Verbindung ist naturgegeben und absolut. Die Torah spricht von »Bundesliebe«, einem Bund ohne Bedingungen, der von Gottes Seite sowohl angeboten als auch bis zum Schluss durchgehalten wird (auch falls und wenn wir diese Liebe nicht erwidern).
- dass deshalb die göttliche »DNA« des Schöpfers in allen Geschöpfen angelegt ist. Was wir die »Seele« jeder Kreatur nennen, könnte man einfach als *das Selbst-Erkennen Gottes* in diesem spezifischen Wesen sehen! Die Seele weiß, wer sie ist, und wächst wie jeder Same und jedes Ei im Laufe der Zeit in diese ihre Identität hinein. Insofern könnte man das Heil am besten als »*Wiederherstellung*« beschreiben anstatt als einen *Akt ausgleichender Vergeltung,* wie es den meisten von uns beigebracht wurde. Nur dies allein verdient es, »göttliche Gerechtigkeit« genannt zu werden.
- dass wir keine substanzielle gute Nachricht zu verkünden haben, solange wir Gott in die Gedankenmatrix von Sühne und Vergeltung einsperren, anstatt ihn in einem Rahmen zu interpretieren, der Mut macht. Sonst wiederholen wir einmal mehr den sattsam bekannten und verbrauchten Handlungsablauf der bisherigen Geschichte. Wir ziehen Gott auf unser Niveau herab.

Der Wesenskern des Glaubens besteht darin, *anzunehmen, dass du angenommen bist!* Wir können uns selbst nicht in der Tiefe erkennen, ohne den Einen zu kennen, der uns gemacht hat, und wir können uns selbst nicht akzeptieren mit allem Drum und Dran, wenn nicht Gott es ist, der jeden Teil von uns fundamental annimmt. Und Gottes unglaubliche Akzeptanz unserer selbst ist leichter zu begreifen, wenn wir sie wenigstens einmal in der vollkommenen Einheit des menschlichen Jesus mit dem göttlichen Christus modellhaft vor Augen geführt bekommen. Fang bei Jesus an, fahr bei dir selbst fort und öffne dich schließlich nach und nach für alles andere. Wie Johannes sagt: »Von seiner Fülle (*pleroma*) haben wir alle Gnade über Gnade empfangen« (1,16). *»Gnade, die gnädig auf Gnade reagiert«* mag eine noch treffendere Übersetzung sein. Um mit Gnade zu enden, muss man irgendwie mit Gnade anfangen, und dann ist es Gnade auf dem gesamten Weg. Oder wie es andere schlicht und einfach ausgedrückt haben: »Die Art und Weise, wie man ans Ziel gelangt, bestimmt, wo man ankommt.«

SEHEN UND ERKENNEN IST NICHT DASSELBE

Der Kern der Botschaft von der der Fleischwerdung Gottes in Jesus besteht darin, dass die göttliche Gegenwart *hier und jetzt* in uns und in der gesamten Schöpfung vorhanden ist und nicht nur »da drüben« in irgendeinem weit entfernten Wolkenkuckucksheim. Die frühen Christen nannten diese scheinbar neue und zugängliche göttliche Gegenwart »sowohl Herr als auch Christus« (Apostelgeschichte 2,36), und Jesus wurde zu einer großen Reklametafel, die an den Hauptverkehrsstraßen der Geschichte die persönliche Botschaft Gottes annoncierte. Gott brauchte etwas oder jemanden, um unsere Aufmerksamkeit zu wecken. Jesus erfüllt diese Rolle ziemlich gut.

In 1. Korinther 15,4-8 beschreibt Paulus, wie Christus mehrfach seinen Aposteln und Anhängern erschien, nachdem Jesus gestorben war. Die vier Evangelien machen es ebenso; sie beschreiben, wie der auferstandene Christus geschlossene Türen, Wände, Räume, ethnische Gruppen, Religionen, Wasser, Luft und Zeiten überwindet, Nahrung zu sich nimmt und manchmal sogar an zwei Orten gleichzeitig ist, aber bei all dem immer mit der Materie zusammenwirkt. Während diese Berichte Christus eine Art physischer Präsenz bescheinigen, scheint das doch immer auch eine *andere* Art von Körperlichkeit zu sein. Oder, wie es Markus am Ende seines Evangeliums ausdrückt: »Er zeigte sich, aber in einer anderen Gestalt« (16,12). Es handelt sich um eine neue Form von Präsenz, eine neue Art von Leiblichkeit und eine neue Gestalt von Göttlichkeit.

Deshalb, so meine ich, schienen die Leute, die Zeugen seiner Erscheinungen waren, ihn zwar immer am Ende zu *erkennen*, aber in der Regel nicht sofort. *Sehen und erkennen sind nicht ein und dasselbe.* Ist es in unserem Leben nicht ebenso? Zunächst sehen wir die Flamme einer Kerze, kurz danach aber »brennt« sie für uns, wenn wir zulassen, dass sie eine persönlichen Bedeutung oder Botschaft in sich birgt. Wir sehen einen Obdachlosen, aber sobald wir unserem Herzraum erlauben, sich für ihn zu öffnen, wird er menschlich, liebenswert oder gar zum Christus. Jede Auferstehungsgeschichte scheint inmitten ganz gewöhnlicher Umstände eine mehrdeutige – und doch klare – Präsenz ausdrücklich zu bestätigen. Sie zeigt sich beispielsweise da, wo zwei Menschen auf der Straße nach Emmaus einem Fremden begegnen, sie ereignet sich beim Grillen von Fischen am Strand oder nimmt als vermeintlicher Gärtner Gestalt an, der Maria Magdalena begegnet.[13] Diese Momente aus der Heiligen Schrift richten die Bühne her für die Erwartung und Sehnsucht, dass Gottes Gegenwart im Alltäglichen und im Materiellen gefunden werden kann und dass wir nicht auf übernatürliche Erscheinungen warten müssen. Katholiken nennen dies »sakramentale« Theologie, wo das Sichtbare und Berührbare der Hauptzugang

13 Richard Rohr, *Immortal Diamond*, XXI-XXII, San Francisco 2013, und das »Mosaik« von Metaphern in Anhang II.

zum Unsichtbaren wird. Deshalb setzt jedes der offiziellen Sakramente der katholischen Kirche ein materielles Element wie Wasser, Öl, Brot, Wein, das Auflegen der Hände oder den leiblichen Vollzug der Ehe voraus.

Als Paulus etwa 20 Jahre nach der Ära Jesu seine Briefe nach Kolossä (1,15-20) und Ephesus (1,3-14) schrieb, hatte er geistig bereits den einmaligen physischen Körper Jesu mit dem Rest der menschlichen Spezies (1. Korinther 12,12ff.), mit einzelnen materiellen Elementen wie Brot und Wein (1. Korinther 11,17ff.) und mit dem Christus der kosmischen Geschichte und der Natur (Römer 8,18ff.) verbunden. Diese Verknüpfung wird später im Prolog des Johannesevangeliums ebenfalls formuliert, wo der Autor sagt: »Am Anfang war der Logos, und der Logos war bei Gott, und der Logos war Gott. Er war von Anfang an bei Gott. Alles entstand durch ihn, und ohne ihn entstand nichts, was ist. In ihm entstand das Leben, und das Leben war das Licht der Menschheit« (Johannes 1,1-4). Das alles war im Logos gegründet, der Fleisch wurde (1,14). Die frühen christlichen Väter des Ostens haben diese universale und kollektive Sicht des Heils sowohl in der Kunst als auch in der Theologie eindrucksvoll hervorgehoben, der Westen nicht so sehr.

Das sakramentale Prinzip funktioniert folgendermaßen: *Fang mit einer beliebigen konkreten Begegnung an, die sich in dieser unserer materiellen Welt ereignet, und die Seele vollzieht von diesem Ausgangspunkt aus von selbst den Schritt ins Universelle, so dass das, was hier und jetzt stimmt, auch überall sonst wahr wird.* Und so schreitet die spirituelle Lebensreise vorwärts zu dem einen heiligen Mysterium, indem sie immer weitere Kreise zieht und immer mehr umfasst! Aber es beginnt immer mit dem, was viele klugerweise den »Skandal der Teilaspekte« genannt haben. Genau an diesem Punkt ist unsere Kapitulation erforderlich, selbst wenn ein bestimmtes Objekt unser Staunen, unser Vertrauen oder unsere Selbsthingabe sehr wenig zu verdienen scheint.[14]

LICHT UND ERLEUCHTUNG

Es ist auffallend, dass das Prädikat »Licht der Welt« einerseits verwendet wird, um den Christus zu beschreiben (Johannes 8,12), aber dass Jesus andererseits genau dieselbe Formulierung auf uns anwendet (Matthäus 5,14: »Ihr seid das Licht der Welt«)? Nur wenige Prediger haben mich je darauf hingewiesen.

Offenkundig ist Licht weniger etwas, was du direkt anschaust, sondern eher *etwas, wodurch du alles andere siehst.* Mit anderen Worten: So, wie wir *an* Christus glauben können, können wir auch *durch* Christus glauben. Das ist das Ziel. Christus und Jesus scheint es völlig zu genügen, eher eine Art von Rohrleitungen zu sein als beweisbare Schlussfolgerungen. (Wäre Letzteres der Fall, hätte sich die Menschwerdung vermutlich erst nach der Erfindung der Kamera und des Videorekorders ereignet!) Wir müssen so lange auf Jesus blicken, bis wir gleichsam mit seinen Augen auf die Welt blicken können. Die Welt vertraut keinen Christen mehr, die angeblich »Jesus lieben«, aber darüber hinaus nichts anderes zu lieben scheinen.

In Jesus Christus wird uns der weite, tiefe und alle einschließende Blick Gottes eröffnet.

Das mag sogar der springende Punkt der Evangelien sein: Du musst dem Boten vertrauen, bevor du der Botschaft ver-

14 Richard Rohr, »Staunen und Hingabe« in: Ganz Da – Einfach und kontemplativ leben, München 2018, S. 7ff.

trauen kannst, und genau das scheint die Jesus-Strategie zu sein. Allzu oft haben wir den Boten durch die Botschaft ersetzt. Als Folge haben wir eine große Menge Zeit damit verbracht, den Boten anzubeten und andere dazu zu bringen, es uns gleich zu tun. Allzu oft wurde diese Obsession zu einem frommen Ersatz dafür, tatsächlich dem zu *folgen*, was er gelehrt hat – und er hat uns in der Tat mehrfach aufgefordert, ihn nachzuahmen, aber kein einziges Mal, ihn anzubeten.

Wenn man dem folgenden Text Aufmerksamkeit schenkt, wird man sehen, dass Jesus eine sehr evolutionäre Sichtweise der Christusbotschaft bietet. Man beachte das aktive Verb, das er hier benutzt: »Das wahre Licht, das alle Menschen erleuchtet, *kam (erxómenon)* in die Welt« (Johannes 1,9). Mit anderen Worten: Wir reden nicht über einen einmaligen Urknall in der Natur oder eine einmalige Inkarnation in Jesus, sondern über eine fortwährende, zielorientierte Bewegung, die sich in der Schöpfung fortsetzt, während sie sich entfaltet.

Inkarnation ist nicht erst und nur vor 2000 Jahren geschehen. Sie hat den gesamten Verlauf der Zeit durchwirkt und wird sich fortsetzen. Das drückt sich in der verbreiteten Redewendung von der »Wiederkunft Christi« aus, die unglückseligerweise als Drohung aufgefasst wurde (»Warte nur, bis Papa nach Haus kommt!«). Man sollte präziser vom »Ewigen Kommen Christi« sprechen, was alles ist, nur keine Drohung. In Wirklichkeit *ist es die fortwährende Verheißung ewiger Auferstehung*.

Christus ist das Licht, das Menschen erlaubt, Dinge in ihrer Ganzheit zu sehen. Die konkrete und beabsichtigte Wirkung dieses Lichtes besteht darin, Christus überall zu sehen. Das ist in der Tat meine einzige Definition eines wahrhaftigen Christenmenschen. *Eine gereifte christliche Persönlichkeit sieht Christus in allem und in allen*. Diese Definition leitet dich nie in die Irre, fordert dich immer zu mehr heraus und gibt dir keine Lizenz, jemanden zu bekämpfen, auszuschließen oder abzulehnen.

Ist das nicht paradox? Die Pointe des christlichen Lebens besteht nicht darin, dich von den Gottlosen zu distanzieren, sondern gerade darin, mit allen und allem radikal solidarisch zu sein. Dies ist die vollendete und beabsichtigte Auswirkung der Inkarnation. In ihrer Letztgültigkeit wird sie vom Kreuz symbolisiert, das *Gottes großartiger Solidaritätsakt ist und nicht Gericht und Urteil.* Zweifelsohne war Jesus das vollkommene Beispiel dieser Sichtweise und hat sie der gesamten Geschichte vererbt. Auf diese Weise sollen wir Christus nachahmen, den guten Juden, der das Göttliche auch in Heiden gesehen hat. Er hat das Göttliche in der syro-phönizischen Frau gesehen und wachgerufen, in römischen Hauptleuten, die ihm gefolgt sind, in jüdischen Zolleinnehmern, die mit dem römischen Reich kollaborierten, in Zeloten, die es bekämpften, in Sündern aller Schattierungen, in Eunuchen, in heidnischen Astrologen und in all denen, die »außerhalb des Gesetzes« lebten. Jesus hatte keinerlei Problem mit *Andersartigkeit.* Diese »verlorenen Schafe« erlebten in der Tat, dass sie für ihn ganz und gar nicht verloren waren, und wurden nicht selten seine besten Jüngerinnen und Jünger.

Menschen sind im Innersten darauf angelegt, Mitmenschen mehr zu lieben als Prinzipien, und Jesus hat dieses Muster beispielhaft vorgelebt. Aber viele ziehen es offenbar vor, Prinzipien zu lieben – als könne man so etwas tatsächlich tun. Wie Mose müssen wir alle Gott »von Angesicht zu Angesicht« schauen (2. Mose/Exodus 33,11; 4. Mose/Numeri 12,8). Man beachte, dass Jesus sagt: »Gott ist kein Gott der Toten, sondern der Lebenden, *denn für ihn sind alle Menschen lebendig!*« (Lukas 20,39). Ich bin der Meinung, dass es seine Art von Lebendigkeit Menschen viel leichter gemacht hat, ihrer eigenen Lebendigkeit zu trauen und durch sie mit Gott in Beziehung zu treten, denn *Gleiches erkennt Gleiches*. Einige nennen das *morphische Resonanz*. C. S. Lewis stellte dieselbe auf Wachstum orientierte Behauptung auf, indem er einem seiner Bücher den wunderbaren Titel gab *»Bis wir Gesichter haben«*.

Die wahrhaft eine, heilige, katholische und *ungeteilte* Kirche gibt es schon seit tausend Jahren nicht mehr, was viele tragische Folgen hat. Wir sind bereit, sie erneut zurückzugewinnen, aber diesmal müssen wir uns aufs Einladen konzentrieren – was Jesus eindeutig tat – anstatt aufs Ausgrenzen – was er nie gemacht hat. Die Einzigen, die Jesus ausschloss, waren anscheinend diejenigen, die die Erkenntnis verweigerten, dass sie stinknormale Sünder sind wie alle anderen. *Das Einzige, was er ausgeschlossen hat, war das Ausschließen selbst*. Ein biblischer Faktencheck ist erlaubt, und man wird sehen, dass ich Recht habe.

Man bedenke, was dies für all das bedeutet, was wir im Blick auf Gott spüren und wissen. Nach der Menschwerdung Jesu können wir uns leichter einen Gott vorstellen, der Liebe schenkt und annimmt, einen Beziehungsgott, einen vergebenden Gott. Regelmäßig wiederkehrende Lichtoffenbarungen des Christus, die Bruno Barnhart »Christusquanten« nennt[15], wurden bereits bei den Gottheiten der Ur-Religionen, im Atman des Hinduismus, in den Lehren des Buddhismus und bei den Propheten des Judentums gesehen und verehrt. Christen hatten in Jesus ein hervorragendes Modell und einen Boten, aber viele Outcasts fanden den Weg zum »Festbankett« leichter als die Insider, wie Jesus in den Gleichnissen vom abgelehnten und missachteten königlichen Hochzeitsmahl mehrfach betont (Matthäus 22,1-10; Lukas 14,7-24), wo am Ende »der Hochzeitssaal voller Gäste

15 Bruno Barnhart, *Second Simplicity: The Inner Shape of Christianity*, New Jersey, 1999, Teil 2, Kap. 7.

war, Guten wie Bösen« (Matthäus 22, 10). Was sollen wir mit solch einer göttlichen Verantwortungslosigkeit anfangen, mit solch grenzenloser Freigiebigkeit, mit solcher Großzügigkeit und mit Gottes fehlender Bereitschaft, Mauern und Wagenburgen zu errichten oder sinnlose Grenzen zu ziehen?

Wir müssen diesbezüglich ehrlich und demütig sein: Viele Anhänger anderer Glaubensrichtungen wie Sufimeister, jüdische Propheten, zahlreiche Philosophen und hinduistische Mystiker haben überzeugender im Lichtkegel der Gottesbegegnung gelebt als zahlreiche Christen. Und warum sollten einem Gott, der diesen Namen verdient, nicht alle seine Kinder am Herzen liegen? (Siehe Weisheit 11,23–12,2, eine hinreißende biblische Passage im Blick auf dieses Thema.) Hat Gott unter seinen Kindern tatsächlich Favoriten? Was für eine unglückselige Familie würde das produzieren – und hat es immer wieder real getan! Die Christen hätten zum Beispiel die jüdischen Schriften fröhlich und vollständig in den christlichen Kanon aufnehmen können. Das hätte womöglich für die Strukturen der Christenheit definitiv eine Einladung sein können, sich auf radikale Offenheit einzulassen. Wie konnten wir das versäumen? Keine andere Religion tut das.

Man erinnere sich, was Gott zu Mose gesagt hat: »ICH BIN der ICH BIN« (2. Mose/Exodus 3,14). *Gott fixiert sich eindeutig nicht auf einen festen Namen* und scheint auch nicht zu wollen, dass wir das Göttliche an irgendeinem eindeutigen und bestimmten Namen festmachen. Deshalb geht im Judentum aus dieser göttlichen Ansprache an Mose die Auffassung vom unaussprechlichen und undefinierbaren Gott hervor. Einige behaupten sogar, dass der Name Gottes tatsächlich nicht »ausgesprochen« werden kann.[16] Das war

16 Richard Rohr, Pure Präsenz, München 2019, Kapitel 2. Der heilige Gottesname JHWH wird eigentlich am angemessensten *gehaucht* und nicht gesprochen, und wir alle atmen auf dieselbe Weise.

sehr klug und wichtiger, als wir es begriffen haben! Diese Tradition allein schon sollte uns herausfordern, im Blick auf jenen Gott zutiefst demütig zu sein, der uns keinen Namen verrät und offenbart, sondern sich ausschließlich als *pure Präsenz* offenbart. Da ist kein Henkel oder Haltegriff, die uns erlauben würden zu denken, wir »wüssten Bescheid«, wer Gott ist oder ihn/sie als unseren Privatbesitz zu betrachten.

Der Christus ist immer viel zu groß für uns, größer als jede Epoche, als jede Kultur, jedes Herrschaftssystem oder jede Religion. Seine radikale Offenheit und Inklusivität ist für jede Machtstruktur und für jede Spielart von Arroganz bedrohlich. Jesus selbst wurden aufgrund der Entwicklungsstufe des menschlichen Bewusstseins in den ersten 2000 Jahren nach seinem irdischen Auftritt in der Regel enge Grenzen gesteckt, oder er wurde eingesperrt. Das geschah aufgrund der vorherrschenden Gesellschaft und Kultur, aufgrund von Nationalismus und wegen der Gefangenschaft des Christentums in einem weißen, bürgerlichen und eurozentrischen Weltbild. Bis heute haben wir diese Geschichte nicht wirklich gründlich verarbeitet, dass da »einer unter uns war, den wir nicht erkannt haben«, »einer, der mir voraus ist, weil er schon vor mir war« (Johannes 1,26.30). Er kam mit gemischter Hautfarbe zur Welt, entstammte der Unterschicht, hatte einen männlichen Körper mit einer weiblichen Seele, war Teil einer oftmals verhassten Religion und lebte direkt auf der Scheidelinie zwischen Ost und West. Niemand besitzt ihn, und niemand wird das je tun.

Die Liebe Jesu erweitert unseren Herzensraum. Die Liebe des Christus erweitert unseren *geistigen* Raum. Ich meine, dass wir sowohl einen Jesus als auch einen Christus brauchen, um das Gesamtbild zu erfassen. Ein – individuell ebenso wie geschichtlich – wirklich transformierender Gott muss persönlich und zugleich universell erfahrbar sein. Was weniger ist, wird nicht ganz funktionieren. Ein übertrieben persönlicher (oder gar sentimental verkitschter) Jesus hatte nachweislich seine Grenzen und verursachte eine Reihe von Problemen, weil dieser Jesus nicht zugleich allumfassend war. Er wurde unser persönliches Kuschelobjekt und wir haben das Kosmische verloren. Die Geschichte hat deutlich gezeigt, dass Jesusverehrung ohne Christusverehrung unweigerlich zu einer zeit- und gesellschaftsgebundenen Religion führt und oftmals nationalistisch oder sogar implizit rassistisch ist, was einen Großteil der Menschheit von Gottes Zuwendung ausschließt.

Ich glaube aber von ganzem Herzen, dass *es niemals auch nur eine einzige Seele gegeben hat, die nicht von Christus in Beschlag genommen war, selbst in jenen Zeitaltern, als es Jesus noch nicht gab.* Wer könnte eine Religion oder einen Gott wollen, die kleiner sind?

Ich hoffe, dass diejenigen, die von der Botschaft von Jesus Christus, so wie sie sie gehört haben, abgestoßen, verletzt oder ausgestoßen worden sind, an dieser Stelle einen neuen Zugang finden – eine Bejahung und ein Willkommensein –, nachdem sie daran verzweifelt sind, dass sie das niemals gehört haben.

Hilft diese Vision von Jesus als dem Christus vielleicht denen weiter, die sich irgendwie danach sehnen, an etwas wie Gott oder eine vom Göttlichen durchdrungene Welt zu glauben, die aber nie in der Lage waren, in der Weise zu »glauben«, wie der Glaube landläufig praktiziert wird? *Alles, was dir hilft, zu lieben und zu hoffen, ist die wahre Religion Christi. Keine begrenzte Gruppe kann dieses Prädikat je für sich in Anspruch nehmen!*

Erkennen diejenigen, die Jesus – vielleicht mit großer Leidenschaft und Treue – lieben, dass jeder Gott, der diesen Namen verdient, Glaubensbekenntnisse und Glaubensgemeinschaften, Zeit und Raum, Nationen und Volkszugehörigkeiten und all die Launen des Geschlechtlichen transzendieren muss, um bis zu den Grenzen all dessen zu expandieren, was wir sehen, ertragen und genießen können? *Du bist nicht dein Geschlecht, deine Nationalität, deine ethnische Herkunft, deine Hautfarbe oder deine soziale Klasse.* Warum, ach warum nur lassen Christen diese zeitbedingten Kostüme, beziehungsweise das, was Thomas Merton des »falsche Selbst« genannt hat, als das wahre Selbst durchgehen, das doch immer »verborgen ist mit Christus in Gott« (Kolosser 3,3)? Wir kennen anscheinend unser eigenes Evangelium nicht.

Du bist ein Kind Gottes und wirst es immer sein, selbst wenn du es nicht glaubst.

Dies ist es, weshalb und wie Caryll Houselander Christus in den Gesichtern völlig Fremder sehen konnte. Deshalb kann ich Christus in meiner Hündin sehen, am Firmament und in allen Geschöpfen, und deshalb kannst du, wer auch immer du bist, Gottes unverbrüchliche Fürsorge für dich in deiner Küche oder im Garten, in deinem Mann oder in deiner Frau, in einem ganz gewöhnlichen Käfer oder in einem Tiefseefisch erleben, den kein Menschenauge je sehen wird, und selbst in denen, *die dich nicht mögen,* und in denen, *die nicht so sind wie du.*

Dies ist das erleuchtende Licht, das alles hell macht und es uns ermöglicht, Dinge in ihrer Ganzheit zu sehen. Wenn sich Christus als das »Licht der Welt« bezeichnet (Johannes 8,12), fordert er uns nicht einfach auf, ihn anzuschauen, sondern dazu, das Leben selbst mit seinen all-erbarmenden Augen zu sehen. Wir sehen ihn, damit wir sehen können *wie er* und mit demselben Mitgefühl.

Wenn sich dein isoliertes »Ich« zum kollektiven »Wir« mausert, hast du dich von Jesus zu Christus bewegt. Wir müssen nicht länger die Bürde tragen, ein optimales »Ich« zu sein, denn wir sind »in Christus« und *als* Christus erlöst. Oder wie wir es am Ende unserer offiziellen Gebete allzu schnell, aber mit Recht formulieren: »*Durch* Christus unseren Herrn, Amen«.

3
OFFENBART IN UNS – ALS WIR

Sich von allem anderen abzuwenden
und einem einzigen Angesicht zuzuwenden,
bedeutet, sich selbst allem gegenüber
von Angesicht zu Angesicht zu finden.

Elizabeth Bowen, In der Hitze des Tages

Wenn man eine gewisse Zeit des Lebens in einer Kirche verbracht hat, hat man vermutlich die Geschichte von der Bekehrung des Paulus gehört, wie sie in der Apostelgeschichte geschildert wird. Sie taucht tatsächlich dreimal im Verlauf des Buches auf (9,1-19; 22,5-16; 26,12-18), um sicher zu gehen, dass wir ja nicht verpassen, wie zentral und berichtenswert sie gewesen sein muss und noch immer ist.

Jahrelang hatte Paulus diejenigen brutal verfolgt, die dem Weg Jesu folgten. Er war auf dem Weg nach Damaskus, um genau dies zu tun, als er plötzlich gleichsam zu Boden geschleudert und von etwas geblendet wurde, was der Text »Licht« nennt. Dann hörte er aus dem Licht heraus eine Stimme, die sagte: »Saul, Saul, weshalb verfolgst du *mich*?«

Saulus antwortete: »Wer bist du?«

Und er bekam die Antwort: »Ich bin Jesus, und du verfolgst *mich*.«

Die tiefe und bleibende Bedeutsamkeit dieser Begegnung des Saulus besteht darin, dass er Jesus so sprechen hört, als stünden Jesus und die Menschen, die Saulus verfolgt, moralisch auf ein und derselben Stufe. Die Stimme nennt diese Leute zweimal »mich«! Von jenem Tag an wurde dieser verblüffende Perspektivwechsel Grundlage der sich allmählich entfaltenden Weltsicht des Paulus und seiner aufregenden Entdeckung »des Christus«. Dieses fundamentale Erwachen versetzte Saul von seiner geliebten, aber volksgebundenen, jüdischen Religion in eine universale Vision von Religion. Das ging so weit, dass er seinen hebräischen Namen Saul in die lateinische Form Paulus tauschte. Später nennt er sich den »Apostel« oder »Diener« genau der Leute, die er früher als »Heiden«, »Ausländer« oder »die Nationen« abgewertet hatte (Epheser 3,1; Römer 11,13).

Paulus, oder vielleicht ein von ihm ausgebildeter Schüler, sagte, dass ihm »die Erkenntnis eines Geheimnisses« geschenkt worden sei (Epheser 3,2), das offenbare, »wie der Plan verwirklicht wird, den Gott, der Schöpfer des Universums, vor aller Zeit gefasst hat« (Epheser 3,9). Er beschreibt diese Erfahrung, als seien ihm Schuppen von den Augen gefallen, so dass »er wieder sehen konnte« (Apostelgeschichte 9,18).

In der Geschichte des Paulus finden wir jenes archetypische spirituelle Muster, *demzufolge sich Menschen von dem wegbewegen, was sie vermeintlich schon immer wussten, und hin zu dem, was sie jetzt erst vollständig erkennen*. Dieses Muster zeigt sich schon früher in der Torah, als Jakob auf dem Felsen in Bet-El »vom Schlaf erwacht« und erstaunt sagt: »Ich habe es gefunden. Aber es war die ganze Zeit schon hier! Dies ist das Tor zum Himmel selbst« (Genesis/1. Mose 28,16).

Für den Rest seines Lebens war Paulus von diesem »Christus« besessen. »Besessen« ist kein zu starkes Wort dafür. In seinen Briefen zitiert Paulus Jesus selbst selten, wenn überhaupt. Er schreibt vielmehr aus der Warte jener hautnahen Begegnung mit der göttlichen Gegenwart, die ihn auf der Straße hat erblinden lassen. Paulus war getrieben von der Mission, zu *»beweisen, dass Jesus der Christus ist«* (Apostelgeschichte 9,22), weshalb wir bis heute »Christen« heißen und nicht Jesuiten!

Als er in seinem Brief an die Galater diese Begegnung beschreibt, fügt Paulus eine vielsagende Zeile ein. Er sagt nicht: »Gott hat mir seinen Sohn offenbart«, wie man erwarten könnte. Stattdessen sagt er: »Gott offenbarte seinen Sohn *in* mir« (Galater 1,16). Dieser hohe Grad von Vertrauen, Innenschau, Selbsterkenntnis und Selbstgewissheit war seinerzeit ziemlich ungewöhnlich. In der Tat werden wir bis zu den *Bekenntnissen* des Augustinus kaum etwas Vergleichbares finden, die um das Jahr 400 niedergeschrieben wurden und wo der Autor sein Innenleben mit vergleichbarer Absicht und Genauigkeit beschreibt. Ich meine, das ist der Grund dafür, dass die ersten fünfzehn Jahrhunderte der Christenheit nicht viel mit Paulus anzufangen vermochten – er war extrem nach innen gerichtet und psychologisch orientiert, und die Gesellschaft damals war noch so extrovertiert und auf Buchstaben fixiert. Abgesehen von der Ausnahmegestalt des Paulus und vielen der katholischen Mystiker und Einsiedler, waren die umfassende Alphabetisierung und der wachsende Zugriff auf das geschriebene Wort seit dem 16. Jahrhundert Voraussetzung dafür, die Menschen zu einem mehr verinnerlichten und introspektiven Christsein zu motivieren, einschließlich aller damit verbundenen Licht- und Schattenseiten.[17]

Nachdem seine Seelenverblendung aufgehoben war, entdeckte Paulus seine wahre Berufung als »erwähltes Werkzeug« des Christus, dessen Anhänger er einstmals verfolgt hatte (Apostelgeschichte 9,15). Er unternimmt einen Schritt, den man als vermessen hätte empfinden

17 Krister Stendahl, »The Apostle Paul and the Introspective Coscience oft the West«, Harward Theological Review 56, Nr. 3, 1963, 199-215. Dieses gelehrte Werk ist mir zum Schlüssel geworden, um zu verstehen, wie wir in den letzten 500 Jahren die Botschaft des Paulus weitgehend missverstanden und individualisiert haben. Siehe dazu auch sein Buch »Das Vermächtnis des Paulus: Eine neue Sicht auf den Römerbrief«, Zürich 2003. N.T. Wright treibt in seiner staunenswerten und monumentalen Studie über Paulus diesen Punkt noch weiter voran. Lesenswert sein Buch: »Worum es Paulus wirklich ging«, Gießen 2017.

können, und definiert sich selbst als einen der zwölf Apostel. Auf diese Weise gelingt es ihm, sich *sowohl* mit den jüdischen Führern seiner Zeit anzulegen *als auch* mit den Führern der neuen christlichen Bewegung (Galater 2,11-14; Apostelgeschichte 15,1-11), obwohl er in keiner der beiden Gruppen eine offizielle Rolle oder Legitimation hat. Soweit ich weiß, ist solch eine Selbst-Weihe – nicht aufgrund einer Sukzessionslinie oder offiziellen Ordination, sondern aufgrund göttlicher Bestätigung – in diesen beiden religiösen Traditionen beispiellos, abgesehen von den wenigen, die posthum »Propheten« oder »Erwählte« genannt wurden. Entweder war Paulus ein totaler Narzisst oder er war tatsächlich »ausersehen«. Dies ist von Haus aus die nicht abgesicherte und sogar gefährliche Rolle echter Propheten. Sie repräsentieren per Definition gerade nicht das System, sondern beziehen ihre Autorität direkt aus der Quelle, um das System in Frage zu stellen. (Echte Propheten sind allerdings ziemlich rar, und Paulus beansprucht diesen Titel niemals für sich.)

Aber beachten wir sein Hauptkriterium für echten Glauben, das ziemlich außergewöhnlich ist: *»Stellt euch selbst auf die Probe, um zu sehen, ob ihr im Glauben gefestigt seid; prüft, ob ihr bewährt seid! Erkennt ihr, dass Jesus Christus wirklich in euch ist, oder nicht? Andernfalls hättet ihr die Probe nicht bestanden!«* (2. Korinther 13,5). Es ist so einfach, dass es geradezu gruselig ist! Mit seinem radikalen Beharren auf der Gegenwart und Gestaltwerdung Christi *im Gläubigen* stellt Paulus den Standard für alle künftigen Heiligen, Mystiker und Propheten auf. Er wusste, dass der Christus zunächst *innerlich* Gestalt annehmen muss, bevor er *äußerlich* als Herr und Meister erkannt werden kann. (Man vergebe mir die männlichen Bezeichnungen, aber der Satz war zu wichtig, um ihn durch sprachliche Nuancierungen noch komplizierter zu machen!) Gott muss sich zunächst *in dir* offenbaren, bevor er sich ganz und gar *für dich* offenbaren kann. Wieder diese morphische Resonanz![18]

Es ist wichtig, dass wir uns daran erinnern, dass Paulus, wie wir, Jesus niemals »im Fleisch« gekannt hat. Wie Paulus kennen wir den Christus ausschließlich durch Wahrnehmung und Würdigung unserer eigenen Tiefenerfahrung als Menschen. *Wenn du deine eigenen Erfahrungen der Trauer oder Erfüllung als gnadenhafte Teilhabe an der ewigen Trauer und Fülle Gottes wertschätzen und annehmen kannst, beginnst du, dich als mit-tätiges Organ des einen universalen Leibes zu verstehen. Du vollziehst den Schritt vom Ich zum Wir.*

So zeigt uns Paulus im Übrigen, dass auch wir durch unseren *persönlichen inneren Dialog* die unendlich verfügbare Gegenwart Christi erkennen können – oder auch aufgrund des Naturgesetzes, das »in unsere Herzen eingraviert ist«. Ziemlich gewagt behauptet er, dass sogar sogenannte Heiden, »die das Gesetz nicht besitzen ..., das Gesetz in sich tragen« und insofern selbst das Gesetz *sind* (Römer 2,14f.). Dies ist sicherlich der Grund dafür, dass er zu den gebildeten Athenern über den *»unbekannten Gott«*, sprechen konnte, *»den ihr bereits anbetet, ohne ihn zu kennen«* (Apostelgeschichte 17,23). Paulus hat diese Idee vermutlich vom Propheten Jeremia übernommen, der es wagte, dem Volk Gottes einen »neuen Bund« (31,31) zu verheißen. Aber dieser Gedanke wurde kaum weiterentwickelt, bis von den Moraltheologen des 20. Jahrhunderts ein *Naturgesetz* aufgespürt wurde – und jetzt bei Papst Franziskus und seiner kräftigen Betonung des individuellen Gewissens wiederkehrt. Das ist für viele noch immer ein Schock.

18 Anmerkung des Übersetzers: Siehe zu dem Begriff den Artikel »Morphische Felder« in der Wikipedia, wo Rupert Sheldrakes Hypothese des »morphogenetischen Feldes« dargestellt wird, das als »formbildende Verursachung« für die Entwicklung von Strukturen sowohl in der Biologie, Physik, Chemie, aber auch in der Gesellschaft verantwortlich sein soll.

Aber Paulus hat schlicht und einfach die universalen und logischen Konsequenzen der Inkarnation aufgezeigt. Wir sehen das in seinem kühnen Ausruf: »Es gibt nur Christus; er ist alles und er ist in allem« (Kolosser 3,11). Würde ich heutzutage so etwas schreiben, würde man mich einen Pantheisten schimpfen (»das Universum ist Gott«), obwohl ich in Wirklichkeit wie Jesus und Paulus Pan*en*theist bin (»Gott ist in allen Dingen verborgen, aber transzendiert sie zugleich«).

EN CHRISTO

Paulus fasst sein kollektives Heilsverständnis in dem Kürzel *»en Christo«* zusammen, das er in seinen Briefen öfter verwendet als irgendeinen anderen Begriff: insgesamt 164-mal. *En Christo* (griech.) scheint das paulinische Codewort für *die gnadenhafte Teilhabe- und Heilserfahrung* zu sein, für jenen Weg, den er der Welt so leidenschaftlich mitteilen wollte. Pointiert ausgedrückt bedeutet das, *dass die Menschheit niemals von Gott getrennt war* – abgesehen durch ihre eigene negative Wahl. Wir alle leben ausnahmslos *innerhalb* einer gemeinsamen kosmischen Identität, die bereits vorhanden ist und uns antreibt und leitet. Wir alle sind bereits *en Christo*, freiwillig oder unfreiwillig, glücklich oder unglücklich, bewusst oder unbewusst.

Paulus verstand offenbar, dass *das vereinzelte Individuum viel zu klein, verwundbar und kurzlebig ist, um das »Ausmaß der Herrlichkeit« oder die »Last der Sünde« tragen zu können.* Nur das Kollektiv kann solch ein kosmisches Mysterium von fortwährendem Verlust und ständiger Erneuerung schultern. Die Einsicht in das Sein »in Christus« ermöglichte ihm, der Universalgeschichte Gottes einen Namen, einen Fokus, liebevolle Zuwendung und eine gewissermaßen siegessichere Ausrichtung zu geben, so dass künftige Generationen getrost auf diesen kosmischen gemeinsamen Zug aufspringen könnten.

Ich hoffe, dass diejenigen, die das lesen, die volle Bedeutung dieser kurzen brillanten Formulierung kennenlernen und genießen werden, weil sie für ein Christentum zukunftsweisend ist, das noch immer in einem hochgradig individualistischen Erlösungskonzept gefangen ist, das am Ende des Tages ganz und gar nicht nach Erlösung schmeckt. Wir alle leben ausnahmslos innerhalb einer kosmischen Identität, die längst vorhanden ist und uns antreibt und leitet. Paulus nennt diese umfassende göttliche Identität den »Geheimplan Gottes«, »den er uns hat wissen lassen, und den er – so hatte er es sich vorgenommen, und so hatte er es beschlossen – *en Christo* verwirklichen wollte« (Epheser 1,9f.). Heutzutage würden wir vielleicht vom »kollektiven Unbewussten« sprechen.

Jedes individuelle Wesen – die Teen-Mutter, die ihr Kind füttert, jede einzelne der zwanzigtausend existierenden Schmetterlingsarten, ein Immigrant, der von Ängsten besessen ist, ein Grashalm, du, der du gerade dieses Buch liest – alle sind »in Christus« und »erwählt von Anfang an« (Epheser 1,3.9). Was sonst sollten sie sein? *Das Heil ist für Paulus eine ontologische und kosmologische Botschaft (die unerschütterlich feststeht), bevor es je zu einer moralischen oder psychologischen Botschaft werden kann (die immer fragil sind).* Man halte an dieser Stelle gerne einen Moment inne und sinne dem Gesagten ernsthaft nach!

Ist es nicht bemerkenswert, dass Jesus im Markusevangelium die Jünger beauftragt, die Frohe Botschaft »der gesamten Schöpfung« oder »jedem Geschöpf« zu verkünden und nicht nur Menschen (16,15)? Paulus bestätigt, dass er selbst genau dies getan hat, wenn er sagt: »Weicht nicht von der Hoffnung des Evangeliums ab, das ihr gehört habt und *das allen Geschöpfen unter dem Himmel gepredigt wird.* Sein Diener bin ich, Paulus, geworden« (Kolosser 1,23). Hat er tatsächlich in seiner kurzen Lebenszeit zu »allen Geschöpfen unter dem Himmel« geredet und sie überzeugt? Gewiss nicht; aber er war sich bewusst, dass er der Welt die tiefste denkbare, philosophische Begründung für alles geliefert hat, indem er verkündigte, alles sei *in Christus* – und indem er die Kühnheit hatte zu glauben, dass diese Wahrheit schließlich und endlich hängen bleiben und erfolgreich sein würde.

Ich bin niemals von Gott getrennt gewesen, noch kann ich es je sein, es sei denn in meinem Kopf. Ich würde mich für meine Leserinnen und Leser freuen, wenn sie das begreifen und sich liebevoll zu eigen machen könnten. Weshalb also nicht das Lesen unterbrechen, einfach tief atmen und es einsinken lassen? Es ist entscheidend, dass man so etwas aufgrund eigener Erfahrung und bis hinein in die Tiefe der Körperzellen erkennt – was übrigens ebenso echte Erkenntnis ist wie rationales Wissen. Ihr Hauptmerkmal ist, dass es sich um eine nicht-duale und insofern offene Art von Wissen handelt, die nicht so rasch und abschließend zu (Wert-)Urteilen gelangt wie dualistisches Denken.[19]

Bedauerlicherweise haben Christen dieses radikale Bewusstsein für das Eins-Sein mit dem Göttlichen nicht gehütet. Die brillante paulinische Sicht eines Christus als Kollektiv, der insofern unsere kosmische Identität ist, ging rasch verloren. Das geschah, als Christen sich schon bald immer mehr auf Jesus *allein,* und sogar *unabhängig vom* Ewigen Flow der Trinität, kaprizierten, was letztendlich theologisch unfruchtbar ist.[20] Christus verankert Jesus für alle

19 Rohr, *Pure Präsenz* (2010) und *Ganz Da* (2018), Letzteres ein Buch voller spiritueller Hinweise und Übungen; beide Bücher entwickeln diese Schlüsselidee und sind im Claudius Verlag München erschienen.

20 Rohr, *Der Göttliche Tanz*, Asslar 2017.

Zeiten innerhalb der Trinität und behandelt ihn nicht als ein späteres Anhängsel oder eine zufällige Inkarnation des Göttlichen. Trinitarisches Denken sieht Gott von Anfang an als *Beziehung* und nicht als Monade oder Monarchen.

Um ihre neue Religion im römischen Reich zu legitimieren, fühlten sich Christen gedrängt zu beweisen, dass Jesus ursprünglich göttlich sei. Nach dem Konzil von Nizäa (325) wurde darüber hinaus von Jesus behauptet, er sei »eines Wesens« mit dem Vater, und nach dem Konzil von Chalkedon (451) einigte sich die Kirche auf eine philosophische Definition, wonach Jesu Menschlichkeit und Göttlichkeit in ihm eins seien. Das stimmt alles irgendwie, aber diese Art von Einheit blieb weitgehend eine abgehobene akademische Theorie, weil wir ihre wundervollen Konsequenzen für die Praxis nicht herausgearbeitet haben. In der Regel waren wir mehr an der Überlegenheit unseres eigenen Stammes, unserer eigenen Gruppe oder unserer eigenen Nation interessiert als an der gesamten Schöpfung. Unsere Sicht der Wirklichkeit war weitgehend imperialistisch, patriarchal und dualistisch ausgerichtet. Alles schien entweder für uns oder gegen uns zu sein, und wir waren entweder Gewinner oder Verlierer, total gut oder total schlecht – ein derart schwaches Selbst und seine individuelle Erlösung sind bis heute unsere überwältigenden Hauptthemen. Sicherlich ist das der Grund, weshalb sich unsere Religion so sehr auf Gehorsam und Anpassung fixiert hat, anstatt auf Praxis und Wachstum der Liebe. Ohne ein gemeinsames Großes Narrativ ziehen sich jede und jeder mutterseelenallein in einen privatisierten Individualismus zurück, um ein bisschen Plausibilität und Sicherheit zu erleben.

Das vermutlich hervorstechendste Beispiel für unseren Mangel an Aufmerksamkeit für das Christusmysterium kann man in der Art und Weise sehen, wie wir den Planeten Erde fortwährend vergiften und plündern, den einzigen, auf dem wir alle stehen und von dem wir alle leben. Die Wissenschaft scheint inzwischen die materielle Welt mehr zu schätzen und zu respektieren, als es der größte Teil der Religion tut! Kein Wunder, dass *Wissenschaft und Wirtschaft für die große Mehrheit der Menschen die Rolle der Haupterklärer von Sinnfragen* übernommen haben (sogar für viele, die noch zur Kirche gehen). Ich fürchte, wir Christen haben die Welt nicht ernstgenommen, weil unser Konzept von Gott oder vom Heil das physikalische Universum nicht einbezogen oder gewürdigt hat. Und jetzt, fürchte ich, nimmt uns die Welt nicht mehr ernst.

> *Ein Individuum kann keine Hoffnung haben, wenn das Ganze hoffnungslos ist.*
> *Es ist schwer, Individuen zu heilen, wenn das Ganze als heillos erscheint.*

Wir versuchen noch immer, aus diesem Strudel zu irgendeinem Ausgang zu paddeln, und das mit einem sehr kleinen Paddel! Nur mit einer Ahnung vom präexistenten Christus können wir herausfinden, woher dieser Jesus »gekommen ist« und *wohin er uns führt* – nämlich geradewegs »in den Schoß der Trinität« (Johannes 1,18). »Ich werde wiederkehren und euch mitnehmen, damit auch ihr da seid, wo ich bin« (Johannes 14,3), hat der Christus versprochen. Das ist womöglich die beste und prägnanteste Beschreibung des Heils, die sich im gesamten Neuen Testament findet.

EIN PARADIGMENWECHSEL

Im naturwissenschaftlichen und kulturellen Diskurs beschreibt der Begriff »Paradigmenwechsel« eine einschneidende Veränderung von Prämissen oder Sichtweisen. Wir hören diesen Ausdruck im Reich der Religion weniger häufig, deren Vertreter meist davon ausgehen, dass sie es mit ewigen und unveränderlichen absoluten Gegebenheiten zu tun haben. Aber paradoxerweise haben Jesus und Paulus in ihren Tagen genau solch einen religiösen Paradigmenwechsel initiiert – so markant, dass ihre Sichtweise zu einer völlig neuen Religion wurde, ob sie das beabsichtigt haben oder nicht. Wir nennen heutzutage diesen zweitausend Jahre alten Paradigmenwechsel »Christentum«. Er hat zur Trennung vom real existierenden damaligen Judentum geführt.

Die Geschichte wartet noch immer darauf, dass der christliche Geist sich zurückbindet an das, was seit der ersten Schöpfung immer wahr gewesen ist, an das Einzige, was es zu einer universalen (oder im buchstäblichen Sinne *katholischen*) Religion machen würde. Der universale Christus war größtenteils für die ersten 2000 Jahre Christentum einfach eine allzu gewaltige Idee, ein allzu monumentaler Wechsel. Menschen ziehen es vor, sich in anekdotischen oder historischen Details zu verlieren, selbst wenn solch eine Sicht zu einem Verlust des Zusammenhangs, zu Entfremdung und zu Hoffnungslosigkeit führt.

Jede Religion sucht auf eine je eigene Weise nach dem Tor, dem Kanal, dem Sakrament, dem Avatar, dem Finger, der auf den Mond deutet. Wir brauchen jemanden, der die Reise von einer physischen Menschwerdung durch eine gewöhnliche Existenz, durch Prüfungen und Tod hin zu einem universellen Dasein jenseits von Raum und Zeit (was wir »Auferstehung« nennen) modellhaft und exemplarisch vorlebt. Die meisten von uns wissen, dass Jesus diesen Weg gegangen ist, aber nur wenige wissen, dass Christus die kollektive und ewige Manifestation dieses Weges ist – und dass das Bild »des Christus« uns alle und alle Dinge einschließt. Paulus war von dieser Erkenntnis überwältigt, und sie wurde zum Kern seiner Botschaft. Meine Hoffnung ist es, dass dieser Paradigmenwechsel allen, die das lesen, ebenso augenfällig wird.

Jesus kann eine bestimmte Gruppe oder Religion zusammenhalten. Christus kann alles zusammenhalten.

Christus tut das tatsächlich längst; wir aber widersetzen uns solch einer Ganzheit, fast so, als hätten wir an unseren Streitgesprächen und unserer Aufspaltung der Realität Spaß. In der gesamten Heiligen Schrift begegnen uns hingegen Aussagen wie die folgenden:

- »Wenn alles in ihm versöhnt ist ... wird Gott alles in allem sein« (1. Korinther 15,28).
- »Es gibt nur Christus. Er ist alles und er ist in allem« (Kolosser 3,11).
- »Alle Fülle findet sich in ihm. Durch ihn sind alle Dinge versöhnt, alles im Himmel und alles auf Erden« (Kolosser 1,19-20).

Das ist keine Häresie, kein Universalismus und keine Billigvariante von Unitariertum.[21] Es handelt sich vielmehr um den Kosmischen Christus, der immer da war, der in der Zeit Mensch geworden ist und der sich noch immer offenbart. *Wir hätten der Geschichte und vielen Einzelmenschen einen besseren Dienst erwiesen, wenn wir die Zeit damit verbracht hätten zu zeigen, wie und wo Christus überall ist, anstatt zu beweisen, dass Jesus Gott ist.*

Aber große Ideen brauchen ihre Zeit, um ansässig zu werden.

21 Anmerkung des Übersetzers: Unitarismus oder Unitariertum (von lateinisch *unitas* »Einheit«) bezeichnet eine streng monotheistische theologische Auffassung, die die Trinitätslehre und die Göttlichkeit Jesus von Nazareth ablehnt, und eine religiöse Bewegung, die aus dieser Auffassung entstanden ist.

allen Kontinenten oder abgelegenen Inseln Jahrtausende lang nichts als Wegwerfmassen oder eine Kostümprobe für »uns«? Ist Gott tatsächlich derart ineffektiv, langweilig und geizig? Handelt der Allmächtige auf der Basis eines Mangel-Modells, wenn es um Liebe und Vergebung geht? Musste die Gottheit darauf warten, dass National-Orthodoxe, römische Katholiken, europäische Protestanten und amerikanische Evangelikale auf der Bildfläche auftauchten, bevor die göttliche Liebesgeschichte ihren Anfang nehmen konnte? Das kann ich mir nicht vorstellen!

Die Schöpfung existiert – und das ist gut so – vor allem um ihrer selbst willen; zweitens ist sie da, um Gottes Güte, Vielfalt und Wohltätigkeit zu zeigen; und schließlich dient sie auch einer verantwortungsvollen Nutzung durch Menschen. Unsere kleinkarierte und mangelorientierte Weltsicht ist insofern die eigentliche Verirrung, und ich glaube, dass sie wesentlich zur Ausbreitung des theoretischen Atheismus und jenes »praktischen Atheismus« beigetragen hat, der in den meisten Ländern des Westens heute die de facto operative Religion ist. Für einen großherzigen und gebildeten Zeitgenossen ist der Gott, den wir präsentiert haben, schlicht zu klein und zu knauserig, um ihm zu vertrauen oder um ihn zurückzulieben.

GROSSE LIEBE UND GROSSES LEIDEN

Man mag sich fragen, auf welche Weise genau »primitive« Völker und vorchristliche Zivilisationen Zugang zu Gott hätten haben können. Ich glaube, das geschah durch die universalen und natürlichen Wandlungsprozesse *großer Liebe und großen Leidens*[23], denen jede und jeder Einzelne

23 Ausführlich in: Rohr, *Pure Präsenz*, München 2010.

von Anbeginn des Menschengeschlechts ausgesetzt war. Nur große Liebe und großes Leiden sind stark genug, um die Schutzmechanismen unseres herrischen Egos zu knacken und uns für eine genuine Transzendenzerfahrung zu öffnen. Der Christus, insbesondere wenn er und Jesus als Zwillinge auftreten, verkörpert die klare Botschaft von einer *universalen Liebe und von notwendigem Leiden als das göttliche Muster* – angefangen bei der Trinität, wo von *Gott* die Rede ist, *der sich unendlich verströmt und entäußert*. Wie drei Fässer einer Wassermühle hält dieser Prozess den Flow ewig in Gang – innerhalb und außerhalb Gottes und in eine eindeutig positive Richtung.

Dass du nicht das »richtige« Wort für Gott hast, bedeutet noch lange nicht, dass du nicht die echte Erfahrung machst. Von Anfang an ließ JHWH das jüdische Volk wissen, dass kein noch so richtiger Begriff Gottes unendliches Geheimnis je fassen könnte. Die Botschaft des Gottes Israels lautet offenbar: »Ich werde euch keinerlei Kontrolle über mich geben, weil sich sonst euer Kontrollbedürfnis auch auf alles andere ausdehnen wird.« Kontrollfreaks versuchen, andere zu beherrschen, und dasselbe machen sie mit Gott – aber etwas zu lieben bedeutet immer ein bestimmtes Maß von Kontrollaufgabe. *Du neigst dazu, einen Gott zu erschaffen, der dir gleicht – obwohl es genau umgekehrt gemeint war.* Ist dir je bewusst geworden, dass Gott selbst mehr auf Herrschaft verzichtet als irgendjemand sonst im Universum? Gott hält in der Tat kaum jemals an der Kontrolle fest. Wir schon. Und Gott lässt das Tag für Tag auf jede erdenkliche Weise zu. Gott ist so frei.

Jede Art von echter Gotteserfahrung wird sich in der Regel wie Liebe anfühlen oder wie Leid oder wie beides gleichzeitig. Sie wird dich in ständig neuen Dimensionen von Weite und Tiefe mit der Gesamtwirklichkeit verbinden, »bis Gott alles in allem sein wird« (1. Korinther 15,28). Unsere Kreise neigen dazu, im Laufe des Lebens entweder zu expandieren oder immer enger zu werden. (Jedenfalls habe ich das als Ratgeber, geistlicher Begleiter und Beichtvater bei der Begegnung mit vielen Menschen immer wieder beobachtet.) Unsere frühen Beziehungsmuster bestimmen, sobald sie festliegen, die Bewegungsabläufe unseres gesamten Lebens. Wenn wir von Haus aus skeptisch und misstrauisch sind, wird unser Fokus immer enger werden. Wenn wir voller Hoffnung und Vertrauen sind, wird sich unsere Perspektive fortwährend erweitern.

Ich möchte nochmals einen Punkt wiederholen, der für mich so klar und grundlegend ist: *Der Beweis, dass du Christ bist, besteht darin, dass du Christus überall sehen kannst.* Das haben wir bei Caryll Houselanders Erfahrung in der Metro miterlebt und bei Jesus, wenn er auf das Göttliche »in den kleinsten Brüdern und Schwestern« hingewiesen hat (Matthäus 25,40), und es sogar bei dem »Schächer«, der neben ihm gekreuzigt wurde, entdecken können (Lukas 23,43). Immer erweitert echte Gotteserfahrung deinen Horizont, und niemals schränkt sie ihn ein. Was sonst sollte Gott ausmachen? *Bei Gott umarmst du nicht immer weniger; du siehst und liebst immer mehr.* Je mehr du dein kleines Ego hinter dir lässt, desto mehr kannst du alles andere einbeziehen. Jesus Christus sagt: »Wenn das isolierte Weizenkorn nicht stirbt, bleibt es ein Einzelkorn. Aber wenn es stirbt, dann wird es viel Frucht bringen« (Johannes 12,24).

Wenn du beispielsweise deinem Hund in die Augen blickst, so wie ich oft meine Labradorhündin Venus angesehen habe, dann glaube ich wirklich, dass du auch da eine Inkarnation der Heiligen Gegenwart anschaust, den Christus. Wenn du einen Mitmenschen wahrnimmst, eine Blume, eine Biene, einen Berg – irgendetwas –, dann siehst du die Inkarnation der Liebe Gottes zu dir und zum Universum, das du dein Zuhause nennen darfst.

Halte einen Augenblick inne und fokussiere dich auf eine Inkarnation der Liebe Gottes, die dir hier und jetzt aufscheint: Du musst es wagen!

Ich hoffe, dass dir allmählich ein umfassenderes Verständnis dämmert. *Alles, was dich – ganz praktisch gesehen – auf positive Weise von dir selbst wegzieht, wirkt in diesem Augenblick für dich als Gott.* Wie sonst kann die Reise beginnen? Wie sonst wirst du vorwärtsgetrieben, nun nicht aufgrund hohler Glaubenssätze, sondern aufgrund innerer Lebendigkeit? Gott braucht etwas, womit er dich dazu verführen kann, aus dir herauszutreten und dich selbst zu überschreiten, und dazu benutzt Gott mit Vorliebe dreierlei: Güte, Wahrheit und Schönheit. Alle drei haben das Potenzial, dich in eine Einheitserfahrung hineinzuziehen.

Man kann sich den Weg in solch strahlendes und raumgreifendes Sehen nicht ausdenken. Du musst hin und wieder mitten in einem Moment der Liebe und des Staunens ertappt werden, und es ereignet sich oft langsam, durch Osmose, Nachahmung, Resonanz, Kontemplation und Spiegelkommunikation. Der Christus wird uns immer großzügig geschenkt und von der Gegenseite zugeworfen wie ein Ball. Unsere einzige Rolle in diesem Prozess besteht darin, die Hand auszustrecken und den Ball ab- und aufzufangen.

Für Paulus und für Normalmystiker wie dich und mich ist die Art von Sicht, die ich beschreibe, eine gegenseitige Beziehungserfahrung, wobei wir Gott simultan in uns selbst finden und in unserer übrigen Außenwelt. Ich bezweifle, dass es einen anderen Weg gibt. Präsenz erschafft sich niemals aus sich selbst, sondern ist immer Geschenk eines anderen, und Glaube ist im Kern immer Beziehung. Göttliches Sehen kann man nicht im Alleingang bewerkstelligen, sondern nur so, dass sich *ein* Bewusstsein an ein anderes koppelt und beide Seiten den Ball vor- und zurückwerfen, so dass *Subjekt auf Subjekt* trifft. Gewärtigsein muss angeboten und geschenkt, wachgerufen und empfangen werden. Es kann ausgelöst von einer Körpergeste geschehen, durch ein freundliches Wort oder Lächeln oder während einer Mahlzeit, die wir mit jemandem teilen, der uns etwas bedeutet, dass wir plötzlich von einer Energie belebt werden, die größer ist als wir beide.

Es ist so wichtig, diese Momente zu verkosten und zu berühren und ihnen zu trauen. Worte und komplexe Rituale sind an diesem Punkt fast hinderlich. Alles, was du machen kannst, besteht darin, Dasein mit Dasein zu erwidern. Hier muss man nichts glauben. Lerne, einfach zu vertrauen und deine eigene tiefste Erfahrung ans Licht kommen zu lassen, und du wirst den Christus jeden Tag von morgens bis abends erkennen – bevor und nachdem du irgendwelche religiösen Gottesdienste besuchst. Kirche, Tempel und Moschee werden auf ganz neuen Ebenen Sinn gewinnen – und gleichzeitig werden Kirche, Tempel und Moschee völlig nichtssagend und überflüssig werden. Ich verspreche dir, dass beides gleichzeitig wahr werden wird, weil du längst völlig angenommen bist und völlig annahmebereit.

4
AM ANFANG WAR ALLES GUT

Die Erde, sie ist voll von Himmel,
Und jeder ordinäre Busch entflammt von Gott;
Doch nur, wer sieht, zieht seine Schuhe aus ...

Elisabeth Barett Browning, Aurora Leigh

Im Garten unseres Zentrums für Aktion und Kontemplation in Albuquerque in New Mexico breitet eine gewaltige hundertfünfzigjährige Schwarzpappel ihre knorrigen Äste über dem Rasen aus. Besucher werden von diesem Baum magisch angezogen, suchen seinen Schatten, schauen durch sein mächtiges Geäst zum Himmel. Ein Experte hat uns gesagt, dass dieser Baum womöglich eine Mutation aufweist, die dafür verantwortlich ist, dass seine riesigen Stämme solch skurrilen Drehungen und Wendungen vollziehen. Man fragt sich, weshalb der Baum so fest dasteht, und doch ist diese Pappel zweifelsohne das bemerkenswerteste Kunstwerk, das wir im Zentrum haben, und seine asymmetrische Schönheit macht den Baum zu einem perfekten Anschauungsmuster für eine der Kernbotschaften unserer Organisation: *Göttliche Vollkommenheit ist ihrem Wesen nach die Fähigkeit, das einzubeziehen, was wie Unvollkommenheit erscheint*. Bevor wir das Haus betreten, um zu beten, zu arbeiten oder irgendetwas Theologisches zu lehren, hat uns die gigantische Gegenwart der Pappel bereits eine Predigt ohne Worte gehalten.

Hast du je eine vergleichbare Naturbegegnung gehabt? Vielleicht ist dir so etwas an einem See oder am Meeresstrand widerfahren, vielleicht bei einer Bergwanderung oder beim Lauschen auf das morgendliche Gurren einer

Taube im Garten oder sogar an einer belebten Straßenecke. Ich bin überzeugt, dass uns solch eine Theologie, die wir von Geburt an in uns tragen, wachsen lässt, weitet und fast ohne eigenes Dazutun erleuchtet, wenn wir empfänglich sind. Alles übrige Gerede von Gott fühlt sich im Vergleich dazu gewollt und verkopft an.

Indigene Religionen haben das weitgehend begriffen, ebenso wie einige Bibelpassagen. (Vgl. Daniel 3,57-82 oder die Psalmen 98,104 und 148.) Im Hiobbuch (Kapitel 12,7-10 und ein Großteil der Kapitel 38-39) preist Jahwe zahlreiche seltsame Tierwesen und Naturelemente – wie das »aufbrausende Meer«, den »Wildesel«, die »Flügel des Vogels Strauß« – für ihre von Geburt an verfügbare Weisheit – und erinnert so den Menschen daran, Teil eines viel größeren Ökosystems zu sein, das in jeder Weise Lernstoff bietet. »Ist es aufgrund deiner Weisheit«, fragt Gott, »dass sich der Falke in die Lüfte erhebt und seine Flügel Richtung Süden ausspannt«? Die Antwort lautet offensichtlich Nein.

Gott ist nicht an die menschliche Illusion gebunden, dass wir der Nabel von allem sind, und die Schöpfung hat Jesus (oder *uns*, wenn wir schon dabei sind) weder nötig gehabt noch gebraucht, um ihr zusätzliche Heiligkeit zu verleihen. Vom ersten Augenblick des Urknalls an hat die Natur die Grandiosität und Güte der Göttlichen Gegenwart offenbart; sie muss als ein grundloses Geschenk und nicht als Notwendigkeit gesehen werden. Jesus kam, um inmitten der Schöpfung zu leben, das Leben in all seiner naturgegebenen Vielfalt zu genießen und so für uns zum Modell und Anschauungsbeispiel zu werden. *Jesus ist die Gabe, die die Gabe geehrt hat*, könnte man sagen.

Seltsamerweise beschränken viele Christen von heute Gottes Fürsorge einzig und allein auf Menschen, und noch dazu auf nur einige wenige. Wie sehr unterscheiden wir uns da von Jesus, der die göttliche Großzügigkeit auch auf Sperlinge, Raben, Esel und die Lilien des Feldes ausweitete (Lukas 12,22) und sogar auf die »Haare unseres Hauptes« (Matthäus 10,29). Hier gibt es keinen Geiz-Gott, (auch wenn er meinem Kopf nur spärlich Haare zugeteilt hat)! Aber welcher Knausergeist hat uns dazu getrieben, Gottes Fürsorge auf uns selbst zu beschränken – sogar im Blick auf die Ewigkeit? Und wie können wir uns einen Gott zusammenfantasieren, der für uns sorgt, wenn Gott nicht zugleich für alles andere sorgt? Wenn Gott seine Zuwendung willkürlich und sparsam austeilt, dann sind wir immer unsicher und im Zweifel, ob wir wirklich zu den glücklichen Empfängern gehören. Aber sobald uns diese großzügige, kreative Gegenwart bewusst wird, die von Natur aus in allen Dingen existiert, können auch wir sie als innere Quelle aller Wertschätzung und Würde beanspruchen. Der Wert der Dinge liegt in ihrer Natur und Existenz an und für sich.

DIE STUFENLEITER DES SEINS

Der Heilige Bonaventura (1221-1274) lehrte, man solle, *um zur Gottesliebe emporzusteigen, bei den bescheidensten und kleinsten Dingen anfangen und von dort aus aufwärtsschreiten.* »Lasst uns den ersten Schritt beim Aufstieg ganz unten machen, und stellen wir uns die gesamte materielle Welt als Spiegel vor, wodurch wir zu Gott voranschreiten könnten, der der größte Handwerker ist«, schrieb er. Und weiter: »Die höchste Macht, Weisheit und Zuwendung des Schöpfers werden durch alle geschaffenen Dinge ausgestrahlt.«[24]

Ich lade dazu ein, diese geistliche Einsicht ganz buchstäblich zu nehmen: Fang nicht damit an zu versuchen, Gott oder auch nur Menschen zu lieben; liebe erst einmal

24 Bonaventura, *Der Pilgerweg des Menschen zu Gott* 1, 9-10.

Felsgestein und Naturelemente, beweg dich dann weiter zu Bäumen, dann zu Tieren und erst am Ende zu Menschen. Dann werden dir auch Engel bald als echte Option erscheinen, und Gott ist schließlich nur noch einen Katzensprung entfernt. Es funktioniert. Es könnte tatsächlich die einzige Methode sein zu lieben, *denn so wir eine Sache machen, so machen wir alles.* Der erste Johannesbrief sagt es klar und direkt: »Jeder, der behauptet, Gott zu lieben, aber seinen Bruder (oder seine Schwester) hasst, ist ein Lügner« (4, 20). Am Ende liebst du alles, oder es gibt gute Gründe zu bezweifeln, dass du überhaupt irgendetwas liebst. Diese eine Liebe und diese eine Herrlichkeit wurde von vielen mittelalterlichen Theologen und anderen als die »Große Stufenleiter des Seins« (Scala Naturae) bezeichnet. Ihre Botschaft lautet: Wenn es dir nicht gelingt, diese Gegenwart auf einer beliebigen Stufe der Leiter zu erkennen, fällt das Gefüge des gesamten Heiligen Universums in sich zusammen. Es geht tatsächlich um »alles oder nichts«.

Gott hat nicht erst mit der Bibel oder der Kirche oder den Propheten angefangen, mit uns zu reden. Denken wir wirklich, Gott hätte 13,7 Milliarden Jahre lang nichts zu sagen gehabt und erst in der letzten Nanosekunde der geologischen Zeit zu sprechen begonnen? Hat die gesamte Geschichte vor der Entstehung unserer heiligen Texte keinerlei Grundlage für Wahrheit und Autorität geliefert? Natürlich nicht. Die Strahlkraft der Göttlichen Gegenwart hat seit Anbeginn der Zeit geleuchtet und sich ausgebreitet, lange bevor es menschliche Augen gab, um sie zu sehen oder etwas darüber zu wissen. Aber mitten im 19. Jahrhundert versuchte man, jene Autorität und Gewissheit festzuklopfen, die die Kirche angesichts von Rationalismus und Wissenschaft immer mehr verloren hatte. Katholiken erklärten den Papst für »unfehlbar«, und Evangelikale beschlossen, dass die Bibel »irrtumslos« sei, ungeachtet der Tatsache, dass wir achtzehnhundert Jahre ganz gut ohne diese beiden Glaubenssätze zurechtgekommen sind. Solche Ansprüche wären den meisten Christen früherer Zeiten wie Götzendienst erschienen.

Die Schöpfung – seien es Planeten, Pflanzen oder Pandas – war nicht nur eine Aufwärmübung für die Menschheitsgeschichte oder die Bibel. Die Welt der Natur hat ihre eigene und in sich selbst wertvolle und hinreichende Geschichte, wenn wir lernen, sie mit Demut und Liebe zu sehen. Das erfordert kontemplative Praxis, um unseren geschäftigen und oberflächlichen Geist lange genug zu unterbrechen und die Schönheit zu sehen, die Wahrheit zuzulassen und das Gute wahrzunehmen, das allem innewohnt, was ist – unabhängig davon, ob es mir nützt oder gefällt oder nicht.

Jedes Geschenk wie Nahrung und Wasser, jeder einfache Akt von Freundlichkeit, jeder Sonnenstrahl, jedes Säugetier, das sich um seine Jungen kümmert, all das ist aus dieser ursprünglichen und im Kern guten Schöpfung erwachsen. Menschen sind dazu berufen, diese allgegenwärtige Realität zu erkennen und zu genießen – eine Wirklichkeit, die wir allzu oft nicht nur nicht wertschätzen, sondern, was vielleicht noch schlimmer ist, übersehen oder einfach als selbstverständlich hinnehmen. Im Buch Genesis wird beschrieben, wie sich die Schöpfung in sechs Tagen entfaltet, was ein entwicklungsorientiertes Wachstumsverständnis voraussetzt. Nur der siebte Tag ist nicht in Bewegung. Damit ist das göttliche Muster etabliert: Tun muss von jenem Nichts-Tun ausgeglichen werden, das die jüdische Tradition »Sabbat-Ruhe« nennt. Alle *Kontemplation spiegelt die Entscheidung und Erfahrung dieses siebten Tages und verlässt sich auf Gnade anstatt auf Leistung.* Volles Wachstum beinhaltet Timing und Inszenierung, Agieren und Abwarten, Handeln und Nicht-Handeln.

Alle anderen empfindungsfähigen Geschöpfe leisten ebenfalls ihre bescheidenen Beiträge, nehmen im Kreislauf von Leben und Tod ihren Platz ein, spiegeln die ewige Selbstentäußerung und die ewige Selbsterfüllung Gottes und trauen irgendwie all dem. So habe ich es bei meiner Hündin Venus erlebt, die mich erst angesehen, dann vorwärtsgeblickt und schließlich die Nase demütig zu Boden gesenkt hat, als wir sie eingeschläfert haben. Tiere haben natürlich auch Angst, wenn sie attackiert werden, aber sie erleiden keine Todesfurcht. Im Gegensatz dazu haben viele gesagt, dass die Angst vor dem Tod und seine Vermeidung das einzig Absolute in jedem Menschenleben sei.

Wenn wir erkennen können, dass wir zu solch einem Rhythmus und Ökosystem gehören und uns ganz bewusst daran freuen, können wir beginnen, unseren Platz im Universum zu finden. Wir werden, wie einst Elizabeth Barrett Browning, anfangen zu sehen, dass *die Erde voll von Himmel ist und jeder ordinäre Busch entflammt von Gott.*

GUTES ERBE ANSTATT ERBSÜNDE

Die wahre und wesensgemäße Aufgabe jeder Religion besteht darin, uns zu helfen, das Bild Gottes in allem zu erkennen und wieder zum Leuchten zu bringen. Es geht darum, Gegenstände präzise, in ihrer Tiefendimension und umfassend zu spiegeln, bis alle Dinge wissen, wer sie sind. Ein Spiegel reflektiert von Haus aus unparteiisch, in Originalgröße, unangestrengt, augenblicklich und endlos. Er produziert das Bild nicht selbst und filtert es auch nicht je nach seinem eigenen Gusto. Authentisches Spiegeln kann nur das sichtbar machen, was bereits vorhanden ist.

Wir können die Idee des Spiegelns noch erweitern, um uns einen zusätzlichen Zugang zu den Schlüsselthemen dieses Buches zu verschaffen. So gibt es beispielsweise einen göttlichen Spiegel, den man als den »Geist Christi« bezeichnen könnte. Der Christusspiegel erkennt und liebt uns vollständig und von aller Ewigkeit her und er wirft dieses Spiegelbild zu uns zurück. Ich kann das nicht logisch beweisen, aber ich weiß, dass Menschen, die innerhalb dieses Resonanzraums leben, glücklich und gesund sind. Diejenigen, die mit Dingen, die sie umgeben, nicht mitschwingen und sie nicht erwidern, werden zunehmend einsam und entfremdet und neigen unweigerlich zu irgendeiner Form von Gewalt – und sei es Gewalt gegen sich selbst.

Wer kann nicht den herrlichen Sinn der Aussage des Johannes nachempfinden, der sagt: »Es ist nicht, weil ihr die Wahrheit nicht kennt, die ich euch schreibe, sondern weil sie euch längst bekannt ist« (1. Johannes 1,21)? Er bezieht sich dabei auf ein uns allen von Anfang an *eingepflanztes Wissen* – einen inneren Spiegel, wenn man so will. Heutzutage würden das viele einfach »Bewusstsein« oder »Intuition« nennen, Dichter und Musiker würden es vielleicht als die »Seele« bezeichnen. Der Prophet Jeremia nannte es »das Gesetz, das in eure Herzen geschrieben ist« (31,33), während Christen vom »uns innewohnenden Heiligen Geist« reden würden. Für mich sind diese Begriffe weitgehend austauschbar, auch wenn sie sich dem Thema von je unterschiedlichem Erwartungshorizont nähern.

Im selben Brief drückt es Johannes ganz direkt aus: »Meine Lieben, wir sind *bereits* die Kinder Gottes, aber was wir künftig sein werden, muss noch offenbart werden – alles, was wir wissen, ist, dass wir wie Gott sein werden, denn wir werden Gott unverstellt sehen, wie er tatsächlich ist« (3,2). Und wer ist dieser Gott, den wir am Ende sehen werden? Es handelt sich gewissermaßen um das Sein selbst, denn Gott, dessen Gegenwart alles durchdringt, ist es, von dem Paulus sagen kann: »... in ihm leben wir, bewegen wir uns und sind wir. Oder, wie es einige eurer eigenen Dichter ausgedrückt haben: ›Er ist es, von dem wir alle abstammen‹« (Apostelgeschichte 17,28).

Die uns innewohnende »Gottgleichheit« hängt mit der objektiven Verbindung zusammen, die Gott mit all seinen Geschöpfen eingegangen ist, von denen jedes einzelne die göttliche DNA auf spezifische Weise in sich trägt. Owen Barfield nannte dieses Phänomen »Ur-Teilhabe«. Ich würde es darüber hinaus »Ur-Segen« oder »ursprüngliche Unschuld« (»Unverletztheit«) nennen.

Wie immer man es nennt, das »Bild Gottes« ist absolut und unveränderlich. Menschen können nichts beitragen, um es größer oder kleiner zu machen. Und es steht uns nicht zu zu entscheiden, wer es »hat« und wer nicht, auch wenn das bisher häufig einer unserer Hauptaspekte gewesen ist. Es ist pures, totales Geschenk, das allen gleichermaßen gegeben ist.

Aber dieses Bild wurde dadurch verkompliziert, dass das Konzept der *Erbsünde* das christliche Denken besetzt hat.

Diese Idee – erstmals im 5. Jahrhundert von Augustinus formuliert, aber nirgends in der Bibel erwähnt – bestand darin, dass Menschen in »Sünde« geboren seien, weil Adam und Eva »Gott beleidigt« hätten, indem sie vom »Baum der Erkenntnis des Guten und Bösen« gegessen haben. Als Strafe dafür hätte sie Gott aus dem Garten Eden ausgestoßen. Dieses seltsame Konzept einer Ur- oder Erbsünde passt nicht damit zusammen, wie wir normalerweise über Sünde denken, die für uns in der Regel mit persönlicher Verantwortung und Schuldfähigkeit zu tun hat. Die Erbsünde ist ja nichts, was wir tatsächlich begangen haben; sie ist etwas, was *uns* angetan (und seit Adam und Eva ständig weitervererbt) wurde. Insofern haben wir einen schlechten Start gehabt.

Im Gegensatz dazu beginnen die meisten der großen Weltreligionen in ihren Schöpfungsgeschichten mit einem gewissen Gespür dafür, dass am Anfang alles gut war. Die jüdisch-christliche Tradition tat das besonders schön und gezielt, indem uns der Bericht der Genesis mitteilt, dass Gott selbst die Schöpfung fünfmal als *gut* bezeichnet hat (Genesis/1. Mose 1,10-20) und am Ende sogar als »sehr gut« (2,15). Die ursprüngliche Metapher für die Schöpfung war ein Garten, was von Haus aus positiv, schön und lebendig ist, ein Ort, der »bebaut und bewahrt« werden sollte (2,15), und in dem sich Menschen nackt bewegen konnten, ohne sich zu schämen.

Aber nach Augustinus schaltete die christliche Theologie vorrangig von der positiven Vision in Genesis 1 zu der dunkleren Vision von Genesis 3 um – zum sogenannten Sündenfall oder, wie ich es nenne, zum »Problem«. Anstatt Gottes Meisterplan für die Menschheit und die Schöpfung zu begrüßen – was wir Franziskaner bis heute den »Primat Christi« nennen –, machten Christen unser Bild sowohl von Jesus als auch von Christus immer kleiner, und unser »Erlöser« wurde nichts als eine reichlich spät gezündete »Antwort« auf das Problem der Sünde, ein Problem, das wir weitgehend selbst kreiert hatten. Das ist eine extrem eingeschränkte Rolle für Jesus. Sein *Tod* und nicht sein *Leben* wurde als unsere Rettung definiert! Das sind keine Peanuts. Dieser Wandel unserer Prioritäten hat uns vielfach erlaubt, das Leben und die Lehre Jesu außen vor zu lassen, weil wir ja nur noch das Ereignis seines Opfertodes wichtig fanden. Jesus wurde, pardon, zu einem bloßen Wischmopp zur Bereinigung der Sünde, und das Sündenmanagement hat das gesamte religiöse Narrativ und die religiöse Agenda bis heute dominiert. Das ist wirklich nicht übertrieben.

In einer bestimmten Hinsicht freilich war die Doktrin von der »Erbsünde« durchaus hilfreich, indem sie uns nämlich lehrte, *nicht davon überrascht zu sein, wie zerbrechlich und verwundbar wir alle sind.* Ebenso wie uns das Gute innewohnt und sich mitteilt, scheint es auch mit dem Bösen zu sein. Und dies ist letztendlich eine sehr barmherzige Lehre. Das Wissen um unsere gemeinsame Wunde sollte uns von der Bürde unnötiger – und individueller – Schuld- und Schamgefühle befreien und uns helfen, uns selbst und unseren Mitmenschen gegenüber versöhnlich und mitfühlend zu sein. (Jede noch so schwache theologische Formulierung hat gewöhnlich auch einen kleinen Wahrheitsanteil und eine helle Seite, wenn wir bereit sind, sie zu suchen.)

Aber historisch betrachtet hat uns die Lehre von der Erbsünde auf dem falschen Fuß erwischt – *bei einem Nein anstatt bei einem Ja, bei Misstrauen anstatt bei Vertrauen.* Wir haben Jahrhunderte mit dem Versuch verbracht, jenes »Problem« zu lösen, das angeblich den Kern unseres Menschseins darstellt. Aber wenn man mit einem Problem anfängt, kommt man meist über diese negative Grundannahme niemals hinaus.

Ausgehend vom theologischen Nein des Augustinus, wurde der Abgrund nur noch tiefer. Martin Luther bezeichnete den Menschen als »einen Haufen Dreck«, Johannes Calvin formulierte seine inzwischen berüchtigte Lehre von der »völligen Verderbtheit« des Menschen, und der armselige amerikanische Erweckungsprediger Jonathan Edwards wurde durch seine Verurteilung der Neu-Engländer als »Sünder in der Hand eines zornigen Gottes« berühmt und berüchtigt. Kein Wunder, dass man Christen eine negative Anthropologie vorwirft!

Die Theologie von Misstrauen und Verdacht hat sich in einer ganzen Reihe von abwegigen Annahmen manifestiert. Sie schuf eine Welt, die in ständigem Konkurrenzkampf mit sich selbst ist, ein mechanisches und magisches Taufverständnis, Bilder der Hölle als Feuerpfuhl, Belohnungs-

und Bestrafungssysteme, Beschämung und Ausschluss aller verwundeten Individuen (die in jedem Jahrhundert neu und anders definiert wurden), den Glauben an die Überlegenheit bestimmter Hautfarben, Volkszugehörigkeiten oder Nationen.

All dies geschah im Namen dessen, der gesagt hat, er sei nicht »für die Gerechten« oder die »Tugendhaften« gekommen, sondern für »Sünder« (Lukas 15,1-7; Markus 2,17; Lukas 5,32), und um uns ein »Leben in aller Fülle« zu schenken (Johannes 10,10). Das alles wird niemals funktionieren, und es hat nie funktioniert!

Wenn wir mit einer Theologie des Sündenmanagements anfangen, das allzu oft von einer elitären klerikalen Klasse organisiert wird, enden wir bei einer schizophrenen Religion. Wir enden bei einem Jesus, der zwar während seiner Erdenzeit barmherzig war, der aber in der kommenden Welt strafen wird, der zwar hier vergibt, aber später nicht mehr. Aufgrund dieses Bildes erscheint Gott selbst beiläufigen Betrachtern abstrus und jedenfalls nicht vertrauenswürdig. Es mag für Christen gruselig sein, sich solche Resultate einzugestehen, aber das müssen wir. Ich glaube, das ist der Hauptgrund, weshalb Menschen nicht mehr so allergisch auf die christliche Geschichte reagieren wie früher. Stattdessen weigern sie sich, sie ernst zu nehmen.

Um damit zu beginnen, aus der Grube der Erbsünde herauszuklettern, müssen wir zu einer positiven und wohlwollenden kosmischen Vision zurückkehren. Großzügigkeit nährt sich in der Regel selbst. *Mir ist niemals ein wirklich mitfühlendes und liebevolles menschliches Wesen begegnet, das nicht ein grundlegendes und tiefes Vertrauen gehegt hätte, dass der Mensch in seinem Kern gut ist.*

Die christliche Geschichte muss mit einer positiven und umfassenden Vision für die Menschheit und die Geschichte anfangen, oder sie wird niemals über die primitiven, ausgrenzenden und auf Furcht basierenden Stadien hinauskommen, die die frühe Menschheitsentwicklung zum größten Teil geprägt haben. Wir sind reif für eine einschneidende Kurskorrektur.

AN EINER POSITIVEN VISION FESTHALTEN

Hirnstudien haben gezeigt, dass wir uns auf Kosten einer optimistischen Sichtweise mit Vorliebe auf Probleme fokussieren. Das menschliche Hirn wickelt Ängste und Schwierigkeiten fest ein und dichtet das Sorgenpaket wie mit einem Klettverschluss Marke Velco[25] ab. Wir halten negative Erfahrungen noch lange nach dem Ereignis fest und verbringen Unmengen von Zeit mit der Spekulation darüber, was künftig schiefgehen könnte. Andererseits rutschen uns Positives, Dankbarkeit und schiere Glücksgefühle immer wieder weg wie Käse auf heißem Teflon. Studien wie die des Neurowissenschaftlers Rick Hanson zeigen, dass wir mindestens fünfzehn Sekunden lang bewusst bei einem positiven Gedanken oder Gefühl verweilen müssen, bevor es in den Neuronen einen Abdruck hinterlässt. Diese Dynamik nennt man tatsächlich »Velcro/Teflon-Theorie«. Man könnte sagen, das Problem zieht uns mehr an als die Lösung.[26]

Ich ermutige jede und jeden, mich nicht einfach blind beim Wort zu nehmen. Man beobachte einfach das eigene Gehirn und die eigenen Emotionen. Dabei wird man bald

25 Anm. des Übersetzers: Klettverschlüsse werden in den USA und in vielen anderen Gegenden mit dem Markennamen »Velco« identifiziert.

26 Rick Hanson, *Selbstgesteuerte Neuroplastizität: Der achtsame Weg, das Gehirn zu verändern*, Freiburg im Breisgau 2014; ders.: *Das resiliente Gehirn: Wie wir zu unerschütterlicher Gelassenheit, innerer Stärke und Glück finden können*, Freiburg im Breisgau 2013 sowie weitere Veröffentlichungen und Übungsbücher des Autors.

merken, dass es eine giftige Faszination für das Negative gibt, mag es sich dabei um eine Situation im Arbeitsleben, um miesen Klatsch und Tratsch, den du mitgehört hast, oder um eine bedauerliche Entwicklung im Leben einer Freundin oder eines Freundes handeln. Wirkliche Unabhängigkeit von dieser Tendenz ist extrem selten, weil wir den größten Teil unserer Zeit von automatischen Reaktionsweisen gesteuert werden. Deshalb besteht der einzige Weg, echte Spiritualität zu fördern, darin, die Freude an einem positiven Impuls und ein dankbares Herz *bewusst zu trainieren*. Und die Vorteile sind mit Händen zu greifen. Indem wir unseren bewussten Entscheidungen konsequent folgen, können wir unsere Reaktionen neu mit Liebe, Vertrauen und Geduld verdrahten. Die Hirnwissenschaft nennt das »Neuroplastizität«. Auf diese Weise vergrößern wir unsere Freiheitsfähigkeit, und das ist ganz gewiss der Herzschlag jeder echten Spiritualität.

Die meisten von uns wissen, dass wir uns nicht ständig von Angst, Hass und Ablehnung antreiben lassen sollten und alle positiven Impulse und alles Neue leugnen. Aber nur wenigen von uns ist beigebracht worden, wie man das ganz praktisch vermeidet. Es ist interessant, dass Jesus die zentrale Bedeutung von innerer Motivation und Intention im Gegensatz zu einem rein äußerlichen Verhalten betont hat. Er verwendet fast die Hälfte der Bergpredigt auf dieses Thema (siehe Matthäus 5,20 – 6,18). Wir müssen – ja, *müssen* – uns jeden Tag und sogar jede Stunde dafür entscheiden, uns auf das Gute, Wahre und Schöne einzulassen. Eine wundervolle Beschreibung dieser Haltung findet man in Philipper 4,4-9, wo Paulus schreibt: »Freut euch im Herrn *allezeit*!« Wenn man versucht, das als idyllisches »positives Denken« abzutun, erinnere man sich, dass Paulus diesen Brief geschrieben hat, als er buchstäblich im Kerker und in Ketten lag (1,17). Wie hat er das hingekriegt? Man könnte es »Gedankenkontrolle« nennen. Viele von uns nennen es einfach »Kontemplation«.

Wie also können wir diese »Ur-Güte« zunächst einmal wahrnehmen und dann auch praktizieren?

Wiederum ist es Paulus, der eine Antwort für uns parat hat. Er sagt: »Es gibt nur dreierlei, was Bestand hat – Glaube, Hoffnung und Liebe« (1. Korinther 13,13). In der katholischen Theologie nannten wir diese drei essenziellen Einstellungen einst die »Theologischen Tugenden«, weil sie als »Teilhabe am Leben Gottes« begriffen wurden und uns freigiebig von Gott geschenkt und/oder bereits bei unserer Zeugung »eingegossen« worden sind. Dieser Auffassung zufolge definieren Glaube, Hoffnung und Liebe die menschliche Person in weitaus größerem Maße als die »moralischen Tugenden«, also jene vielfältigen positiven Verhaltensweisen, die wir erlernen, wenn wir aufwachsen. Schon deshalb kann ich eine orthodoxe oder katholische Weltsicht nicht einfach abschreiben. Trotz all ihrer unbeholfenen Formulierungen bietet sie doch der Menschheit eine grundsätzlich *positive Anthropologie* an (auch wenn das viele aufgrund miserabler Glaubensvermittlung niemals lernen) und kein moralisches Wettrennen, das immer instabil und gefährdet ist.

Von Anfang an sind Glaube, Hoffnung und Liebe tief in unserem Wesen verwurzelt – ja, sie *sind* unser wahres Wesen (Römer 5,5; 8,14-17). *Das christliche Leben besteht einfach darin, dass wir werden, was wir bereits sind* (1. Johannes 3,1f.; 2. Petrus 1,3f.). Aber wir müssen diese unsere Kernidentität wecken, zulassen und fördern, indem wir sie bewusst bejahen und sie als verlässliche und absolute Quelle nutzen. Auch in diesem Fall muss sich ein inneres *Bild* materialisieren und *Gestalt* annehmen. Und selbst eine gute Theologie wird sich schwertun, eine schlechte Anthropologie wettzumachen. Wenn die menschliche Person ein »Haufen Mist« ist, dann kann das der »Schnee Christi« bestenfalls kurzfristig verhüllen, aber nicht annullieren.

Unser eigenes Ja zu Glaube, Hoffnung und Liebe, die uns eingepflanzt sind, spielt in der Tat eine entscheidende Rolle in der göttlichen Gleichung: Menschliche Freiheit ist wichtig. Das Ja der Maria scheint für das Ereignis der Inkarnation wesentlich gewesen zu sein (Lukas 1,38). Gott kommt nicht ungeladen. Gott und Gnade können nicht eintreten, wenn wir uns dafür nicht öffnen oder öffnen lassen, sonst wären wir nichts als Roboter. Gott will keine Roboter, sondern Liebende, die sich frei dazu entscheiden, auf Liebe mit Gegenliebe zu antworten.

Mit anderen Worten: *Wir zählen*. Wir müssen uns dafür entscheiden, der Wirklichkeit und sogar unserer eigenen physischen Existenz Vertrauen entgegenzubringen, was letztlich bedeutet, uns selbst zu vertrauen. Der Hang, uns *nicht* zu vertrauen, ist sicherlich eine unserer Dauersünden. Paradoxerweise verkünden so viele Predigten, wir sollten uns *nie und nimmer* selbst vertrauen, sondern *einzig und allein* Gott. Das ist viel zu dualistisch. Wie kann eine Person, die sich selbst misstraut, wissen, wie man überhaupt vertraut? Vertrauen ist, wie die Liebe, unteilbar. (»*Vertrauen*« ist im Übrigen derzeit vermutlich ein viel hilfreicheres und treffenderes Wort als »Glaube«, ein Begriff, der allzu häufig missbraucht oder intellektuell zerpflückt worden ist und dadurch kraft- und inhaltslos wurde.)

Ganz praktisch können wir zu unserer eigenen Ur-Güte finden, wenn wir folgende drei Einstellungen oder Tugenden finden und festhalten, die tief in uns eingepflanzt sind:

- ein Vertrauen auf den inneren Zusammenhang allen Geschehens. »Alles hat irgendeinen Sinn« (Glaube),
- ein Vertrauen, dass dieser Zusammenhang positiv und auf ein gutes Ziel ausgerichtet ist (Hoffnung),

- ein Vertrauen darauf, dass dieser Sinnzusammenhang auch mich einschließt und sogar definiert (Liebe).

Das ist das Fundament der Seele. Dass wir zu solch einem Vertrauen und zu solch einer Selbsthingabe fähig sind, ist die objektive Basis menschlicher Güte und Heiligkeit, und sie muss in der Tat Tag für Tag neu ergriffen werden, weil wir ansonsten in einen Zynismus abgleiten, der sich als Opfer inszeniert oder Opfer fabriziert und sich dabei allzu oft selbst bemitleidet. Keine Philosophie oder Regierung, kein Gesetz und keine Vernunft kann uns diese Einstellung vermitteln oder versprechen, aber das Evangelium kann und tut es. Gesunde Religion hat die Kraft, uns eine überzeugende und attraktive Grundlage für menschliche Güte und Würde zu bieten und uns Wege zu zeigen, wie wir auf dieser Grundlage aufbauen können.

In jedem Zeitalter und in jeder Gesellschaft haben wir Rückfälle in Rassismus, Sexismus, Homophobie, Militarismus und Diskriminierung aufgrund von Aussehen oder Klassenzugehörigkeit erlebt. Dieses Muster sagt mir, dass Menschen permanent denken, es sei ihre Sache, so etwas zu entscheiden, es sei denn, wir begreifen Würde als etwas, was universal, objektiv und von Anfang an von Gott gegeben ist. Unsere tragische Geschichte zeigt, dass man keiner Einzelgruppe zutrauen kann, auch allen anderen Gruppen Wert und Würde zuzugestehen. Unsere Kriterien sind häufig selbstbezogen und insofern mit großen Vorurteilen behaftet, und immer sind es die Machtlosen und die Benachteiligten, die dabei den Kürzeren ziehen. Selbst Amerikas großartige Unabhängigkeitserklärung, die statuiert, dass »(alle Menschen) von ihrem Schöpfer mit bestimmten unveräußerlichen Rechten ausgestattet sind«, hat offensichtlich die weiße Mehrheit bis heute nicht befähigt, diese Rechte unmittelbar und in gleichem Maße *allen* zuzubilligen.

Damit der Planet und alle Lebewesen vorankommen, dürfen wir uns auf nichts Geringeres verlassen als auf *eine angeborenes Ur-Güte und eine universell geteilte Würde.* Erst dann können wir Aufbauarbeit leisten, weil das Fundament selbst stark und gut ist. Gewiss ist es dies, was Jesus gemeint hat, als er uns gesagt hat: »Grabt und grabt tief und baut euer Haus auf Felsgrund« (Lukas 6,48). Wenn man mit einem *Ja* anfängt (oder mit einer positiven Vision), schreitet man vermutlich eher mit Großmut und Hoffnung voran und hat eine wesentlich größere Chance, mit einem noch umfassenderen Ja zu enden. Der Versuch, auf *Nein* zu bauen, bedeutet in der Bildsprache Jesu, »auf Sand zu bauen«.

Wenn unsere postmoderne Welt höchst anfällig zu sein scheint für Zynismus, Skeptizismus und all das, woran sie *nicht* glaubt, und wenn wir jetzt in einer »Post-Truth-Welt« leben[27], dann müssen »Gläubige« ihre Mitverantwortung dafür eingestehen, dass unsere Gesellschaft in diese bedauerliche Richtung abgedriftet ist. *Die beste Kritik am Schlechten ist immer noch die Praxis des Besseren.* Aggressive Energie reproduziert nur noch mehr von demselben. Alles Problemlösen muss zunächst von einer positiven übergreifenden Vision geleitet werden.

Wir müssen das christliche Projekt neu reklamieren, indem wir vom wahren Ausgangspunkt einer ursprünglichen All-Güte ausgehen. Wir müssen Jesus als einen inklusiven Erlöser zurückgewinnen anstatt als einen Richter, der ausschließt. Wir brauchen einen Christus, der als kosmisches Alpha und Omega die gesamte Geschichte zusammenhält. Dann können diese Geschichte und jedes Einzelwesen in kollektiver Geborgenheit und mit der Gewissheit des Gelingens leben. Manche würden das die eigentliche Gestalt der Erlösung nennen.

27 Vgl. Ken Wilber, *Trump and a Post Truth World*, Boulder 2017.

5
LIEBE IST DER SINN

Sei gewiss, Liebe ist der Sinn.
Wer offenbart dir dies? Liebe.
Was offenbart sie: Liebe.
Weshalb? Aus Liebe.
Bleib in ihr und du wirst immer mehr
von ihr erkennen.

Lady Julian von Norwich, Showings

Für Pierre Teilhard de Chardin (1881-1955), den französischen Jesuitenpater mit Spezialausbildung als Paläontologe und Geologe, ist Liebe die materielle Struktur des Universums. Das ist eine sehr gewagte Aussage, insbesondere wenn ein Naturwissenschaftler sie macht. Aber für Teilhard offenbaren Schwerkraft, atomare Bindung, Kreisläufe, Zyklen, Photosynthese, Ökosysteme, Kraftfelder, elektromagnetische Felder, Sexualität, zwischenmenschliche Freundschaft, animalischer Instinkt und die Evolution selbst eine Energie, die alle Dinge und Wesen zueinander zieht in einer Bewegung zu immer größerer Komplexität und Unterschiedlichkeit – und paradoxerweise zugleich zu einer immer tieferen Vereinigung. Diese Energie ist einfach die *Liebe in ihren vielen Ausformungen*. (Man kann auch andere Begriffe dafür benutzen, wenn sie jemandem näherliegen.)

In diesem Kapitel will ich über die profunde Macht der Liebe reden und darüber, wie uns ein Jesus, der zugleich der Christus ist, ermöglicht, das zu sehen und in immer größerer Fülle daran teilzuhaben.

Liebe, die man auch die Anziehung aller Dinge durch alle Dinge nennen könnte, ist eine universale Sprache und eine allem zugrundeliegende Energie, die sich immer wieder zeigt – trotz unserer größten Anstrengungen, ihr auszuweichen. Das ist so einfach, dass es schwierig ist, es in Worte zu kleiden, und dennoch erkennen wir es alle, sobald wir es sehen. Schließlich und endlich gibt es keine antike, hinduistische, buddhistische, jüdische, islamische oder christliche Art und Weise zu lieben. Es gibt keine methodistische, lutherische oder orthodoxe Art und Weise, eine Suppenküche für Bedürftige zu organisieren. Es gibt keine schwule oder heterosexuelle Art und Weise, treu zu sein, und auch keine schwarze oder kaukasische Art der Hoffnung. Wir alle erkennen einen positiven Flow, wenn wir ihn sehen, und wir alle erkennen Ablehnung und Kälte, wenn wir sie spüren. Alles Übrige sind bloß Etiketten.

Wenn wir wirklich »in der Liebe« sind, verlassen wir unser kleines individuelles Ich, um eins zu werden mit einem oder einer anderen, sei es in Kameradschaft, schlichter Freundschaft, Ehe oder in irgendeiner anderen Vertrauensbeziehung. Hast du je Freundschaft geschlossen mit einer Person, die bei einer Party mutterseelenallein herumstand? Vielleicht war das jemand, die oder der dich in keiner Weise angezogen hat oder mit dem oder der dich keine gemeinsamen Interessen verbanden? Das wäre ein kleines, aber echtes Beispiel für das Fließen wahrer Liebe. Tu das nicht als unwichtig ab! So beginnt der Flow, selbst dann, wenn die Begegnung das Leben keines der Beteiligten auf der Stelle verändert hat. Um unsere kleingeistige Uniformität zu überwinden, müssen wir über den Tellerrand hinauswachsen nach außen, was unser Ego jedes Mal als bedrohlich empfindet, weil es ja bedeutet, die eigene Abschottung, Überlegenheit und Kontrolle aufzugeben.

Männern scheint dies besonders schwerzufallen. Ich hatte das Vergnügen, im Laufe der Jahre zahlreiche Hochzeitsgottesdienste zu leiten. Bei der Vorbereitung der Paare auf den Austausch ihres Trauversprechens habe ich unabhängig voneinander dreimal erlebt, wie der Bräutigam buchstäblich ohnmächtig wurde und zu Boden sank. Aber ich habe nie erlebt, dass die Braut in Ohnmacht gefallen ist. Für das gut eingemauerte und abgegrenzte männliche Ego gibt es nur wenige größere Bedrohungen als die Worte: »bis der Tod uns scheidet«. (Ich bin mir freilich sicher, dass auch Frauen diesbezüglich ihre eigene Form von Blockaden haben.) Das mag einer der Gründe sein, weshalb viele Kulturen Initiationsriten entwickelt haben, um Männern beizubringen, wie man vertraut, loslässt und sich vorbehaltlos ausliefert und hingibt.[28]

Liebe ist ein Paradox. Sie beinhaltet häufig eine klare Entscheidung, aber im Kern ist sie keine Sache des Kopfes oder des Willens, sondern *ein Energiefluss, den wir zulassen und austauschen, ohne dafür eine Rückzahlung zu fordern.* Göttliche Liebe ist natürlich die Vorlage und das Modell solch menschlicher Liebe, und doch ist auch jede menschliche Liebe die Pflichtschule jeder Begegnung mit der göttlichen Liebe. Wenn du niemals menschliche Liebe erfahren hast – bis hin zu Opfer, Vergebung und Großzügigkeit –, wird es sehr schwer für dich sein, zu Gottes Art von Liebe einen Zugang zu finden, sie dir vorzustellen oder sie gar zu erfahren. Umgekehrt: Wenn du Gott nie erlaubt hast, dich auf jene tiefe und sanfte Weise zu lieben, die ihm eigen ist, wirst du nicht wissen, wie du einen anderen Menschen auf die tiefste Weise lieben kannst, die dir möglich ist.

28 Ich habe dies ausführlich in meinem Buch *Adams Wiederkehr* beschrieben, München 2013.

Liebe schafft ständig zukünftige Möglichkeiten, die zum Besten aller Betroffenen sind, – auch und vor allem, wenn Dinge den Bach runtergehen. Liebe lässt alles zu und schafft Raum für alles, was zur menschlichen Erfahrung gehört, sowohl das Gute als auch das Schlechte, und *nichts anderes vermag das wirklich*. Nichts. Liebe fließt unaufhaltsam in die Tiefe, um jedes Hindernis herum – wie Wasser. Liebe und Wasser streben und strömen niemals nach oben, sondern stets nach unten. Genau deshalb ist Vergebung so oft das anschaulichste Beispiel für Liebe in Aktion. Wenn wir vergeben, dann erkennen wir an, dass es da tatsächlich etwas zu vergeben gibt – einen Fehler, eine Beleidigung, einen Irrtum –, und zwar anstatt auf den Überlebensmodus zurückzuschalten, auf unser Bedürfnis, diejenigen, die uns gekränkt haben, unsererseits abzustrafen oder uns zu rächen. Indem wir das tun, legen wir Zeugnis ab für den Allzeit Auferstandenen, den Allzeit Liebenden Christus, der immer »vor euch hingeht nach Galiläa, wo ihr ihn sehen werdet« (Matthäus 28,7). Die Verweigerung von Vergebung quartiert sich mit einer endlosen Wiederholungsschleife in jener Vergangenheit ein, die sie nicht loslassen kann. Aber Vergebung ist *Seelengröße*, ohne die es keine Zukunft oder schöpferische Tat gibt – sondern nur die Re-Inszenierung alter Drehbücher, erinnerter Verletzungen und wuchernder Bedürfnisse, aus allen Betroffenen Opfer zu machen.

Ein Eifer und eine Bereitschaft zu lieben sind die ultimative Freiheit und Zukunft. Wenn du die Erfahrung gemacht hast, in den weiten Raum göttlicher Liebe aufgenommen worden zu sein, gibt es keinen Platz mehr für menschliche Strafen, Rache, vorschnelles Urteilen oder den Ruf nach Vergeltung. Von solch geistiger Enge sehen wir gewiss nichts im Auferstandenen Christus, obwohl er eben noch Ablehnung, Verrat und einen grausamen Tod erlitten hatte; wir sehen das auch nicht in seinem inneren Zirkel oder im gesamten Neuen Testament. Eine umfassendere und mehr Raum gebende Lebensweise kann ich mir nicht vorstellen. Das Ereignis des Todes und der Auferstehung Jesu war die historische Veränderung der Spielregeln, und es ist nicht überraschend, dass wir unseren Kalender von seiner Lebenszeit her datieren.

Der gekreuzigte und auferstandene Christus nutzt die Fehler der Vergangenheit, um eine positive Zukunft zu schaffen, eine Zukunft der Erlösung und nicht der Vergeltung. Er eliminiert oder bestraft unsere Fehler nicht. Er nutzt sie für transformative Ziele.
Menschen, die von solch einer Liebe geprägt sind, sind unzerstörbar.
Vergebung könnte die beste Beschreibung dessen sein, was Gottes Güte in der Menschheit in Bewegung setzt.

AUFWACHEN

Religion in ihrer Bestform befähigt Menschen, diese profunde göttliche Liebe immer bewusster zu erfahren und zu leben. Anders gesagt: Es geht mehr um ein Aufwachen als um ein Aufräumen. In ihrer Anfangsphase neigt Religion dazu, das Aufräumen zu betonen, das heißt, dass sie bestimmt, wer in Sachen Moral und Dogma den Anforderungen gerecht wird. Aber Jesus hat in diese ganze Maschinerie eine Art Schraubenschlüssel geworfen, indem er sich geweigert hat, sich mit Themen, die er für sekundär hielt wie den Sabbat, Ritualgesetze, kultische Reinheitsdefinitionen, Qualifikationen für Zugehörigkeit, normative Sündenregister und so weiter auch nur zu befassen. Er nannte sie »Menschensatzungen«, die allzu oft der Liebe den Platz streitig machen (siehe vor allem Matthäus 15,3.6-9). Oder wie er es an anderer Stelle ausdrückt: »Ihr Heuchler, ihr zahlt den Zehnten … und ignoriert die wichtigeren Anliegen des Gesetzes: Gerechtigkeit, Barmherzigkeit und Gottvertrauen« (Matthäus 23,23). Aufräumen ist eine *Folge* des Aufwachsens, aber die meisten von uns haben den Karren *vor* das Pferd gespannt.

Es ist kein Wunder, dass etliche seiner jüdischen Religionsgenossen Jesus geradezu töten *mussten*, so wie viele Katholiken heutzutage am liebsten Papst Franziskus aus dem Weg räumen würden. Sobald man aufwacht, so wie es Jesus und Papst Franziskus getan haben, weiß man, dass das Großreinemachen ein fortwährender Prozess ist, der allerdings für unterschiedliche Menschen zu unterschiedlichen Zeiten angesagt ist, und bei dem es je nach Person um ganz unterschiedliche Themen und Motive gehen kann. Deshalb erfordern Liebe und Wachstum Unterscheidungsvermögen anstatt Zwangsvollstreckung. Wenn es tatsächlich um Seelenarbeit geht, sind die meisten Versuche, bestimmte Dinge zu überwachen oder zu erzwingen, weitgehend zwecklos. Ich habe fast mein ganzes Leben als Beichtvater, Berater und geistlicher Begleiter gebraucht, um meinen Klienten gegenüber diesbezüglich ehrlich zu werden oder wirklich hilfreich zu sein.[29] Purer Gehorsam ist häufig ein Ausweichen vor tatsächlicher Liebe. Gehorsam befasst sich in der Regel mit Aufräumen, Liebe mit Aufwachsen.

Zu diesem Zeitpunkt scheint unsere gesellschaftliche Antwort auf die Frage nach dem Gesamtsinn, zumindest in den USA, weitgehend auf Folgendes zusammengeschrumpft zu sein: *Es geht einzig und allein ums Gewinnen*. Dann, wenn man erst einmal auf der Gewinnerseite steht, geht es um Konsum. Ich kann in der faktischen Ordnung des US-amerikanischen Lebens von heute keine andere effektive Phi-

29 Vgl. Richard Rohr, *Reifes Leben – Eine spirituelle Reise*, Freiburg im Breisgau 2012.

losophie entdecken. Solch eine Weltsicht vermag von sich aus nicht, die Seele bestens oder sehr lange zu nähren, und noch weniger kann sie Sinn und Ermutigung stiften oder Liebe und Gemeinschaft schaffen.

Auf der Suche nach einer eher lebensförderlichen Weltsicht können wir uns der Heiligen Schrift oder weisen und heiligen Gestalten wie Lady Julian von Norwich (1342-1416) zuwenden, deren Aussage »Liebe ist der Sinn« über diesem Kapitel steht. Nach Jahren, in denen ich religiöse wie nicht-religiöse Menschen beraten und begleitet habe, habe ich den Eindruck, dass die meisten ein Liebesobjekt benötigen (das dann zum Subjekt werden wird!), um sich selbst geistig und physisch gesund und glücklich zu erhalten. Das Liebesobjekt wird zu unserem »Polarstern« und dient uns als moralischer Kompass und Grund, fröhlich und hoffnungsvoll einen Fuß vor den anderen zu setzen. Alle von uns brauchen jemanden oder etwas, um unser Herz mit unserem Kopf zu verbinden. Liebe erdet uns, indem sie Fokus, Orientierung, Motivation und sogar Freude erzeugt – und wenn wir all dies nicht in der Liebe finden, dann werden wir versuchen, es im Hass zu finden. Sind die Folgen solch unerfüllter Bedürfnisse nicht bei vielen unserer Zeitgenossen und -genossinnen mit Händen zu greifen? Ich sehe sie.

Ein Ort, wo ich oftmals einen positiven Fokus und Sinn wahrnehme, ist das mühsam erarbeitete Glück junger Mütter und Väter. Ihr neugeborenes Kind wird für sie zu diesem *einen* Polarstern, und sie wissen ganz genau, wozu sie jeden Morgen aufstehen. Das ist der Gottesinstinkt, den wir auch »das Bedürfnis zu huldigen« nennen könnten. Es ist die Sehnsucht nach einem überwölbenden Brennpunkt, nach einer Gesamtausrichtung und einem Lebenszweck oder nach dem, was die Hebräischen Schriften als den »einen und einzigen Gott« (Exodus/2. Mose 20,3) bezeichnen. Elternschaft und Familie sind die Elementarschule für den

Liebesinstinkt und werden es immer sein. Sie sind der wichtigste Raum, in dem Seele, Herz, Leib und sogar der Geist aufblühen können. Deshalb verlassen wir eine Familie nur, um eine neue zu gründen. Als ich vierzehn Jahre lang als Gefängnisseelsorger gearbeitet habe, habe ich bemerkt, wie die Insassen selbst dort so etwas wie Familie zu schaffen versuchten. Viele von ihnen bestanden darauf, mich »Father« zu nennen und ihre besten Freunde »Bro«! Das Bedürfnis nach sicherer Erdung und Spiegelung endet nie.

Wir Menschen scheinen etwas (oder jemanden) zu wollen oder sogar zu brauchen, dem wir uns ganz und gar hingeben können, etwas, das unsere Neigungen bündelt und sammelt. Wir brauchen zumindest *einen* Platz, wo wir »niederknien und den Boden küssen« können, wie es Rumi, der Sufidichter und -mystiker formuliert hat. Oder wie der französische Franziskanerbruder Eloi Leclerc (1921-2016) den Heiligen Franz treffend paraphrasiert hat: »Wenn wir wüssten, wie man anbetet, dann könnte nichts unseren Frieden wirklich stören. Wir würden uns mit der Beschaulichkeit der *großen Flüsse* durch die Welt bewegen. Aber nur, wenn wir wüssten, wie man *anbetet*.«[30] Natürlich ist Anbetung letztendlich die Antwort auf etwas Vollkommenes. Aber das Geniale an der Liebe besteht darin, dass sie uns lehrt, wie wir uns auch unvollkommenen Dingen hingeben können. *Liebe, könnte man sagen, ist das Trainingsfeld der Anbetung.*

»ICH HABE ES AUS LIEBE GETAN!«

In gewisser Weise ist das Objekt unserer Zuneigung beliebig. Es kann mit der Liebe zu Golf, zu einer sauberen Wohnung oder zu deiner Katze anfangen; oder es kann

30 Eloi Leclerc, *The Wisdom oft he Poor One of Assisi*, Pasadena, CA, 1992, 72.

das Verlangen sein, dir einen gewissen Ruf zu erwerben. Zugegebenermaßen wird letztendlich die Größe des Objekts die Größe der Liebe bestimmen, aber Gott wird alles und jedes benutzen, damit du in die Gänge kommst, dir ein Ziel setzt und der Flow beginnen kann. Nur sehr wenige beginnen diese Reise mit Gott als ihrem expliziten Objekt. Und das sollte man genauso erwarten. *Gott konkurriert nicht mit der Realität, sondern kooperiert mit ihr.* Alle menschlichen Formen von Liebe, Leidenschaften und Vorlieben können die Pumpe starten, und erst im Laufe der Zeit entdecken die meisten von uns die ursprüngliche und letzte Quelle all dieser Ausformungen der Liebe. Gott ist offenkundig demütig und scheint sich nicht darum zu kümmern, wer oder was den Ruhm erntet. Was auch immer den Flow in dir auslöst – in diesem Moment und in dieser Begegnung *ist* dieser Gegenstand Gott für dich! Ich behaupte das nicht ohne theologische Grundlage. Mein trinitarischer Glaube sagt mir, dass Gott die Beziehung selbst ist. Die Namen der drei »Personen« der Trinität sind nicht so wichtig wie die Beziehung zwischen ihnen. In ihr liegt die gesammelte Kraft.

In den Berichten der Evangelien über die Heilungen Jesu finden wir auffallend wenig Logik, wenn es um die Frage geht, wer geheilt wird und wer nicht. In keinem der Berichte hängt die Heilung von irgendwelchen Verdiensten der betreffenden Person ab. Manchmal bitten die Heilungsbedürftigen gar nicht selbst um Heilung – Jesus muss sie fragen, ob sie überhaupt gesund werden wollen (Johannes 5,7). Aber irgendwie ist Jesus in all diesen Berichten fähig, bei bestimmten Leuten den Stromkreislauf göttlicher Elektrizität zu schließen und sie auch physisch zu heilen, auf jeden Fall jedoch spirituell. Man verstehe das nicht falsch, als verbinde ein *direkter Draht* Jesus und die geheilte Person. Jesus weigert sich konsequent, als Wunderheiler angehimmelt zu werden, und nimmt vor solchem Ruhm und solcher Ehre Reißaus. Deswegen sagt er auch nie, nachdem jemand geheilt worden ist: »Meine magische Kraft hat das bewerkstelligt. Und jetzt komm und schließ dich meiner Religion an!« Stattdessen sagt er in verschiedenen Variationen: »Dein Glaube hat dich gerettet, und jetzt geh in Frieden!« (Matthäus 9,22; Markus 5,34; Lukas 8,48). Ich denke, die Menschen ziehen eine magische Religion vor, die die gesamte Verantwortung bei Gott belässt, der es macht oder eben nicht. Wohingegen reife und transformative Religion *uns* einbezieht und einlädt, teilzuhaben, mitzuwirken und etwas zu ändern. Der göttliche Tanz ist immer ein Twostep.[31]

Jesus verweist Geheilte zurück auf sich selbst und schafft nie irgendeine Art von Abhängigkeit oder Kodependenz, die sie von eigener Handlungsfähigkeit und Verantwortung dispensieren würden. Alle Menschen müssen lernen, auf den auch ihnen innewohnenden Geist zurückzugreifen, was ohnehin das Einzige ist, was ihnen langfristig helfen wird. Jesus macht ihnen Mut, ihrem eigenen »inneren Christus« zu vertrauen – und nicht nur äußeren Manifestation Christi in Jesus. Man lese die Evangelien noch einmal durch diese neue Brille, um zu sehen, ob es sich nicht genauso verhält!

Man könnte sagen, dass der ewige Christus der symbolische »Starkstromleiter« ist, der die göttlichen Energien in diese Welt bringt. Jesus reduziert den elektrischen Widerstand so weit, dass wir mit der göttlichen Liebe umgehen und sie durch ganz alltägliche menschliche Medien empfangen können.

31 Anm. des Übersetzers: Der *Twostep* (Wechselschritt) ist ein Paartanz, der vor allem in den Südstaaten der USA beliebt ist und nach schneller Cajun-Musik getanzt wird.

Um den Stromkreis der göttlichen Liebe zu schließen, benötigen wir häufig einen Moment des Staunens, eine Person, die diese elektrische Leitfähigkeit weckt, etwas, was uns zutiefst berührt und was wir mitunter »Vater« oder »Mutter«, »mein Geliebter« oder »meine Schöne« nennen können. Nur dann finden wir den Mut und das Vertrauen, um Gottes Stromkreis unsererseits zu schließen. Deswegen wissen die Menschen auch, dass sie sich für die Liebe nie von sich aus voll und ganz entscheiden; sie werden von ihr überwältigt, lassen sie zu und werden von ihrer vollen Ladung elektrisiert. Der Erweis, dass du teilhast an diesem Flow, wird sich oft so anfühlen, als hätte er zwei Seiten. *Du verlierst die Kontrolle und gleichzeitig findest du sie.*

Als Petrus mit überschwänglichem Enthusiasmus zu Jesus sagt: »Du bist der Christus, der Sohn des lebendigen Gottes!« (Matthäus 16,16), antwortet ihm Jesus: »Fleisch und Blut« – damit sind menschliche Logik und all unsere Bestrebungen gemeint – »kann dir so eine Einsicht nicht vermitteln, sondern allein mein Vater im Himmel hat dir das offenbart« (Matthäus 16,16-17).[32] Ähnliches geschieht, wenn ich mir Dinge und Personen vergegenwärtige, die ich im Lauf meines Lebens zu lieben versucht habe. Im Rückblick müsste ich sagen: »Sie haben mich veranlasst, das zu tun!« Es war die ihnen innewohnende Güte, Schönheit oder Verwundbarkeit, ihre profunde Aufrichtigkeit oder ihr großzügiger Geist, die mich aus mir selbst heraus und gleichsam in ihre Arme katapultiert haben. Ich habe meine Liebe zu ihnen buchstäblich nicht initiiert. Sie wurde mir vielmehr entnommen! Sie wurde – durch die Anderen – aus mir herausgezogen.

32 Siehe auch Römer 8,28f., wo Paulus sagt, dass wir »Mit-Wirkende« sind, »die zu wahren Abbildern seines Sohnes werden, damit Jesus der Älteste von vielen Brüdern (und Schwestern) werden kann«.

Gnade ist schlicht und einfach der natürliche Liebesfluss, wenn wir ihn zulassen, anstatt ihn abzuwehren.
Sünde ist jeder Versuch, diesen Kreislauf zu unterbrechen oder zu reduzieren. Und wir alle sündigen in dieser Sache hin und wieder.
Aber ein gelegentlicher Stromausfall kann dir helfen, mit Wertschätzung zu erkennen, wieviel unverdiente Gnade du nötig hast und wie tief du auf sie angewiesen bist. Scheitern ist Teil des Deals!

DEN GÖTTLICHEN TWOSTEP TANZEN

Ich würde gern ein weiteres Zitat aus Teilhards Buch »Der göttliche Bereich« anführen, das uns daran erinnert, dass Menschen ungern in etwas investieren, die sie nicht irgendwie selbst betrifft und einschließt:

> Gott bietet sich uns endlichen Wesen nicht als etwas an, das schon völlig fertig ist und bereit, begeistert willkommen geheißen zu werden. Für uns ist er ewige Neuentdeckung und ewiges Wachstum. Je mehr wir meinen, ihn zu verstehen, desto mehr offenbart er sich als ganz anders. Je mehr wir denken, wir hätten ihn, desto weiter zieht er sich zurück und zieht uns gerade so in Tiefen seiner selbst.[33]

Das entspricht ganz und gar meiner eigenen Gotteserfahrung! Die göttlich-menschliche Liebesaffäre ist in der Tat ein reziproker Tanz. Manchmal muss der Partner oder die Partnerin ein wenig beiseitetreten, damit wir einen Schritt vorwärts machen können. Dieser Rückzug dauert nur ei-

33 Pierre Teilhard de Chardin, *Der göttliche Bereich*, Olten 1963.

nen Augenblick, und sein Zweck ist es, uns zu ihm oder zu ihr zu ziehen – aber es fühlt sich in diesem Moment nicht so an. Es fühlt sich so an, als würde sich unser Gegenüber zurückziehen. Oder wir erleben das als Leid.

Gott erschafft auch den Rückzug und »verbirgt sein Antlitz«, wie dies von vielen Mystikern und biblischen Autoren genannt wird. Gott schafft ein »gottförmiges Vakuum«, das Gott allein zu füllen vermag. Dann wartet Gott, um zu sehen, ob wir ihm als unserem göttlichen Partner zutrauen, schließlich jenen Raum in uns auszufüllen, der im Laufe der Zeit immer umfangreicher und empfänglicher geworden ist. Dies ist das Zentralthema der inneren Finsternis, des notwendigen Zweifels oder dessen, was die Mystiker »Gott, der seine Liebe entzieht« nennen. Sie wissen, dass die Momente, die sich wie Leid, Depression und Sinnlosigkeit anfühlen – Momente, in denen Gott sich scheinbar zurückgezogen hat –, oftmals tiefe göttliche Vertrauensakte und Einladungen zu intimer Nähe sind. (Dass dies so schlecht verstanden wird, zeigte sich, als die Welt mit der Entdeckung konfrontiert wurde, dass Mutter Teresa viele Jahre der Gottesfinsternis durchlebt hat, die der säkularen Welt wie eine Depression vorkommen mussten. Es war alles, nur nicht das.)

Ich muss an dieser Stelle auch ehrlich sein, was mein eigenes Leben betrifft. Während der letzten zehn Jahre habe ich wenig spirituelles »Feeling« erlebt, weder Trost noch Trostlosigkeit. An den meisten Tagen musste ich mich einfach dafür entscheiden zu glauben, zu lieben und zu vertrauen. Die schlichte Zuwendung und Dankbarkeit guter Menschen bewirkt zwar momentan ein »gutes Gefühl« in mir, aber ich weiß einfach nicht, wie ich diese Qualität festhalten kann. Sie rutscht meinem Bewusstsein weg wie jener sprichwörtliche Käse in der Teflonpfanne!

Aber Gott belohnt mich dafür,
dass ich ihm das Belohnen überlasse.
Dies ist der göttliche Twostep, den wir Gnade nennen.
Ich mache es, und zugleich mache ich nichts.
Es geschieht an mir und zugleich auch durch mich.
Doch Gott übernimmt immer die Führung im Tanz,
was wir allerdings erst im Laufe der Zeit erkennen.

Welche Art von Gott würde immer nur Außenimpulse geben und nicht unser Inneres einbeziehen? Aber das ist genau jener einseitige Gott, der den meisten von uns vermittelt wurde und den ein Großteil der Welt inzwischen ablehnt.

Wenn wir von Christus sprechen, dann meinen wir eine ständig expandierende Begegnung und niemals ein fest verschnürtes Paket, das bereits komplett ist und nur noch so entgegengenommen werden muss, wie es ist. Auf der inneren Seelenreise begegnet uns ein Gott, der mit unserem tiefsten Selbst interagiert, der uns durch Zulassen und Vergeben als Personen wachsen lässt. Es ist gerade diese Erfahrung von Geben und Nehmen und das Wissen, dass es auch künftig solch ein Geben und Nehmen geben wird, die Gott als Liebhaber so real machen. Gott entfaltet deine Persönlichkeit von innen durch einen *ständigen Zuwachs an Freiheit – einschließlich der Freiheit, zu scheitern*. Liebe kann sich auf keine andere Weise ereignen. Deswegen ruft Paulus im Galaterbrief (5,10): »Zur Freiheit hat uns Christus befreit!«

Man erinnere sich nochmals daran, *dass Gott dich liebt, indem er du wird* und indem er in jenem inneren Streit zwischen Selbstanklage und Selbstverteidigung immer deine Partei ergreift. Gott liebt dich, indem er deine Fehler in Gnade verwandelt, indem er dich dir immer wieder zurückgibt, jedes Mal in einer noch umfassenderen Gestalt. Gott steht bei dir und nicht gegen dich, wenn du von Scham und Selbsthass angegriffen wirst. Wenn deine Autoritätsfiguren dir nie solchen Beistand geschenkt haben, kann es freilich schwierig sein, das zu spüren oder dem zu trauen.[34] Du musst diese Liebe wenigstens einmal im Leben auf der kleinsten Ebene erfahren haben. (Erinnere dich daran, dass das Einzige, was dich von Gott trennen kann, der *Gedanke* ist, dass du von Gott getrennt bist!)

Jeder Versuch, jede Handlung oder jedes scheinbare Nichtstun Gottes zu beschreiben, wird immer etwas mit liebevoller, persönlicher Bezogenheit zu tun haben – und dein gesamtes Wesen einbeziehen. Im Licht des Christusgeheimnisses, jener auf Vereinigung zielenden Liebe, von der die gesamte materielle Welt gelenkt wird, lernen wir: Gott kann nie erfahren werden, ohne dass *deine vitalsten Interessen einbezogen werden*. Schwer vorzustellen, nicht wahr? Diejenigen, die es bezweifeln, haben nie darum gebeten oder Liebe nie so nötig gehabt, dass sie um sie gebeten hätten. Diejenigen, die bitten, wissen das bereits und bekommen es auch (Matthäus 7,7). »Wenn ihr, böse wie ihr seid, wisst, wie ihr euren Kindern etwas Gutes geben könnt, um wieviel mehr wird der himmlische Vater denen Gutes geben, die ihn darum bitten« (7,11). Menschliche Liebesversuche sind Etüden. Göttliche Liebe ist immer das Ziel. Aber sie kann nur auf die Grundlage menschlicher Beziehungen bauen – und dann bezieht sie alle ein!

Das Empfangen von Liebe lässt uns erkennen,
dass es tatsächlich einen Geber gibt.
Und die Freiheit, auch nur um Liebe zu bitten,
ist der Anfang des Empfangens.

34 Da ist die Tatsache sicherlich nicht hilfreich, dass Drohungen und Strafen bis vor kurzer Zeit die universalen Erziehungsmethoden waren.

Deshalb kann Jesus mit Fug und Recht sagen:
»Wenn ihr bittet, werdet ihr empfangen«
(Matthäus 7,7f.).
Zu bitten bedeutet, den Kanal von deiner Seite her
zu öffnen.
Dein Bitten unterstützt nur die Bewegung.
Die erste Bewegung kommt immer von Gott.

6
HEILIGE GANZHEIT

Wahrhaftig, mein Leben ist ein langes Lauschen auf mich selbst und auf andere und auf Gott.

Etty Hillesum, Das denkende Herz

Etty Hillesum, eine junge Jüdin, die 1943 in Auschwitz umgebracht wurde, liefert uns allen ein eindrucksvolles Beispiel für ein nichtchristliches Zeugnis des universalen Christusgeheimnisses. Bevor sie von den Nazis eingekerkert wurde, war Etty eine ganz moderne Frau gewesen, die dem Leben, inklusive ihrer Sexualität und anderen sinnlichen Freuden, ebenso furchtlos begegnet war wie am Ende dem eigenen Tod. Obwohl sie keine Christin war, war sie im besten Wortsinn hochgradig spirituell. Sie war ausgesprochen realistisch, frei von Selbstmitleid und mit der fast unmöglichen Freiheit begabt, niemanden anklagen oder hassen zu müssen oder die eigene innere Unsicherheit irgendwohin zu projizieren.

Ohne sie vereinnahmen zu wollen, würde ich Etty als eine Frau beschreiben, die Karl Rahner eine »anonyme Christin« genannt hätte, eine, die das Geheimnis der Inkarnation besser enträtselt hat als die meisten Christen, die ich kenne. Solche Gestalten sind wesentlich häufiger anzutreffen, als Christen vermuten, auch wenn solche Gestalten auf solch eine Etikettierung gut verzichten können.

Als die Nazis ihren völkermordenden Feldzug begannen und Ettys Zukunft immer ungewisser wurde, sprach sie Gott wiederholt in ihren Tagebüchern direkt an, wobei sie ihn nicht als einen Retter von außen in Anspruch nahm, sondern als *eine Kraft, die ihr Inneres fördern und nähren konnte*. Sie würdigte und liebte diese Kraft inmitten Gottes scheinbarer Machtlosigkeit (was haargenau die Bedeutung des gekreuzigten Jesus ist). Man lausche einmal auf die Kraft der folgenden Worte, die an Gott gerichtet sind:

> Ach, es scheint nicht viel zu sein, was Du Selbst im Blick auf unsere Umstände tun kannst, hinsichtlich unseres Lebens. Ich gebe Dir auch keine Verantwortung dafür. Du kannst uns nicht helfen, aber wir müssen Dir helfen und bis zuletzt Deine Wohnstatt in uns verteidigen.[35]

An anderer Stelle, in einem Brief an eine enge Freundin aus dem Durchgangslager Westerbork, nicht lange bevor sie nach Auschwitz verschickt wurde, schreibt sie über die grundlegende Bedeutung von Glaube, Hoffnung und Liebe, über die ich im letzten Kapitel gesprochen habe:

> Trotz allem landest du am Ende immer bei derselben Überzeugung: Das Leben ist letztlich gut, und es ist nicht Gottes Fehler, dass die Dinge manchmal schieflaufen; der Grund liegt in uns. Und das bleibt mir, selbst jetzt und selbst wenn ich im Begriff bin, samt meiner gesamten Familie nach Polen transportiert zu werden.[36]

Und an wieder einer anderen, besonders kryptischen Stelle schreibt sie, als sei sie eine völlig andersgeartete Spezies von Mensch:

> Diese zwei Monate hinter Stacheldraht sind die zwei reichsten und intensivsten Monate meines Lebens

35 Etty Hillesum, Etty: *The Letters and Diaries of Etty Hilesum 1941-1943*, Grand Rapids 2002, 488.

36 Ebenda, 608.

gewesen, in denen meine höchsten Werte derartig bestätigt worden sind. Ich habe gelernt, Westerbork zu lieben.[37]

Reflexionen wie diese – besonders, wenn man die Umstände bedenkt – machen Etty für uns zu einem eindrucksvollen Beispiel vollendeter Ganzheit oder, wie es St. Bonaventura nannte, des »Zusammenfallens der Gegensätze«. Wie gelingt es jemandem derartig, Widersprüche zusammenzuhalten – Dinge wie innere Akzeptanz und äußeren Widerstand, intensives Leiden und vollkommene Freiheit, mein kleines Selbst und einen unendlichen Gott, Sinnlichkeit und intensive Spiritualität, das Bedürfnis, jemandem die Schuld zu geben, und die Freiheit, niemanden anzuklagen? Etty Hillesum hat diese Fähigkeit gezeigt wie nur wenige Menschen, deren Leben ich verfolgt habe. Entweder sind solche Leute die Avantgarde des menschlichen Gewissens und der Zivilisation, oder sie sind geistesgestört. Auf jeden Fall lassen sie jede formelle Religion weit hinter sich.

Etty Hillesum ist nur *ein* Beispiel für eine weitere Funktion des Christus: eine universell vernehmbare »Stimme«, die alle Dinge aufruft, *ganz sie selbst und sich selbst ganz treu zu sein*. Gottes zwei Hauptwerkzeuge, die in diese Richtung führen, scheinen allem Augenschein nach große Liebe und großes Leid zu sein – und oftmals eine *große Liebe*, die *vorhersehbar* zu großem Leid führt.

Das äußerste Paradox des Lebens besteht darin, dass diese Stimme Christi genau in dem – und neben dem – wirkt, was ausschließlich unvollkommen und unwahr erscheint! Gott besteht darauf, das scheinbar Negative einzubeziehen. Zweifelsohne lässt Gott Leid zu. Ja, *Gott scheint uns nicht durch Eliminierung der Hindernisse auf den*

37 Ebenda, 520.

Pfad zu unserer Ganzwerdung zu senden, sondern indem er diese Hindernisse einbezieht. Die meisten Romane, Opern und Gedichte, die je geschrieben worden sind, transportieren auf die eine oder andere Weise genau diese Botschaft, und doch schockiert und kränkt es uns, wenn wir das in unserem eigenen kleinen Leben erfahren. Aber unabhängig von Liebe und Leid, die beide stets unverdient sind, sehe ich keine Möglichkeit, dass Menschen ihr Leben ausbalancieren, einen Neubeginn wagen oder die Richtung ändern. Warum sollten wir auch?

DER HEILUNGSINSTINKT

Carl Gustav Jung (1875-1961), der berühmte Schweizer Psychiater und Psychoanalytiker, stand dem eigenen christlichen Erbe äußerst kritisch gegenüber, weil er bei den Christen, die er kannte, wenig Transformation – oder, wie er es nannte, »Heilkraft« – entdecken konnte. Stattdessen nahm er eine religiöse Tradition wahr, die sich im Laufe der Zeit auf Äußerlichkeiten fixiert hatte und die moralistisch und letztlich ineffektiv war, wenn es um die Veränderung von Menschen oder Gesellschaften ging. Sein Vater und fünf seiner Onkel waren Pfarrer der Reformierten Kirche in der Schweiz, und Jung empfand sie allesamt als unglückliche und ungesunde Männer. Ich bin mir nicht sicher, worauf diese Einschätzung beruhte, aber sie war eindeutig desillusionierend für Jung. Er wollte nicht so enden wie jene Vertreter der Religion, die Teil seines Lebens waren.

Jung war dennoch weder Atheist noch antichristlich. Er unterstrich, dass jede und jeder von uns in sich einen »Gottes-Archetypen« hat oder, wie er es nannte, einen »Instinkt«, der auf Heilung zielt. Der Gottesarchetyp ist jener Teil von dir, der dich zu größerer Weite führt, indem du das, was ist, zutiefst akzeptierst, Gegensätze ausgleichst und deiner eigenen Schattenseite vergibst. Für Jung durfte Ganzheit nicht mit irgendeiner angeblichen moralischen Perfektion verwechselt werden, weil solcher Moralismus viel zu verstrickt ist mit dem Ego und mit der Leugnung der inneren Schwäche, die wir alle akzeptieren müssen. Ich stimme ihm von Herzen zu.

In seiner Kritik an seinem Vater und an seinen Onkeln erkannte Jung, dass viele Menschen zu Spiegelbildern jenes strafenden Gottes geworden waren, den sie anbeteten. Ein vergebender Gott erlaubt uns, das Gute im scheinbar Schlechten zu erkennen und das Schlechte im scheinbar Guten und Idealen. *Jede Vorstellung von Gott, die ihn als tyrannisch oder strafend definiert, hält uns tragischerweise davon ab, diese scheinbaren Widersprüche zuzugeben.* Sie hält in uns die Leugnung unseres wahren Selbst aufrecht und zwingt uns, an der Oberfläche des Lebens zu vegetieren. Wenn Gott jemand ist, der beschämt, dann lernen die meisten von uns natürlich, das Schamvolle zu leugnen und zu verlagern oder andere zu beschämen. Wenn Gott der Oberfolterer ist, dann wird dadurch eine brutale und moralistische Gesellschaft legitimiert, bis in jeden ihrer Winkel hinein. Wir sind dann bei einer Problemlösungsreligion gelandet anstatt bei Heilung und Wandlung.

Ganzheit hatte für Jung mit Harmonie und Ausgleich zu tun; es ging ihm mehr um die Aufgabe, etwas in der Balance zu halten, als etwas auszumerzen. Aber er erkannte, dass solch ein Bewusstsein kostspielig ist, weil Menschen es vorziehen, zu versuchen, die Spannungen des Lebens unter Zuhilfenahme verschiedener Formen des Leugnens und Moralisierens durch Abhängigkeiten oder Projektionen zu eliminieren. In den 30er-Jahren sagte Jung, dass es in Europa, dem angeblich christlichen Kontinent, so viel verdrängtes, verleugnetes und projiziertes Schattenmaterial gebe, dass ein weiterer Großkrieg geradezu unausweichlich sei. Wie es die Tragik wollte, erwies sich seine Vorhersage am Ende als völlig zutreffend.

Ich weiß nicht, ob Jung für meine Unterscheidung zwischen Jesus und Christus empfänglich gewesen wäre. Wahrscheinlich hätte er beide Namen synonym verwendet, so wie es in der Vergangenheit die meisten Leute gemacht haben. Aber wenn ich ihn richtig verstehe, kann uns sein Konzept des Gottesarchetyps etwas Wesentliches über das Christusgeheimnis und über unseren Anteil daran lehren. *Er hat verstanden, dass die Gesamtreise zur Ganzwerdung immer auch die negativen Erfahrungen (das »Kreuz«) einbeziehen muss, was wir normalerweise ablehnen.* Insofern war Jung christlicher als diejenigen seiner Kritiker, die ihn als antichristlich verfemten.

DIE STIMME, DIE GROSS IST IN UNS

Um dem eigenen Pfad zur Ganzwerdung zu folgen, vertrauten und lauschten sowohl Etty Hillesum als auch C. G. Jung auf die Stimme Gottes in ihrem tiefsten Selbst. Viele gebildete und kultivierte Intellektuelle sind nicht gewillt, sich auf indirektes, subversives oder intuitives Erkennen einzulassen, was dazu führen kann, dass sie sich allzu sehr auf von außen vorgegebene Gesetze und ritualisierte Verhaltensweisen verlassen, um ihre eigenen geistigen Ziele zu erreichen. Sie kennen nichts anderes, was sich objektiv und verlässlich anfühlen würde. Intuitive Wahrheit, jener auf Heilung gepolte Instinkt, fühlt sich allzu sehr nach *selbst fabrizierten Gedanken und Gefühlen* an, und die meisten von uns sind nicht bereit, so etwas »Gott« zu nennen, selbst dann nicht, wenn uns so eine innere Stimme anregt, uns auf Mitgefühl einzulassen statt auf Hass, auf Vergebung statt auf Ablehnung, auf Großzügigkeit statt auf Geiz, auf Weite statt auf Engherzigkeit. Bedenke: Wenn die Inkarnation wahr ist, spricht Gott selbstverständlich auch durch deine eigenen Gedanken zu dir! Johanna von Orleans parierte brillant den Vorwurf der Richter, das Opfer ihrer eigenen Imagination zu sein: »Wie sonst könnte Gott zu mir sprechen?«

Viele von uns sind dazu erzogen worden, solch innere Stimmen als Gefühlsduselei, religiöse Konditionierung oder psychische Manipulation abzutun. Vielleicht sind sie es manchmal tatsächlich, aber oftmals sind sie es eben *nicht*. Von Gott zu reden scheint unter der Würde des modernen und postmodernen Menschen zu sein. Verrückterweise ist das halbrichtig. Die innere Stimme, die von Hillesum und Jung so wertgeschätzt wurde, wurde von ihnen als die tiefste und häufig verborgene Ebene des Selbst erlebt. Die meisten von uns jedoch begeben sich nie dorthin. Diese Stimme spricht tatsächlich in einer Seelenschicht »unterhalb« des rationalen Bewusstseins, an einem Ort, an den zu gelangen nur die Demütigen – oder die Geübten – vermögen.

Jung schrieb einmal: *»Mein Pilgrim's Progress bestand darin, dass ich 1000 Leitern hinunter klettern musste, bis ich jenem Klümpchen Erde die Hand reichen konnte, das ich bin«.*[38] Jung, ein angeblich Ungläubiger, wusste, dass jede echte Gotteserfahrung ungeheuer viel Demut und Aufrichtigkeit erfordert. Der Stolze kann Gott nicht erkennen, weil Gott nicht stolz ist, sondern unendlich demütig. Man erinnere sich, dass nur Gleiches Gleiches erkennen kann! Eine Kombination aus Demut und geduldiger Suche ist die beste spirituelle Übungspraxis, die es gibt.

38 Zitiert nach Brigitte Boothe, Peter Schneider (Hg.), *Die Psychoanalyse und ihre Bildung*, Zürich 2013, 164.

An diesem Punkt wird der Empfang des Christusgeheimnisses äußerst praktisch. Ohne die Vermittlung Christi würden wir versucht sein, *die Distanz und Unterscheidung zwischen Gott und Menschheit zu übertreiben*. Aber aufgrund der Inkarnation ist das Übernatürliche für alle Zeit in das Natürliche eingebettet und lässt genau diese Unterscheidung hinfällig werden. Wie gut das ist! Es ist der Grund dafür, dass Heilige wie Augustinus, Teresa von Avila und C. G. Jung die Entdeckung der eigenen Seele und die Entdeckung Gottes eins zu eins gleichzusetzen scheinen. Es beansprucht einen Großteil unseres Lebens und eine Menge Erfahrung, damit man solch einem Prozess traut und ihn zulässt. Aber wenn es geschieht, *dann wird es sich wie die ruhige und demütige Fähigkeit anfühlen, sich selbst und Gott gleichzeitig zu vertrauen*. Ist es nicht das, was wir alle wollen?

Wenn du diesem inneren göttlichen Bild, dem Ganzwerdungs-Instinkt oder dem, was ich in einem früheren Buch das »Wahre Selbst«[39] genannt habe, trauen und ihm Gehör schenken kannst, wirst du mit deinem besten, deinem umfassendsten, deinem freundlichsten und deinem innersten Selbst voranschreiten. (Ich sollte es obendrein »dein *barmherzigstes unzufriedenes* Selbst« nennen, weil uns die Seelenreise in eine unendliche Tiefe einlädt, die wir niemals vollständig ausloten können!) Wie Augustinus sagt: »Eine zeitliche Sache lieben wir, bevor wir sie haben, und sie wird wertlos, wenn wir sie bekommen, weil sie die Seele nicht befriedigt ... Aber das Ewige wird desto brennender geliebt, je mehr wir es erworben haben ... Die Seele wird das Ewige noch köstlicher finden, wenn sie es erst einmal verkostet hat.«[40] Ich bin ganz gewiss, dass genau dies Etty

39 Richard Rohr, *Immortal Diamond*, San Francisco, 2013.

40 Nach Aurelius Augustinus, *Von der christlichen Lehre*, in: Ausgewählte Schriften Bd. 8, Kempten, München 1925.

Hillesum immer tiefer und immer weiter angetrieben und ihr erlaubt hat, einer äußerst sinnlichen sexuellen Erfahrung im Schlafzimmer Gebete der Gottesverehrung auf dem Boden des Badezimmers folgen zu lassen, und all das innerhalb ein und derselben halben Stunde.

Geistliche Genüsse nähren sich selbst, wachsen von alleine und sind am Ende ihre eigene Belohnung. Materielle Genüsse, die gewiss nicht per se schlecht sind, neigen dazu, Abhängigkeit zu schaffen, weil sie dich nicht ausfüllen, sondern dich immer wieder daran erinnern, wie unvollständig, bedürftig und leer du bist. Alkoholiker sagen oft: »Deine Sucht sorgt dafür, dass du mehr und mehr von dem brauchst, was nicht funktioniert.« Spirituelle Befriedigungen vermitteln sich freilich häufig in materieller, leiblicher und ekstatischer Form. Körperlichkeit ist gut und notwendig, und man sollte sie nicht allzu schnell als »das Fleisch« madig machen. Der Unterschied besteht darin, in welcher Haltung wir diesen Manifestationen begegnen. Wenn wir uns damit zufrieden geben können, sie zu genießen, sie anzuschauen und an ihnen Anteil zu haben, schenken sie uns anhaltende Freude. Auch sie sind Finger, die auf den Mond deuten. Aber sobald wir versuchen, den Mond oder irgendeinen anderen materiellen Gegenstand zu vereinnahmen, zu erobern oder zu »besitzen«, um ihn der Herrschaft unseres Egos zu unterwerfen, wird er irgendwie getrübt. Sozialwissenschaftler sagen, dass sich die Begeisterung, die sich beim Öffnen eines materiellen Geschenks einstellt, innerhalb weniger Minuten verflüchtigt.

Du musst tatsächlich darauf verzichten, spirituelle Gaben für dich zu horten und zu konsumieren. Nimm alle Äußerungen Gottes so zärtlich und behutsam auf, dass du sie ebenso zärtlich und behutsam an andere weitergeben kannst. Ich würde sogar sagen, dass alles, was mit allzu viel Pomp und Pathos, mit übertriebener Selbstgewissheit oder mit dem Bedürfnis, andere zu manipulieren oder zu beeindrucken, artikuliert wird, *niemals* die Stimme Gottes ist, die aus dir spricht. Ich hoffe, ich selbst mache das auch selber nicht. Wenn sich ein Gedanke zu unfreundlich und beschämend anfühlt und andere und dich selbst herabsetzt, handelt es sich gewiss nicht um die Stimme Gottes. Vertrau mir! Das ist schlicht und einfach *deine* Stimme. Warum nehmen Menschen so oft das genaue Gegenteil an – dass beschämende Stimmen immer von Gott kämen, während wohlwollende Stimmen immer nur Einbildung sind? Das ist ein selbstzerstörerischer (womöglich »dämonischer«?) Pfad. Dennoch kann ich als Beichtvater und geistlicher Begleiter bestätigen, dass dieser logische Knick generell die Norm ist.

> *Wenn dir etwas wohlwollend entgegenkommt und so durch dich hindurchfließen kann, dass du es ebenso wohlwollend weitergeben kannst, kannst du dich darauf verlassen, dass es sich um die Stimme Gottes handelt.*

Versuche einmal, das auszuprobieren – vielleicht sogar laut. So etwas stellt sich nur durch Übung ein. Ein fast schon heiliger Mann, der mich kürzlich besucht hat, hat es so ausgedrückt: »*Wir müssen auf das lauschen, was uns unterstützt. Wir müssen auf das hören, was uns ermutigt. Wir müssen uns für das öffnen, was uns anspornt, wir müssen dem Gehör schenken, was in uns lebendig ist.*« Ich selbst bin so sehr dazu erzogen worden, diesen Stimmen *nicht* zu trauen, dass ich heute denke, dass ich die Stimme Gottes ganz oft nicht gehört habe, wenn sie zu mir gesprochen hat. Abraham Lincoln nannte das die »besseren Engel unserer Natur«. Ja, eine narzisstische Persönlichkeit kann und wird solch einen Ratschlag missbrauchen, aber eine wirklicher Gottesfreund oder eine echte Gottesfreundin werden durch solch einen inneren Dialog aufblühen. Dieses Risiko geht Gott ein – und wir müssen es auch tun –, damit eine fruchtbare Liebesbeziehung mit Gott zustande kommen kann. Es erfordert so viel Mut und Demut, der Gottesstimme im Inneren zu trauen! Maria personifiziert dieses Vertrauen in ihrem spontanen und freien »Let It Be« (»Es geschehe!«), mit dem sie auf den Erzengel Gabriel reagiert (Lukas 1,38), und dabei war sie doch »nur« ein ungebildetes jüdisches Mädchen!

Viele Christen haben gelernt, unsere Sünde zu hassen oder schnell zu beichten, bevor wir überhaupt ihr wahres Wesen erkannt haben. Aber wenn du Selbsthass kultivierst, wird es nicht lange dauern, bis er sich auch als Hass gegen andere manifestiert. Ich fürchte, dass so das gängige Feld-Wald-Wiesen-Christentum aussieht, aber es fordert im Lauf der Zeit einen gewaltigen Tribut. *Wenn uns Religion nicht zugleich auf einen Pfad in die Tiefe und auf einen Pfad in die Aufrichtigkeit führt, ist ein Großteil der Religion in der Tat ziemlich gefährlich für die Seele und für die Gesellschaft. »Fast-Food-Religion« und das in den USA und in manch anderer Region der Welt populäre »Wohlstandsevangelium«*[41] *gehören zu den besten Methoden, um Gott in Wirklichkeit zu vermeiden – während man fast nonstop von Religion redet.*

41 Anmerkung des Übersetzers: *Wohlstandsevangelium* (nach engl. *Prosperity Gospel*, auch *Erfolgstheologie*) ist die Auffassung, Wohlstand, vor allem Geldvermögen und geschäftlicher wie persönlicher Erfolg seien der sichtbare Beweis für Gottes Gunst. Wohlstand sei vorherbestimmt oder werde im Gegenzug für wirksames Gebet oder religiöse Verdienste gewährt. Diese Auffassung basiert auf der einseitigen und vermutlich grundfalschen calvinistischen Lehre von der »doppelten Prädestination«, die besagt, dass Gott schon vor Erschaffung der Welt einen Teil der Menschheit zum Heil bestimmt hat, einen anderen Teil zur Verdammnis. Ob man zu den Erwählten gehört, könne man unter Umständen indirekt an irdischem Segen ablesen! Der deutsche Soziologe Max Weber hat zu Beginn des 20. Jahrhunderts seine bahnbrechende Schrift »Die protestantische Ethik und der Geist des Kapitalismus« veröffentlicht (neueste Auflage Tübingen 2019). Weber sieht die protestantische Ethik als die eigentliche Triebfeder des westlichen Wirtschaftssystems. Er schildert, wie religiöse Überzeugungen und insbesondere die calvinistische Lehre von der doppelten Prädestination die Entwicklung der politischen Ökonomie gefördert und geprägt haben.

Wir müssen lernen, wie wir den positiven Flow identifizieren und von dem negativen Widerstand in uns unterscheiden können. Das beansprucht Jahre, denke ich. *Wenn eine Stimme dich selbst niedermacht und zur Beschuldigung anderer führt, dann ist sie schlicht und ergreifend die Stimme des »Anklägers«, was die buchstäbliche Bedeutung des biblischen Wortes »Satan« ist.* Beschämen, anklagen und beschuldigen ist einfach nicht die Weise, wie Gott redet. So reden *wir*. Gott ist extrem gewaltfrei, und das habe ich von all den Heiligen und Mystikern gelernt, die ich gelesen und getroffen und von denen ich gehört habe. So viele heilige Menschen können nicht irren.

7
UNTERWEGS ZU EINEM GUTEN ZIEL

Ich bin gekommen,
um Feuer auf die Erde zu werfen,
und wie sehr wünschte ich,
dass es schon entflammt wäre.

Lukas 12,49

Bisher habe ich mich weitgehend darauf konzentriert, eine tiefere und universale Wirklichkeit als Herz aller Dinge zu beschreiben. Wir haben diese transzendente Realität das Christusgeheimnis genannt, das sich in der Natur, im historischen Jesus und sogar in dir und mir verkörpert und offenbart. Dieser Christus liebt uns leidenschaftlich, schonungslos und auf höchst persönliche Weise, und er drängt uns in einer für jede Einzelseele spezifischen Sprache dazu, ganz und gar die zu werden, die wir sind.

In diesem Kapitel treten wir einen Schritt zurück, um zu fragen, *wohin das alles führen soll. Wenn »Christus in dir« der Ausgangspunkt ist, was ist dann am Ende das Ziel für uns alle und – wenn wir schon dabei sind – für den Kosmos insgesamt?* Steuert unser »alter, großartiger Planet Erde« tatsächlich auf Harmagedon[42] zu? In unseren wilden, stürmischen und desillusionierenden Zeiten kann ich mir kaum eine wichtigere Besorgnis vorstellen.

Um zu endgültigen Schlussfolgerungen zu gelangen, beginne ich mit der Verheißung der Veränderung, die ich

42 Anm. des Übersetzers: Harmagedon bezeichnet in der Offenbarung des Johannes den Ort der endzeitlichen Entscheidungsschlacht, säkular wird der Begriff für sehr große Katastrophen verwendet.

später als eine Bewegung von Ordnung über Unordnung zu Neuordnung beschreiben werde (Anhang II).

DER INNERE WANDLUNGSPROZESS

Jesu gewagtes Bild vom Feuer, das er auf die Erde geworfen hat und das ich diesem Kapitel vorangestellt habe, gehört zu meinen Lieblingsmetaphern. Ich liebe das Bild vom Feuer nicht aufgrund seiner scheinbaren Destruktivität, sondern als natürliches Symbol für Transformation – was buchstäblich die Veränderung von Formen bedeutet. Landwirte, Waldarbeiter und die Angehörigen von indigenen Kulturen wissen, dass Feuer eine erneuernde Macht ist, auch wenn es zugleich zerstörerisch sein kann. Wir Abendländer neigen dazu, es ausschließlich als destruktiv wahrzunehmen (was vermutlich auch der Grund ist, weshalb wir die Metaphern von Hölle und Fegfeuer nicht verstanden haben).

Jesus hat ganz offensichtlich an Veränderung geglaubt. Das erste öffentliche Wort aus seinem Mund war ja im griechischen Neuen Testament die Aufforderung *metanoeite*, was wörtlich übersetzt bedeutet »Ändert euren Geist« oder »wandelt eure Gesinnung« (Matthäus 3,2; 4,17; Markus 1,15). Leider übersetzte der Heilige Hieronymus im 4. Jahrhundert den Begriff ins Lateinische als *paenitentia* (»bereut« oder »tut Buße«) und hat damit ein Heer moralistischer Assoziationen auf den Plan gerufen, die das christliche Verständnis der Evangelien seither verdunkelt haben. Der Begriff *metanoeite* jedenfalls spricht von einer grundlegenden Veränderung des Geistes, der Weltsicht, unserer Art und Weise, die Dinge zu verstehen – und nur als logische Folge davon von einer spezifischen Verhaltensänderung. Das verbreitete Missverständnis spannt den Karren vor das Pferd; wir meinen, wir könnten ein paar Äußerlichkeiten verändern, während unsere eigentliche Weltsicht häufig völlig narzisstisch und selbstbezogen bleibt.

Dieses Missverständnis trug zu einem puritanischen, veräußerlichten und weitgehend statischen Konzept der christlichen Botschaft bei, das uns bis heute verfolgt. Glaube wurde vorwiegend zu einer Sache von äußerlichen Regeln, die erzwungen und deren Nichteinhaltung oder Einhaltung bestraft oder belohnt werden konnte. Glaube wurde weniger als *Veränderung des Herzens* verstanden, wie Jesus sie beschreibt, weniger als etwas, was »im Verborgenen geschieht, wo es euch euer Vater, der auch sieht, was im Verborgenen geschieht, vergelten kann« (Matthäus 6,4.6.18). Jesus betonte in seiner Morallehre ausnahmslos innere *Motivation und Absicht*. Er machte Religion zu etwas, was mit innerer Wandlung und »Herzensreinheit« (Matthäus 5,8) zu tun hat, und nicht zu etwas, was die Leute sehen können, oder was je nach dem zu gesellschaftlichem Aufstieg oder zu Sanktionen führen kann. Diese Haltung Jesu läutert die Religion genau da, wo sie am meisten Gefahr läuft, korrupt oder manipulativ zu werden.

Der innere Veränderungsprozess ist grundlegend für alles, sogar für unseren Leib. Was wäre beispielsweise, wenn unsere nächste körperliche Verwundung niemals geheilt werden könnte? Nachdem ich mich selbst einer Reihe von Operationen unterzogen habe, hat es mich getröstet zu erleben, wie mein Körper im Laufe der Zeit immer für sich selbst gesorgt hat. Das Wunder der Heilung kam von innen; alles, was ich tun musste, war, zu warten und zu vertrauen. Im religiösen Bereich jedoch ziehen viele Leute magische, äußere und einmalige Prozeduren dem kosmischen Muster von Wachstum und Heilung durch Verlust und Erneuerung vor. Dieses universelle Muster ist die Art und Weise, wie sich das Leben endlos in ständig neuen Formen fortpflanzt – paradoxerweise durch vielerlei Arten des Sterbens. Dieses

Muster ist für die meisten von uns frustrierend und beängstigend, was freilich viel weniger für Biologen und Physiker gilt; sie scheinen das Muster besser zu verstehen als viele Geistliche, die denken, Tod und Auferstehung seien ausschließlich eine dogmatische Aussage über Jesus.

Ich fürchte, dass es viele von uns versäumt haben, Gottes sich ständig entfaltende Zukunft wertzuschätzen, ebenso wie den Prozessverlauf dorthin, der in der Regel beinhaltet, dass etwas Altes sterben muss. Letztendlich sträuben und verweigern wir uns genau dem gegenüber, was wir letztendlich wollen. Die Ironie besteht darin, dass wir diese Abwehr häufig in Bittgebete an Gott verpackt haben, als wolle und solle uns Gott genau vor dem Prozess bewahren, der uns läutert!

Gott *schützt uns auf dem Weg in den Tod* und *durch den Tod hindurch*, so wie es der Vater mit Jesus getan hat. Wenn das nicht geklärt ist, dann endet das Christentum damit, den Status Quo zu zementieren und zu verklären – oder, noch schlimmer, die angeblich so wundervolle Vergangenheit – zumindest insofern, dass unsere Privilegien gewahrt bleiben. Bequeme Menschen neigen dazu, die Kirche als schnuckeliges Antiquitätengeschäft zu sehen, wo sie Altes anstatt Ewiges anbeten können.

So etwas wie ein unpolitisches Christentum gibt es nicht. Sich zu weigern, das herrschende System oder den Status Quo zu kritisieren, bedeutet, beide zu unterstützen – was ein verschleierter politischer Akt ist. Wie Pilatus entscheiden sich auch viele Christen dafür, öffentlich die eigenen Hände in Unschuld zu waschen und mit ihm zu sagen: »Das ist eure Sache« (Matthäus 27,25). Pilatus bleibt sauber und Jesus bezahlt den Preis. *Unterwegs zu sein zum Guten bedeutet, den gesamten Weg mitgehen zu müssen, auch durch das Böse hindurch und mit dem Bösen, und unfähig zu sein, über den Dingen zu stehen oder uns rauszuhalten.* Es gibt keinen

Sockel purer Perfektion, auf dem man stehen könnte, und nach so etwas zu trachten ist ohnehin ein Ego-Trip. Ja, das Pilatus-Syndrom ist unter gutgläubigen Christen ziemlich verbreitet und äußert sich häufig darin, dass sie diejenigen ausstoßen, die sie für Sünder halten.

Jesus selbst weist die Vernarrtheit ins Vergangene und in eine private Optimierung zurück, wobei er den Propheten Jesaja treffend zitiert (29,13): »Vergeblich beten sie mich an, indem sie menschliche Satzungen zitieren, als handle es sich um göttliche Lehren« (Matthäus 15,9). Viele von uns meinen allem Anschein nach, Gott verweile tatsächlich irgendwo im »Früher«, »in der guten alten Zeit mit der guten alten Religion«, wo Gott noch wirklich Gott war und jedermann glücklich und moralisch sauber. Das ist eine der Illusionen vieler Leute, die auf Religion stehen, und sie ist heutzutage in vielen »Megakirchen« en vogue.[43] Alle Veränderungen sind privat und ausschließlich innerlich, und kritische Distanz zu Systemen, zu den eigenen Privilegien, zu der eigenen Nation oder zu der eigenen Religion kommt nicht vor. Als Jesus erstmals dazu aufrief, die eigene geistige Ausrichtung und Einstellung zu ändern, forderte er seine Apostel aus dem Stand heraus auf, Beruf und Familie zu verlassen (siehe Markus 1,20; Matthäus 4,22). Die Einstellungsänderung hatte sofortige und markante soziale Konsequenzen und brachte junge Juden dazu, zwei unhin-

43 Anm. des Übersetzers: In der Regel evangelikal bzw. pfingstlerisch/charismatische Kirchen im US-amerikanischen, lateinamerikanischen und asiatischen Raum. »Als Megakirchen werden Organisationsgestalten von Kirche in urbanen Kontexten mit einem wöchentlichen Gottesdienstbesuch von mindestens 2000 bezeichnet ... Seit den 1950er-Jahren lässt sich ein kontinuierliches Wachstum der Megakirchen beobachten. Im US-amerikanischen Kontext haben sie zu einem Wandel der Organisationsgestalt von Kirche beigetragen. Teils geschah dies auf Kosten etablierter Gemeinden, teils wurden durch neue Veranstaltungsformen von Kirche neue Zielgruppen angesprochen.... Anbetungslieder werden in zahlreichen Megakirchen in einer Zeit des Lobpreises *(worship)* von professionellen Bands im Popstil intoniert und begleitet. Die Spiritualität ist erlebnisorientiert und verbunden mit der Expressivität der Lebensführung. Programm und Kommunikationsstrukturen sind darauf ausgerichtet, starke Emotionen zu ermöglichen ...«, https://www.ezw-berlin.de/html/3_9685.php.

terfragte konservative heilige Kühe – Arbeit und Familie – radikal in Frage zu stellen. Er hat sie nicht aufgefordert, öfter in die Synagoge zu gehen oder daran zu glauben, dass er Gott ist. Ist es nicht auffällig, dass Jesus kein einziges Mal mit glühender Begeisterung von der Kernfamilie, von Karriere oder von Jobs spricht? Man darf gerne einen Faktencheck machen.

WIE GOTT DIE SCHÖPFUNG GUT UND NEU ERHÄLT

Gegen Ende des ersten Teils dieses Buches lasst uns darüber reden, wie Gott die Schöpfung gut und neu erhält, womit gemeint ist, dass sie fortwährend im Wandel ist zum noch Besseren. Ich weiß, dass manche Christen diesbezüglich etwas zögerlich sein könnten, aber das hilfreiche Wort an dieser Stelle lautet tatsächlich »Evolution«. Gott schafft die Dinge ständig von innen nach außen, so dass sie fortwährend voll von Potenzial, in Entwicklung und Wachstum sind und sich zum Guten verändern. Dies ist das Feuer, das er auf die Erde geworfen hat, die Macht der Fruchtbarkeit, die allem, was lebt, eingepflanzt ist, und die die Dinge von innen wachsen lässt – weil sie darauf programmiert sind – und von außen – indem sie Sonne, Nahrung und Wasser aufnehmen.

Wenn wir das ewige Christusgeheimnis als symbolischen Alpha-Punkt zu Anbeginn der sogenannten »Zeit« definieren, können wir sehen, dass Geschichte und Evolution in der Tat vom ersten Anfang an einer Intelligenz, einem Plan und einer Bewegungsrichtung folgen. Der Auferstandene Christus, der inmitten der Geschichte erscheint, versichert uns, dass uns Gott zu einem guten und positiven Ziel führt, allen Kreuzigungen zum Trotz. Gott hat uns von Anbeginn der Zeit geführt, aber jetzt beteiligt Gott uns selbst am

Prozess der Entfaltung (Römer 8,28-30). Dies ist die Gelegenheit, die sich uns Menschen bietet; und diejenigen, die auf dem Christuszug mitreisen, sind dazu bestimmt, die »Neue Menschheit« zu sein (Epheser 2,15b). Christus ist sowohl die Göttliche Leuchtkraft zu Beginn des Urknalls als auch die Göttliche Anziehungskraft, die uns in eine glückliche Zukunft lockt. Wir sind demzufolge von zwei Seiten getragen von einer persönlichen Liebe – wir kommen *von* der Liebe *her* und bewegen uns *auf* eine noch umfassendere Liebe *hin*. Das ist das Christus-Omega! (Offenbarung 1,6).

Vielleicht hast du persönlich gar kein Bedürfnis danach, dass die Schöpfung irgendeine Gestalt, Richtung oder letzte Bestimmung hat. Schließlich stellen auch viele Wissenschaftler keine solchen letzten Fragen. Evolutionisten beobachten Indizien und Daten und kommen zu dem Schluss, dass sich das Universum ohne Frage entfaltet und ausdehnt, obwohl sie das Endziel nicht kennen. Aber Christen gehen davon aus, dass das Endziel Gestalt und Sinn hat – was schon darin aufleuchtet, dass bereits der Anfang der Schöpfung als »sehr gut« bewertet wurde! Alles, was entsteht, scheint am Ende eins zu werden. Das biblische Symbol des Universalen und Ewigen Christus, der an beiden Enden der kosmischen Zeit steht, sollte uns Gewissheit schenken, dass der eindeutige und endgültige Verlauf der Welt, die wir kennen, eine Entfaltung des Bewusstseins ist, während die »gesamte Schöpfung ... seufzt und stöhnt und bei diesem gigantischen Geburtsakt gleichsam in Wehen liegt« (Römer 8,22).

Das Neue Testament hat die klare Empfindung, dass die Geschichte sowohl evolutionär als auch positiv unterwegs ist. Man beachte beispielsweise Jesu vielen Gleichnisse vom Reich Gottes, die sich stark an die Sprache von Wachstum und Entwicklung anlehnen. Seine gebräuchlichen Metaphern für Wachstum sind der Same, die Getreideähre, Unkraut und Weizen, die gemeinsam wachsen, und die aufgehende Hefe. Seine Gleichnisse über die »Gottesherrschaft« handeln fast ausschließlich davon, zu finden, zu entdecken, überrascht zu werden, zu erleben, wie Erwartungen konterkariert werden und wie Rollen und Status sich wandeln. Keine dieser Vorstellungen ist statisch; sie handeln immer davon, wie etwas Neues und Gutes entsteht.

Weshalb halte ich das für so wichtig? Offen gesagt deshalb, weil wir sonst vor allem bei Rückschlägen mit uns selbst und anderen höchst ungeduldig werden. Menschen und die Geschichte selbst wachsen langsam. Wir erwarten, dass Leute, die vor unserer Tür stehen, bereits völlig gewandelt und heilig sind, bevor sie willkommen geheißen werden können. Aber die Sprache des Wachstums sagt, dass es angebracht ist, zu warten und darauf zu vertrauen, dass sich die *Metanoia,* der Bewusstseinswandel, erst im Laufe der Zeit vollziehen kann – und diese Art von Geduld erweist sich am Schluss als die wahre Gestalt der Liebe. Sonst wird die Kirche zur reinen Durchsetzungsanstalt für Gesetze und Bedingungen. »Pastoren« lernen in ihrer Ausbildung vor allem, Wächter, Wortpolizisten und Händler heiliger Altertümer zu werden, anstatt als liebevolle Pfleger Gottes Lämmern und Schafen zu dienen. *Ohne eine evolutionäre Weltsicht kann die Christenheit Wachstum oder Veränderung nicht verstehen und noch weniger fördern. Und sie versteht dann auch nichts davon, wie sie den Verlauf der Geschichte wertschätzen und unterstützen kann.*

DAS DREHBUCH DER GNADE

Ich blicke hier in meinem Büro im Moment auf ein Plakat mit der Aufschrift »DAS LEBEN MUSS NICHT VOLLKOMMEN SEIN UM WUNDERVOLL ZU SEIN«. Die Schritte auf dem Weg zu Reife sind, so scheint es, immer und notwendigerweise *unreif*. Was könnten sie sonst sein? Gute Mütter und Väter haben das längst gelernt, und Kardinal John Henry Newman brachte diesen Gedanken brillant auf den Punkt, als er schrieb: »Zu leben bedeutet, sich zu verändern, und vollkommen zu sein bedeutet, sich oft verändert zu haben.«[44]

Alles, was sich »Gute Nachricht« nennt, muss ein universelles Muster offenbaren, auf das man sich verlassen kann, und es darf nicht in Sippen- oder Stammesmustern aufgehen, die bestenfalls gelegentlich und nur begrenzt wahr sein mögen. Dies ist vermutlich der Grund, weshalb der Bruch der Christenheit mit dem Judentum unvermeidbar war, obwohl weder Jesus noch Paulus ihn jemals beabsichtig hatten und weshalb sich Christen bereits zu Beginn des 2. Jahrhunderts selbst als »Katholiken«, das heißt als »die Universalen«, bezeichneten. In ihrem Bewusstsein hatte der Gedanke Priorität, dass Gott die gesamte Geschichte an ein Ziel führt, das größer und weiter und besser für die gesamte Menschheit ist. Dennoch hatte die am meisten akzeptierte Spielart des Christentums in der Zeit nach Jesus und Paulus wenig mit Kosmos oder Schöpfung, Natur oder auch nur Geschichte zu tun – abgesehen von gelegentlichen theologischen Ausnahmen wie Gregor von Nyssa, Athanasius, Maximus Confessor und Franz von Assisi. Unsere Glaubensinhalte handelten in der Regel nicht von der Zukunft, abgesehen vom Jüngsten Gericht und der Apokalypse. Auf diese Weise kommt die Geschichte nicht voran; das ist kein Weg, der der Menschheit Hoffnung, Sinn, Richtung und Freude beschert.

Das ist die limitierte und heikle Position, in die sich die Christenheit begibt, wenn sie zulässt, dass sie allzu sehr an

44 John Henry Newman, *An Essay on the Development of Christian Doctrine*, London 1845, 39.

einen kulturspezifischen Jesus gekettet ist oder an ein Glaubenskonzept, das nicht den Ewigen Christus einbezieht. Ohne ein kosmisches Drehbuch, das der gesamten Schöpfung Gnade und Fürsorge anbietet, wird Jesus kleingehalten und erscheint impotent. Gottes Fürsorge muss *allen* zugutekommen, sonst erweist sich Gott am Ende als ganz und gar nicht fürsorglich, und Dinge wie Wasser, Bäume, Tiere und die Geschichte werden zu Nebensachen, trivial oder verzichtbar. Aber Gnade ist keine verspätete Nachsendung und keine gelegentliche Zugabe für eine Handvoll Menschen, und Gottes Zuwendung und Leben sind nicht erst vor ein paar tausend Jahren auf den Plan getreten, als Jesus kam und ihn anschließend ein paar Glückspilze in der Bibel gefunden haben. Gottes Gnade kann keine zufällige Problemlösung sein, die sparsam an die Wenigen und die Tugendsamen verteilt wird – oder sie kann kaum als Gnade bezeichnet werden! (Man vergleiche Epheser 2,7-10, wenn man die radikale Bedeutung von Gnade, zusammengefasst in drei prägnanten Versen, sucht.)

Was wäre, wenn wir dieses Gespür für Gottes innewohnende Gnade als primären Erzeuger allen Lebens wiederentdecken würden? Und dass sie ihre Aufgabe von innen nach außen erfüllt!

SPUREN DES GUTEN

Vor wenigen Jahren fragte der Moderator einer skandinavischen Talkshow den englischen Biologen und militanten Atheisten Richard Dawkins: »Was ist das verbreitetste Missverständnis im Blick auf die Evolution?« Dawkins Antwort lautete: »Dass es sich um eine Theorie über zufällige Veränderungen handelt. Sie kann ganz offensichtlich keine derartige Theorie sein. Wäre sie es, dann könnte sie unmöglich erklären, weshalb all die Tiere und Pflanzen so schön sind ... so grandios entworfen.« Dawkins bemerkte auch, dass selbst Darwin nicht an zufällige Veränderungen glaubte: »Darwin entdeckte allerdings die einzige einleuchtende Alternative zu zufälliger Veränderung, und das war (wie er dachte) natürliche Selektion.«[45]

Ja, das hat er tatsächlich gesagt! Dawkins lässt die Tür weit offen für das, was einige »Intelligent Design« nennen; aber streiten wir nicht über Begriffe! Als Ergebnis dieser Auseinandersetzung wollen ja viele intelligente Zeitgenossen und -genossinnen nicht mehr mit religiösen Leuten reden oder unsere Ausdrucksweise verwenden. Daher kommt es zu diesen Kulturkriegen, in die wir heutzutage verwickelt sind und in denen sich jede Partei hinter symbolischen Codes verschanzt. Sie enden alle in der Sackgasse.

Ich weiß nur, dass Kreationisten und Evolutionisten keine Feinde sein müssten. Die Evolutionisten sagen zu Recht, dass sich das Universum entwickelt und entfaltet, während Gläubige zu Recht auf eine tiefere und persönliche Bedeutung dieser Entfaltung pochen. Wir geben dem Phänomen des Lebens und der Materie einen positiven und klaren Zielpunkt, den wir »Auferstehung« nennen, und berücksichtigen zugleich das viele Leiden und Sterben auf diesem Weg, das wir »Kreuz« nennen. Das ist in der Tat eine folgenschwere und großartige Vision, die viel erklärt, aber sie ist auch mit so viel Bürde befrachtet, dass ich verstehen kann, weshalb rational und wissenschaftlich eingestellte Leute sie normalerweise ablehnen.

Aber zu glauben, dass Jesus von den Toten auferweckt worden ist, ist eigentlich kein Glaubenssprung. *Auferstehung und Wandel sind tatsächlich das universale Muster von allem, das*

45 Richard Dawkins, »*Richard Dawkins on Skavlan*«, You Tube, Dezember 2015, https://www.youtube.com/watch?v=e30AOQew.

sich beobachten lässt. Wir könnten genauso gut nicht-religiöse Begriffe verwenden wie »Frühlingserwachen«, »Regeneration«, »Heilung«, »Vergebung«, Lebenszyklen«, »Dunkelheit« und »Licht«. Wenn die Inkarnation real ist, dann darf man mit vielfältigsten Formen von Auferstehung rechnen. Oder um jene Äußerung zu paraphrasieren, die Albert Einstein zugeschrieben wird: Nicht die eine oder andere Sache ist ein Wunder, sondern das Ganze ist ein Wunder!

Dieser Punkt verdient es, dass wir ihm einige Momente nachsinnen:

> *Jedes Mal, wenn du einatmest, wiederholst du das ewige Muster, wie die Materie den Geist aufnimmt, und damit die anfängliche Erschaffung Adams.*
> *Und jedes Mal, wenn du ausatmest, wiederholst du das Muster der Rückkehr des Geistes in das materielle Universum.*

In gewisser Weise ist jedes Ausatmen ein »kleines Sterben«, bei dem wir den Preis dafür bezahlen, die Welt zu inspirieren.

Dein schlichtes Atmen ist das Modell für deine Berufung als menschliches Wesen. Du bist, wie Christus, eine Inkarnation, bei der Materie und Geist gemeinsam handeln. Mehr als alles, was wir glauben oder zustande bringen, ist dies die Weise, wie wir alle das Geheimnis der Inkarnation in Raum und Zeit fortsetzen – ob wissentlich und freudig zustimmend oder nicht.

Wenn die Vorstellung einer göttlichen Inkarnation irgendeine Wahrheit in sich birgt, dann ist Auferstehung eine vorweggenommene Schlussfolgerung und keine einmalige Anomalität im Körper Jesu, was unser westliches Verständnis von Auferstehung zu beweisen versuchte – und nicht vermochte. *Christus der Auferstandene ist kein einmaliges Wunder, sondern die Offenbarung eines universalen Musters, das man allerdings kurzfristig nur schwer erkennen kann.*

Die Aufgabe für Gläubige besteht nicht darin, das *Wie* und das *Wann der Auferstehung* auszutüfteln, sondern nur das *Was*! Überlassen wir das Wie und das Wann der Wissenschaft und Gott. Echtes Christentum und echte Wissenschaft sind beide transformative Sichtweisen der Welt, die Wachstum und Entwicklung in den Mittelpunkt stellen. Beide Unternehmungen kooperieren, jede auf ihre Weise, mit einem Göttlichen Plan, und ob Gott dabei formell anerkannt wird, mag dahingestellt sein. C. G. Jung setzte über seine Haustür die Inschrift: *Vocatus atque non vocatus, Deus aderit*, zu deutsch: »Gerufen oder nicht gerufen, Gott wird da sein!«[46]

> *Gott hat anonym gewirkt von allem Anfang an – und das war immer ein innerlich verborgener Vorgang.*
> *Der Geist scheint am besten im Untergrund zu wirken. Sobald er sichtbar auf der Erde auftaucht, fangen die Menschen an, sich über ihn zu streiten.*

Wir können es Gnade nennen, die Einwohnung des Heiligen Geistes oder einfach Evolution auf dem Weg zur Einheit (die wir als »Liebe« bezeichnen). Gott konkurriert mit niemandem, sondern *kooperiert in der Tiefe des Seins mit all jenen, die lieben* (Römer 8,28). Immer wenn wir einen liebevollen Schrittvorwärts machen, nutzt, unterstützt und segnet es Gott. Unser Motiv muss dabei in keiner Weise den Namen von Religion tragen.

> *Liebe ist die Energie, die das Universum trägt und uns auf eine künftige Auferstehung zubewegt. Wir müssen sie nicht einmal Liebe oder Gott oder Auferstehung nennen, damit ihr Werk geschieht.*

46 Zitiert nach C. G. Jung, *Letters 1951-1961*, Bd. 2, Princeton 1975, 611.

TEIL 2
DAS GROSSE KOMMA

8
HANDELN UND REDEN

... geboren von der Jungfrau Maria,
gelitten unter Pontius Pilatus ...
Das Apostolische Glaubensbekenntnis

Wenn du zu einer eher liturgisch ausgerichteten christlichen Konfession gehörst, kannst du vermutlich die Anfangsworte des Apostolischen Glaubensbekenntnisses auswendig:

> Ich glaube an Gott den Vater, den Allmächtigen, Schöpfer des Himmels und der Erde. Und an Jesus Christus, seinen eingeborenen Sohn, unseren Herrn, empfangen durch den Heiligen Geist, geboren von der Jungfrau Maria, gelitten unter Pontius Pilatus, gekreuzigt, gestorben und begraben; hinabgestiegen in das Reich des Todes ...

Aber ist dir je die riesige Lücke aufgefallen, die das Glaubensbekenntnis zwischen »geboren von der Jungfrau Maria« und »gelitten unter Pontius Pilatus« macht? Ein *einziges Komma* verbindet die beiden Aussagen, und *alles*, was Jesus zwischen seiner Geburt und seinem Tod gesagt und getan hat, versinkt in jenem gähnenden Abgrund, als sei es ein überflüssiges Detail! Dieses sogenannte »Große Komma« wirft mit Sicherheit einige ernsthafte Fragen auf. Haben all die Dinge, die Jesus in jenen Tagen gesagt und getan hat, nicht sonderlich gezählt? Gehörten sie nicht zu dem, woran man »glauben« sollte? Waren ausschließlich seine Geburt und sein Tod bedeutsam? Erklärt diese Kluft irgendwie den häufig so erbärmlichen Leumund des Christentums, wenn es um die Nachahmung des tatsächlichen Lebens Jesu und um seine Lehre geht?

Es gibt in den Glaubensbekenntnissen noch weitere eklatante Mängel. Das Apostolische Glaubensbekenntnis hält man zwar für die früheste ausformulierte Zusammenfassung des christlichen Glaubens, aber es erwähnt kein einziges Mal Liebe, Dienst, Hoffnung, die »Geringsten der Brüder und Schwestern« oder auch nur Versöhnung – also all das, was auch nur im entferntesten nach praktischer Umsetzung verlangt. Es handelt sich um die Verkündigung eines Leitbilds und einer Firmenphilosophie und kommt ohne jede Aussage aus, die auf einen Auftrag zielt. Zweimal werden wir daran erinnert, dass Gott all-mächtig ist, aber nirgends hören wir, dass Gott zugleich ohn-mächtig und all-leidend ist (obwohl das Credo immerhin aufzählt, dass Jesus »gelitten« hat, »gestorben« ist und »begraben« wurde). Mit seiner Betonung von Theorie und Theologie – und ohne jeden Praxisbezug – hat uns das Glaubensbekenntnis auf einen Kurs gebracht, dem wir bis heute folgen.

Das Apostolische und das spätere Nizänische Glaubensbekenntnis sind wichtige Dokumente, in denen zu einem bestimmten Zeitpunkt der Kirchengeschichte eine bestimmte Theologie knapp zusammengefasst wurde; aber wenn die versammelte Gemeinde in meiner Pfarrei Sonntag für Sonntag das Credo rezitiert oder eher hastig vor sich hin murmelt, dann vermittelt sich mir die mit Händen zu greifende Einsicht, wie wenig Hilfreiches – oder auch nur Interessantes – diese Bekenntnisse als Wegweiser für das alltägliche praktische Verhalten zu bieten haben. Ich hoffe, dass ich mich da irre, aber ich bezweifle es.

Beide Glaubensbekenntnisse formulieren zeitbedingte Vorstellungen davon, wer Gott ist und was Gott tut. Sie halten an einem statischen und unwandelbaren Universum fest und zementieren das Bild eines Gottes, der fast allem weit entrückt ist, was uns Tag für Tag beschäftigt. Darüber hinaus bringen sie nicht viel Interesse für die Gegebenheiten und Begebenheiten des menschlichen Lebens Jesu auf – oder unseres Lebens. Stattdessen skizzieren sie ein Bild von dem, was religiöse Systeme häufig haben wollen: einen Gott, der stark und unerschütterlich aussieht und alles im Griff hat. Kein Jesus, der »die andere Wange hinhält«, kein Hinweis auf einen einfachen und christusförmigen Lebensstil finden sich hier.

Vielleicht wundern sich einige, weshalb ich sie mit diesen theologischen und historischen Bagatellen behellige. Der Grund ist folgender:

Als sich unsere Tradition für einen Herrscher-Christus entschieden hat, der innerhalb einer Welt unverrückbarer und mythischer Konzepte existiert, hat sie das christliche Glaubensverständnis in eine sehr kleine Box gezwängt. Der Christus dieser Bekenntnisse ist nicht wirklich geerdet und mit dem realen, historischen Jesus von Nazareth, einem Menschen aus Fleisch und Blut, verkabelt. Stattdessen sind da viel Kopf und wenig Herz, also vornehmlich Geist und fast kein Körper und keine Seele. Besteht unser einziger Auftrag darin, ununterbrochen dieses unser Leitbild und unsere Firmenphilosophie vor uns her zu tragen? Manchmal hat es so ausgesehen. So etwas geschieht immer, wenn Macht und Herrschaft die Botschaft in Beschlag nehmen.

Wer weiß eigentlich, dass die ersten sieben Konzile der Kirche, denen Ost wie West bis heute zustimmen, allesamt von Kaisern einberufen oder geleitet wurden? Das ist kein unbedeutendes Detail. Herrscher und Regierungen haben in der Regel kein Interesse an einer Ethik der Liebe, des Dienstes oder der Gewaltlosigkeit (das verhüte Gott!), und gewiss nicht an Vergebung, es sei denn, es würde ihnen irgendwie helfen, an der Macht zu bleiben.

All denen, die versucht haben, Jesus unabhängig von Christus zu sehen, haben viele der zentralen Kirchenlehren einen körperlosen Christus ohne einen wahrhaft menschlichen Jesus serviert. Das hat jahrhundertelang Lehre und Kunst bestimmt. Kunst *ist die Zugabe zu dem, woran Menschen in jeder Epoche wirklich glauben.* Es lohnt sich zu wiederholen, was John Dominic Crossan in seiner meisterhaften Studie über östliche und westliche Bilder der Auferstehung gezeigt hat; wir haben zwei total unterschiedliche theologische Deutungen kultiviert. Der Westen erklärte: »Jesus ist von den Toten erstanden« – als Individuum; der Osten verstand Auferstehung auf mindestens drei Weisen: als Zerstörung der Hölle, als die kollektive Befreiung aus der Hölle und als die kollektive Erhöhung der Menschheit mit Christus.[47] Das ist eine völlig andere Botschaft. Aber nach 1054 hatten wir sehr wenig Kenntnisse von den Vorstellungen der jeweils anderen, da beide ihren Gegenpart als häretisch betrachteten. Vielleicht war dies das schlimmste historische Resultat unseres dualistischen (nicht-kontemplativen) Denkens und Handelns. In der westlichen Kirche blieb von all dem, was dem Osten wichtig war, nichts übrig als jene eine Zeile im apostolischen Glaubensbekenntnis: »… niedergefahren zur Hölle«, wobei niemand wirklich wusste, was damit gemeint ist.[48]

In der zweiten Hälfte des Buches möchte ich darüber nachdenken, wie eine bestimmte Sicht des Christus unsere Glaubenspraxis im Großen wie im Kleinen revolutionieren kann. Für mich ist noch mehr Information selten hilfreich, es sei denn, sie erleuchtet dein Leben und »amorisiert«[49] es.

47 Crossan, *Resurrecting Easter*, besonders 153ff., New York 2018.

48 Anmerkung des Übersetzers: In der modernen ökumenischen deutschen Fassung wurde daraus »hinabgestiegen in das Reich des Todes«, was die Sache nicht wirklich besser macht. Was macht Jesus Christus da unten im Totenreich?

49 Anmerkung des Übersetzers: Ich versuche, Richard Rohrs Wortschöpfung *to amorize* einzudeutschen, womit er die Erfüllung oder energetische Aufladung mit Liebe versteht.

In der franziskanischen Theologie *muss die Wahrheit immer der Liebe dienen und ist kein absoluter Selbstzweck, aus dem ja allzu oft die Anbetung einer Ideologie wird.* Mit anderen Worten: Jede gute Idee, die nicht zugleich den Körper, das Herz, die materielle Welt und die Menschen in unserer Umgebung einbezieht, wird eher eine theologische Problemlösungstheorie sein als die tatsächliche Heilung von Menschen und Institutionen – worin sich das Handeln Jesu erstaunlicherweise fast erschöpft! Das Wort »Heilung« ist erst in den 70er-Jahre des 20. Jahrhunderts ins Vokabular der christlichen Großkirchen zurückgekehrt und selbst damals mit massivem Widerstand, was ich nur zu gut aus eigener Erfahrung weiß.[50] In der katholischen Tradition hatten wir Heilung bis zum allerletzten Lebensstündlein aufgeschoben und das Sakrament der Krankensalbung in »Letzte Ölung« umbenannt. Uns war offenbar nicht bewusst, dass Jesus mitten im Leben stehenden leidenden Menschen kostenlose Gesundheitsfürsorge zur Verfügung gestellt hat, und dass das bei ihm keine »letzte« Maßnahme auf dem Weg ins Jenseits war.

Man würde es aufgrund der offiziellen Glaubensbekenntnisse nicht vermuten, aber am Ende des Tages ist Handeln wichtiger als Reden. Jesus ging es eindeutig mehr um das, was Buddhisten »rechtes Handeln« nennen (im Christentum heißt das »Orthopraxie«), als um die richtigen Worte oder sogar die richtigen Gedanken. Man kann diese Botschaft klar und deutlich dem Gleichnis von den beiden Söhnen in Matthäus 21,28-31 entnehmen: Der eine Sohn sagt, er hätte keinen Bock, im Weingarten zu arbeiten, tut es schließlich aber doch, während der andere sagt, er würde

50 Vgl. Francis McNutt, Die Kraft zu heilen. Das fundamentale Buch über Heilen und Gebet, Innsbruck 1996. Ich habe in den 70er-Jahren mit Francis zusammengearbeitet und konnte mit eigenen Augen Zeuge vieler Aspekte von Heilung werden. Wie in den Evangelien verursachte das bei den »Gläubigen« jede Menge Angst, Gegenwind und Ablehnung.

gehen, es aber in Wirklichkeit unterlässt. Jesus erzählte seinen Zuhörern, dass er den, der letztlich geht, obwohl er erstmal die falschen Worte gesagt hat, dem anderen vorzieht, der die richtigen Worte sagt, aber nichts tut. Wie konnte uns das entgehen?

Die Menschheit braucht jetzt einen Jesus, der historisch greifbar ist, der Relevanz hat für das tägliche Leben und der ebenso leiblich und konkret ist wie wir. Einen Jesus, dessen Leben dich mehr erlösen kann als sein Tod. Einen Jesus, dessen Praxis wir nachahmen können, und der uns die Messlatte für volles Menschsein vorgibt. Und einen Christus, der groß genug ist, um die gesamte Schöpfung in Harmonie zusammenzuhalten.

Auf den verbleibenden Seiten dieses Buches erlaube ich mir, solch einen Jesus und solch einen Christus vorzustellen.

9
DIE TIEFE DER DINGE

Eines Tages wird die Religion Christi
einen weiteren Schritt auf der Erde machen.
Sie wird den gesamten Menschen umfassen,
alles von ihm, nicht nur die Hälfte wie jetzt,
wo sie nur die Seele umfasst.

Nikos Kazantzakis, Rechenschaft vor El Greco

Wenn ich bei der Messe beobachte, wie Katholiken die Kommunion empfangen, bemerke ich, dass einige Brot und Wein zu sich nehmen und sich anschließend dem Altar oder dem Tabernakel zuwenden, in dem das Brot aufbewahrt wird, und sich als Geste des Respekts bekreuzigen – als sei die Präsenz noch immer da drüben. In solchen Augenblicken frage ich mich, ob sie den Sinn dessen verpasst haben, was soeben geschehen ist! Haben sie nicht begriffen, dass die Eucharistie eine volle Identitätsübertragung an *sie* sein sollte? Sie selbst sind jetzt der lebendige wandelnde Tabernakel so wie die Bundeslade in der hebräischen Bibel. Ist das für ihre Vorstellungswelt zu groß? Erscheint das überheblich und unmöglich zu sein? Es sieht danach aus.

Ähnlich habe ich viele Evangelikale kennengelernt, die »Jesus in ihr Herz aufgenommen haben« und dennoch jeden Freitagabend erneut »gerettet werden« müssen. Haben sie nicht geglaubt, dass sich eine echte Transformation ereignet hat, als sie eine reale Übergabe vollzogen und ihr Leben neu mit der Quelle verbunden haben? Die meisten von uns beginnen die spirituelle Reise verständlicherweise mit der Annahme, dass Gott »da oben« ist und dass es an uns ist, die diesseitige Welt hinter uns zu lassen, um ihn zu

»finden«. Wir verbringen so viel Zeit damit, »nach oben« zu kommen, dass wir die Tatsache aus den Augen verlieren, dass Gottes großer Sprung in Jesus darin bestand, dass er zu uns »nach unten« gekommen ist. Ein Großteil unseres gottesdienstlichen Lebens und unserer religiösen Kraftanstrengung gleicht dem spirituellen Versuch, auf einer Rolltreppe, die abwärts fährt, nach oben zu fahren.

Ich nehme allerdings an, dass diese Aufstiegs-Mentalität für die meisten Menschen, die spirituell auf der Suche sind, zunächst das Naturgegebene zu sein scheint. Aber sobald die tatsächliche innere Reise losgeht– sobald du erkennst, dass Gott in Christus ein- für alle Mal den Abgrund zwischen dem Menschlichen und dem Göttlichen überwindet –, hat der christliche Weg weniger mit Aufstieg und Leistung zu tun als mit Abstieg, Loslassen und Ver-Lernen. Jesus zu kennen und zu lieben bedeutet weitgehend, ganz und gar Mensch zu werden, mit Wunden und allem, was dazugehört, anstatt spirituell aufzusteigen oder zu denken, wir könnten unverwundet bleiben. (Das Ego mag diese fundamentale Weichenstellung ganz und gar nicht, deshalb kehren wir immer wieder zu irgendeinem Leistungsprinzip zurück, versuchen, aus dieser schmuddeligen Inkarnation auszusteigen, anstatt von ihr zu lernen. Dies entspricht vor allem einer Religion in ihrer Frühphase.)

Jesus hat der Welt das lebende Beispiel einer vollständig verkörperten Liebe gezeigt, einer Liebe, die aus unseren ganz alltäglichen und eingeschränkten Lebenszusammenhängen erwächst. Für mich ist dies die wahre Bedeutung der Aussage des Paulus, dass Jesus »von einer Frau unter dem Gesetz geboren« wurde (Galater 4,4). In Jesus wurde Gott Teil unserer kleinen unansehnlichen Welt und ließ sich auf menschliche Begrenztheit und auf unseren Alltag ein – und während seiner ersten dreißig Jahre blieb er dabei anonym und weitgehend unsichtbar. In seinem ganzen

Leben hat Jesus keine Zeit mit Aufstieg verbracht, aber eine Menge Zeit mit Abstieg, er »entäußerte sich und wurde Mensch unter Menschen« (Philipper 2,7), »wurde auf jede Weise versucht wie wir« (Hebräer 5,15) und »kannte die menschliche Schwachheit aus eigener Erfahrung« (Hebräer 5,2). In diesem Kapitel möchte ich über diesen seinen Weg nachdenken und darüber, was er für dich und mich bedeuten könnte.

DIE GÖTTLICHE LANDKARTE

Jesus ging, genoss und erlitt den gesamten Weg des Menschseins, und er sagte uns, dass wir dasselbe tun könnten und sollten. Sein Leben veranschaulicht das sich entfaltende Geheimnis in all seinen Stadien – von einer verborgenen göttlichen Empfängnis über ein reguläres Leben als junger Erwachsener (samt Liebe und allen möglichen Problemen), das nur von einigen wenigen Momenten der Verklärung und Erleuchtung unterbrochen wurde, bis hin zu seiner glorreichen »Himmelfahrt« und seiner endgültigen Wiederkunft. In Hebräer 4,15 heißt es: »Wir haben ja keinen Hohenpriester, der uns in unserer Schwachheit nicht verstehen könnte. Vielmehr war er – genau wie wir – Versuchungen aller Art ausgesetzt, jedoch ohne je einen Rückzieher zu machen« (meine Übersetzung des Begriffs »sündigen«). Wir müssen uns vor der Tiefe und Weite unseres eigenen Lebens nicht fürchten, auch nicht vor den Angeboten und Forderungen der Welt. Es ist uns erlaubt, uns ganz dicht auf unsere eigenen Erfahrungen einzulassen, von ihnen zu lernen und uns selbst zu erlauben, in die Tiefe vorzustoßen, was unsere eigenen Fehler einschließt. Wir sollten nicht vorschnell versuchen, all das im Namen irgendeiner Reinheit oder Überlegenheit zu überwinden.

Gott verbirgt sich in der Tiefe und kann nicht gesehen werden, wenn wir nur an der Oberfläche von irgendetwas kratzen, und das schließt auch die Tiefe unserer Sünden ein.

Bedenke, dass die archetypische Begegnung zwischen dem zweifelnden Thomas und dem Auferstandenen Jesus (Johannes 20,19-28) in Wirklichkeit keine Geschichte ist, bei der es um die Frage geht, ob Thomas das Faktum der Auferstehung für wahr hält, sondern eine Geschichte darüber, dass jemand *gleichzeitig verwundet und auferstanden sein kann*! Das ist eine völlig andere Botschaft, die nach wie vor dringend nötig ist. »Leg deinen Finger in die Wunde« sagt Jesus zu Thomas (20,27). Und ähnlich wie Thomas sind tatsächlich auch wir alle immer beides, Verwundete und Auferstandene. Das könnte durchaus die wichtigste seelsorgerliche Botschaft des gesamten Evangeliums sein.

Weiter oben habe ich geschrieben, dass große Liebe und großes Leid (sowohl Heilung als auch Verletzung) der durchgängige und allzeit verfügbare Pfad der Transformation sind, weil nur diese beiden stark genug sind, um die Schutzmechanismen und Anmaßungen des Egos beiseitezuräumen. Große Liebe und großes Leiden bringen uns zu Gott zurück, wobei das Zweite in der Regel dem Ersten folgt. Ich glaube, genauso hat auch der Mensch Jesus den Weg zurück zu Gott beschritten. Es ist nicht nur ein Pfad, der mit Auferstehung belohnt wird, sondern ein Pfad, der Tod und Verwundung für immer einschließt.

St. Bonaventura (1221-1274) hat gelehrt: »Als menschliches Wesen hat Jesus etwas mit allen Geschöpfen gemein. Mit Steinen teilt er die Existenz, mit Pflanzen teilt er das Leben, mit Tieren teilt er Empfindsamkeit und mit Engeln teilt er die Einsichtsfähigkeit.«[51] Mit dieser Aussage

51 Bonaventure, *Sermon I*, Dom II in Quad. (IX, 215-219) in: »Christ Word of God and Exemplar of Humanity«, The Lord 46.1 (1996), 13.

versuchte Bonaventura, der tiefen Erfahrung des Heiligen Franz von Assisi (1181-1226) theologisches Gewicht zu verleihen, der, soweit wir wissen, als erster Christ aktenkundig wurde, der Tiere und Elemente und sogar die Naturgewalten geschwisterlich angesprochen hat: »Schwester und Mutter Erde«, »Bruder Wind«, »Schwester Wasser« und »Bruder Feuer«.

Franziskus war in dieser geschaffenen Welt ganz zu Hause. Er sah alle Dinge in der sichtbaren Welt als ungeheuer dynamische und wirkmächtige Symbole der Wirklichkeit, als Bühne und Trainingsfeld für einen Himmel, der uns bereits in diesem Leben in kleiner Dosierung offensteht. *Was du jetzt wählst, wirst du später haben:* Das scheint die Devise zu sein, die die Heiligen begriffen haben. Es geht nicht um eine idyllische Hoffnung auf einen Himmel, der später auf uns wartet, sondern um eine lebendige Erfahrung hier und jetzt.

Wir können diese Welt oder ihre Wunden nicht überspringen und dennoch versuchen, Gott zu lieben. *Wir müssen Gott durch und in der Welt, mit ihr und sogar ihretwegen lieben.* Dies ist die Botschaft, die die Christenheit initiieren, verkündigen und stark machen sollte, und für die Jesus Modell stand. Wir wurden erschaffen um diese Welt zu lieben und uns ihr anzuvertrauen, »um sie zu bebauen und zu bewahren« (Genesis/1.Mose 2,15), aber aus irgendeinem traurigen Grund haben wir lieber auf die Aussage aus Genesis 1,28 zurückgegriffen, die so klingen könnte, als sollten wir die Erde »dominieren«, woraufhin wir bereits innerhalb einer einzigen Generation zu Brudermördern wurden (Genesis 4,8). Ich frage mich, ob das nicht auch zu der Art und Weise gehört, wie sich Gott in die Schöpfung hinein »entäußert« (Philipper 2,7), indem er die Menschen erst einmal gewähren lässt. Wir Menschen haben danach den größten Teil der Geschichte damit verbracht, Herrschaftssysteme einzurichten und die Schöpfung für unsere eigenen Zwecke und Profite auszubeuten – und so das göttliche Muster auf den Kopf zu stellen.

Man soll nicht glauben, mir ginge es darum, nur das zu glauben, was man mit den leiblichen Augen sehen kann, oder ich würde einem platten Materialismus huldigen. Ich rede von *Wahrnehmung und Berührung, von der Liebe zum Physischen und zur Materie, vom beseelten Kosmos – in seinem ganzen elenden Zustand* – als notwendigem Ausgangspunkt für jede echte Spiritualität und jede sinnvolle Entwicklung. Es geht um Tod *und* Auferstehung und nicht um Tod *oder* Auferstehung. Dies ist die wahre Tiefendimension von allem. *An der Oberfläche einer Sache zu verweilen, das bedeutet automatisch, die Botschaft dieses Phänomens zu verpassen – das gilt übrigens auch für eine oberflächliche Betrachtung im Blick auf unserer Sündhaftigkeit.*

Jesus hat Thomas und alle Zweifelnden zu einer Religion der *Berührung* eingeladen, die den leiblichen Kontakt mit menschlichem Schmerz und Leid zu einem Pfad des Mitgefühls und des Verstehens werden lässt. Für die meisten von uns fühlt sich die Berührung mit der Wunde eines anderen vermutlich wie eine Art von äußerer Zuwendung an; wir begreifen nicht, dass ihre beabsichtigte volle Wirkung darin liegt, dass wir ebenso verändert werden wie unsere Mitmenschen (es gibt keinen Hinweis darauf, dass Jesus sich verändert hätte, wohl aber Thomas, nachdem er den Finger in die Wunde Jesu gelegt hat). Menschliches Mitgefühl ist die beste und einfachste Methode, um unseren Herzraum zu öffnen und uns im eigenen Körper wohlzufühlen. Gott hatte nie die Absicht, dass die meisten Menschen Philosophen oder Theologen werden, wohl aber, dass alle Menschen das Mitgefühl und das Einfühlungsvermögen Gottes ausstrahlen. Und es ist o.k., wenn es eine Weile dauert, bis man dahinkommt.

Unsere Zentralbotschaft verträgt nochmalige Wiederholung: *Gott liebt Dinge, indem er sie wird. Wir lieben Gott, indem wir genau dieses Muster fortsetzen.*

DIE INKARNATION: IMMER UND ÜBERALL

Die einzigartige Trumpfkarte des Christentums ist und bleibt die Inkarnation. Das ist der Grund, weshalb die einzigen Häresien, die in jedem Jahrhundert unter wechselnden Namen verurteilt worden sind, solche sind, die versucht haben, die Inkarnation zu leugnen oder sie mit Hilfe eines verkopften Spiritualismus oder eines frommem Romantizismus zu unterminieren. Diese Tendenz wurde allgemein als »Gnostizismus« bezeichnet, und ich frage mich manchmal, ob ihn die Kirche derartig rigoros verdammt hat, weil wir unbewusst wussten, wie verkopft und gnostisch wir selbst sind. »Verdamm es im Außen, anstatt es bei uns einzulassen«: Das ist die wirksame und gängige Politik von Machtinstitutionen. Aber es stimmt, was uns der Dichter und Weisheitszeuge Wendell Berry ins Stammbuch schreibt: *»Alles was wir brauchen, ist hier.«*[52] Die Menschheit hat grandiose und allumfassende Gesellschaftsentwürfe satt wie Kommunismus oder Faschismus oder vergeistigte spirituelle Konstruktionen, die keine Erprobung und Verifizierung durch Erfahrung zulassen. Allzu oft verschleiern sie ihre Macht- und Herrschaftsstrategien und nebeln uns ein, um uns von dem abzulenken, was unmittelbar vor unseren Augen liegt. Genau das tun wir, wenn wir das, was »da draußen« ist, im Gegensatz zu dem, was »hier drinnen« ist, zur Priorität des Jesus-Evangeliums erklären. Der buchstäbliche Glaube an Jesu Geburt

52 Wendell Berry, *»The Wild Geese«*, in: *Collected Poems* (Berkely 1984), 155-156.

durch eine Jungfrau beispielsweise mag ein exzellentes theologisches Symbol sein; aber wenn es sich nicht in eine Spiritualität der inneren Armut, Empfangsbereitschaft und menschlichen Verwundbarkeit übersetzt, handelt es sich weitgehend um »angelerntes Menschenwissen«, wie Jesaja es ausdrückt (29,13). Das »rettet« niemanden. Ebenso ist das intellektuelle Fürwahrhalten, dass Jesus von der Toten erstanden ist, ein brauchbarer Ausgangspunkt; aber bis bei dir die Erkenntnis einschlägt, dass der gekreuzigte und auferstandene Jesus ein Gleichnis für den Weg aller Menschen und sogar für den gesamten Kosmos ist, ist solcher Glaube ziemlich harmlos – wenn nicht gar schädlich. Er wird dich und die Welt weitestgehend unverändert lassen.

Wir können heute leichter als früher Zugang zu jenen Mitteln und Möglichkeiten finden, die uns dabei unterstützen, die Dinge in der Tiefe zu ergründen – und dort Gottes Geist zu finden. Ob sie nun in Gestalt von Psychologie, durch geschulte geistliche Begleitung, durch das Enneagramm, die Myers-Briggs-Typologie, durch Trauer- und Verlustarbeit oder durch andere Modelle wie die Integrale Theorie oder einen angeleiteten Rückzug in die Wildnis (»Vision Quest«)[53] zu uns kommen –, uns helfen, diese Werkzeuge, das eigene Innenleben und die eigene Tiefe zu erforschen und uns ihnen anzuvertrauen wie nie zuvor.

1984 hatte ich eines der nachhaltigsten spirituellen Erlebnisse meines Lebens, und zwar während eines Schreib-Retreats, das von dem Psychotherapeuten Ira Pro-

53 Siehe zum Beispiel Richard Rohr und Andreas Ebert, *Das Enneagramm: Die neun Gesichter der Seele*, München 1989, eine Einführung in eine inzwischen weltweit verbreitete psychologisch-spirituelle Persönlichkeitstypologie; Richard Bents und Reiner Blank, *Der M.B.T.I. (MBTI): Die 16 Grundmuster unseres Verhaltens nach C. G. Jung*, München 1996; eine weitere populäre Typenlehre, die sich an C. G. Jung orientiert; Ken Wilber, *Integrale Spiritualität: Spirituelle Intelligenz rettet die Welt*; Bücher von Bill Plotkin und vielen anderen zu einer neuen Naturspiritualität. Ira Progoff, *At a Journal Workshop: Writing to Access the Power of the Unconscious and Evoke Creative Ability (Inner Work Book)*, New York 1992.

goff geleitet wurde. Bei diesen Exerzitien, die in Dayton/ Ohio stattfanden, gab uns Progoff diverse Anleitungen, und wir brachten mehrere Tage lang unsere Reflexionen zu scheinbar ganz alltäglichen Lebensfragen jede und jeder allein zu Papier. Ich erinnere mich, wie ich zunächst in einen Dialog mit meinem Körper einstieg, dann mit Wegen sprach, die ich nie eingeschlagen habe, mit meinen Entscheidungen in der Vergangenheit und so weiter und so fort.

Ich habe begriffen, dass ich ohne den Raum der Stille, ohne die Fragen selbst und ohne die unbeschriebenen Blättern, die vor mir lagen, womöglich nie herausgefunden hätte, was in mir vorgeht. Dr. Progoff hat mir und anderen geholfen, allmählich Zugang zu unseren Tränen zu finden und ins Gebet zu kommen. Am Ende erfüllten mich intensives Glück und große Dankbarkeit, weil ich in mir tiefe Schichten entdeckt habe, von denen ich gar nicht gewusst hatte, dass es sie gab. Ich lese immer mal wieder zur eigenen Erbauung und Heilung einiges durch, was ich seinerzeit vor 40 Jahren aufgeschrieben habe. Und all das ist aus meinem Inneren gequollen!

Heutzutage haben wir endlich eine Freiheit und Erlaubnis und zahlreiche Werkzeuge, um uns der eigenen Tiefe zu nähern, wie sie nur wenigen Menschen im Lauf der Geschichte vergönnt waren. Wie schade wäre es, wenn wir sie nicht nutzen würden! Der beste Weg nach *außen* wird möglich, wenn wir zunächst nach *innen* gegangen sind. Der einzige Weg nach *oben*, dem wir trauen können, steht uns offen, wenn wir zuvor nach *unten* gestiegen sind. Das ist die Grundüberzeugung, die seit uralten Zeiten männlichen Initiationsriten zugrunde liegt, aber heutzutage werden solch innere Reisen und elementare Initiationserfahrungen noch immer häufig als irrelevant für die »wahre Religion« angesehen.

DIE ERLAUBNIS, NACH »INNEN« UND NACH »UNTEN« ZU GEHEN

Wer meint, dass ich die Erfahrungsdimension zu sehr betone, möge sich erinnern, dass sowohl Jesus als auch Paulus gegen den Status Quo ihrer jüdischen Religion der eigenen Gotteserfahrung vertraut haben. Dieses tiefe Vertrauen ermöglichte es Paulus, Petrus, dem angeblich ersten Papst, »ins Angesicht zu widersprechen«. Es ging um die Frage, ob ehemals heidnische Konvertiten verpflichtet werden sollten, sich dem jüdischen Beschneidungsritual zu unterziehen (Galater 2,11-13). Paulus und sein Missionspartner Barnabas wiederholten wenig später dieselben Argumente gegenüber dem gesamten Leitungsteam der frühen Jerusalemer Christenheit (Apostelgeschichte 15,1-12) und insistierten hartnäckig auf einer bedingungslosen Öffnung für die gesamte heidnische Welt (zu der die meisten von uns gehören). Sie taten das ohne jede Autorisierung – abgesehen von dem, was Paulus auf der Straße nach Damaskus und danach *erlebt* hatte. Die öfter als einmal vorgetragene Ablehnung der Beschneidung durch Paulus (siehe Galater 5,12) wäre damit vergleichbar, wenn ich die Notwendigkeit der Taufe leugnen würde. Jesus verteidigte die Praxis seiner Jünger, auch am Sabbat tätig zu werden (Matthäus 12,1ff.). Das ist, als würde ich sagen, eine Messe am Dienstag wäre genauso gut wie die Sonntagsmesse. (Das ist natürlich wirklich so, abgesehen davon, dass es den historisch gewachsenen Konsens gibt, dass der Sonntag die verabredete Zeit für den Gemeindegottesdienst ist.) »Aufgrund welcher Vollmacht machst du dies alles? Und wer hat dir diese Autorität verliehen?«, fragen die Priester und Ältesten Jesus zu Recht (Matthäus 21,23). Ich muss zugeben, dass ich vermutlich sowohl Jesus als auch Paulus dieselben harten Fragen gestellt hätte.

Es ist keine Übertreibung, wenn man sagt, dass der neutestamentliche Glaube maßgeblich von zwei Männern formuliert wurde, die sich trotz eines allgegenwärtigen Bewusstseins, das völlig anderes gepolt war, voll und ganz auf die eigene Erfahrung mit Gottes Wegen verlassen haben. Wie hat man ihnen das durchgehen lassen? Die Antwort lautet, dass das während ihrer Lebenszeit weitgehend nicht der Fall war. Erst später sahen Heilige und Gelehrte, dass Jesus aus den tiefsten Quellen ihrer eigenen Tradition geschöpft hatten, um diese ihre Tradition für die größere Welt neu zu formulieren. Sie waren wie alle Propheten »radikale Traditionalisten«. *Man kann die Dinge langfristig nur reformieren, indem man sie von innen her erschließt – aufgrund ihrer eigenen autoritativen ursprünglichen Quellen.* Außenseiter haben wenig Vollmacht oder Befähigung, irgendetwas zu reformieren.

Alle Traditionen und Traditionalisten suchen nach heiligen Gegenständen, Ereignissen und Gestalten, auf die sie die eigene Autorität gründen können, und das ist normal und in Ordnung. Sobald wir solche Grundlagen gefunden haben, unternehmen wir Pilgerreisen, verfassen wir Schriften, besuchen wir Gräber und erfinden wir Sitten und Gebräuche – bis sie zu sakrosankten Traditionen werden. Wir küssen heilige Felssteine, malen Bilder, schaffen sakrale Architektur, vergießen aufrichtige Tränen und huldigen unserem Symbol des Absoluten. Aber all diese Totems, Rituale, Gräber (in unserem Fall ein leeres Grab) und heilige Orte sind nur erste Hinweisschilder, um uns auf den Weg zu bringen. Das Gesamtgeheimnis der Inkarnation verweist nicht nur auf Gegenstände, sondern auf die *Tiefendimension* dieser Dinge, auf das, was einige die »Engel der Gegenstände« genannt haben. In seinem Buch *Unmasking the Powers* trägt der Theologe und Bibelwissenschaftler Walter Wink sehr überzeugende Argumente dafür vor, dass sakrale Texte auf die innewohnende Heiligkeit der Schöpfung hinweisen, wenn sie von »Engeln« reden.[54] Wink glaubte, dass ein Engel die spirituelle Innenseite, *der innewohnende Geist oder die Seele einer Sache* ist. Wenn wir den »Engel« oder die Seele von etwas ehren, respektieren wir den Geist darin. Und falls wir lernen, wie man auf die Seele der Dinge achtet – also die »Engel« der Elemente, der Tiere, der Erde, des Wassers und des Himmels zu sehen –, können wir uns auf natürliche Weise den Weg auf der Großen Stufenleiter des Seins zurückbahnen bis zum letzten Bindeglied, das viele Gott nennen. Verschwende aber keine Zeit damit, deinen schlichten Glauben an liebreiche geflügelte Gestalten in fließenden pastellfarbenen Gewändern zu zerstören! Denn wenn man das tut, übergeht man das, worauf sie verweisen. Das hat ernste Folgen. *Wir müssen re-konstruieren und nicht fortwährend de-konstruieren*! Dann wirst du überall Engel sehen.

Ich versuche, in diesem Kapitel zu sagen, dass es einen Weg geben muss, wie man zugleich im manifesten *Hier* und in der *Tiefe des Hier* sein kann. Jesus ist das Hier. Christus ist die Tiefe des Hier. Dies ist nach meinem Dafürhalten das Wesen der Inkarnation, dies ist auch die Gabe der Kontemplation. Wir müssen lernen, die Dinge zu lieben und zu genießen, so wie sie sind, in ihrer Tiefe, in ihrer Seele und in ihrer Fülle. Kontemplation ist der »zweite Blick«, durch den du etwas in seiner Besonderheit und zugleich in einem viel umfassenderen Rahmen wahrnimmst. Du erkennst das an der Freude, die es schenkt, und die viel herrlicher ist als alles, wodurch dich Geld, Macht und Erfolg erfreuen könnten.

54 Walter Wink, *Unmasking the Powers: The Invisible Forces That Determine Human Existence*, Philadelphia 1986; auf Deutsch zusammengefasst in Walter Wink, *Verwandlung der Mächte: Eine Theologie der Gewaltfreiheit*, Regensburg 2018.

Zwei Kunstwerke haben mir diese inkarnatorische und kontemplative Einsicht in besonderer Weise vermittelt. Das eine stammt von Hans Kulmbach und stellt im oberen Bereich seines Himmelfahrtsbildes die menschlichen Füße Jesu dar.[55] Ein Großteil der Leinwand wird von den Aposteln beherrscht, die mit ihrem Blick zu Christus und nach oben gezogen werden, während die Füße oben aus dem Bild vermutlich in spirituelle Sphären entschwinden. Das Gemälde hat auf mich eine wundervolle Wirkung ausgeübt. Auch ich habe gemerkt, wie ich über den Bildrand hinaus zur Decke des Museums blickte. Meine Augen wurden gleichsam auf der Suche nach der Botschaft woandershin gezogen. Es war ein wahrhaft religiöser Augenblick, der mich über das Bild hinaus und direkt in den Raum führte, in dem ich stand. Es war ein weiteres Beispiel dafür, den Christus in einem kollektiven Sinn zu verstehen, nicht nur seine Erhöhung, sondern auch unsere. Man lese Texte wie Kolosser 2,11-15 und Epheser 2,4-6, um festzustellen, wie sie das Heil deutlich in der Vergangenheit einerseits und als kollektives Ereignis andererseits verstehen. Weshalb haben wir das nie bemerkt?

Das zweite Kunstwerk ist eine Bronzeplastik des Heiligen Franziskus, die in der Oberkirche von Assisi in Italien steht. Sie wurde von einem Bildhauer geschaffen, dessen Name unbekannt ist, und stellt Franziskus da, der fasziniert und staunend auf den Schmutz hinunterblickt, was ziemlich ungewöhnlich und fast schockierend ist. Der Heilige Geist, der fast immer so dargestellt wird, dass er von oben kommt, kommt in diesem Kunstwerk von unten – das geht so weit, dass er im Schmutz verborgen ist! Ich sehe mir diese Plastik jedes Mal an, wenn ich nach Assisi komme,

55 Die Himmelfahrt Christi von Hans Süß von Kulmbach (1513) befindet sich heute im Besitz des Metropolitan Museum of Art in New York. Abbildung: https://artsandculture.google.com/asset/the-ascension-of-christ/WAF19q__ui_K8Q

aber ich befürchte, die meisten gehen achtlos an ihr vorbei, weil sie klein ist und seitwärts versteckt platziert – genauso wie die Christusbotschaft selbst. »Wahrhaftig, du bist ein verborgener Gott«, sagt Jesaja (45,15). Gott verbirgt sich in Schmutz und Schlamm anstatt aus den Wolken hinabzusteigen. Das ist ein außerordentlicher Platzwechsel. Sobald man weiß, dass das Wunder des »fleischgewordenen Wortes« der Herzschlag des Universums ist, kann man nicht anders als glücklich und heilig zu sein. Genau das, was wir mehr brauchen als alles andere, ist längst da!

Diese beiden Kunstwerke fügen beide Welten zusammen, wenn auch aus unterschiedlicher Perspektive. Jedenfalls ist es in beiden Darstellungen *das Göttliche, das beim Platzwechsel die Führung übernimmt.* Könnte es sein, dass Künstler leichter einen Zugang zu diesem Geheimnis finden als Theologen? Die rechte Hirnhälfte gelangt oftmals schneller und leichter dorthin als die linke Hirnhälfte, aber wir lassen zu, dass die »Linkshirner« unsere Kirchen regieren.

Ich bezweifle, dass man das Ebenbild Gottes *(Imago Dei)* in seinen Mitmenschen sehen kann, wenn man es nicht zuvor in der rudimentären Gestalt von Steinen, Pflanzen und Blumen, in seltsamem Kleingetier und in Brot und Wein gesehen hat, und vor allem, wenn man dieses objektive göttliche Ebenbild nicht in sich selbst zu würdigen vermag. Dieser spirituelle Weg ist ein subtiles »Tuning«, das den ganzen Körper umfasst. Er endet tatsächlich damit, dass man *alles oder nichts ist, ganz hier und dann auch überall.*

RESPEKT, STAUNEN, EHRFURCHT

Dieser Perspektivwechsel, der Blick von unten nach oben und von innen nach außen, kann in Gestalt religiöser oder auch völlig weltlicher Sprache daherkommen. Worte sind nicht die Wirklichkeit selbst (oder »das Ding an sich«, wie die Deutschen Immanuel Kant zitieren). Wir alle erkennen *Respekt*, wenn wir ihn erleben (von lateinisch »re-spicere« = ein zweites Mal hinsehen). Wir alle kennen *Ehrfurcht*, weil sie unseren Blick erweicht. *Jedes Objekt, das Respekt oder Ehrfurcht in uns auslöst, ist für uns in diesem Augenblick der »Christus« oder der Gesalbte*, auch wenn sein Übermittler einmal wie ein engagierter Wissenschaftler aussehen mag oder ein anderes Mal wie ein alter Mann, der den Strand reinigt, wie eine Frau, die für ihre Nachbarin die berühmte zweite Meile geht, wie ein treuer und anhänglicher Hund, der dein Gesicht abschleckt oder der Höhenflug einer Taubenschar auf der anderen Seite der Plaza.

Alle Menschen, die mit dieser zweiten Art von kontemplativem Blick sehen, alle, die die Welt mit Respekt betrachten, selbst wenn sie formell nicht religiös sind, sind *en Christo* beziehungsweise in Christus. Für sie »ist das Tor des Himmels überall«, wie Thomas Merton sagt, weil sie die Freiheit haben, das zu achten und zu würdigen, was direkt vor ihnen liegt.[56]

56 Thomas Merton, *Conjectures of a Guilty Bystander*, Garden City 1966. 142.

10
DIE WEIBLICHE INKARNATION

Von nun an werden mich alle Generationen
gesegnet nennen,
denn der Mächtige hat große Dinge an mir getan,
und heilig ist sein Name.

Lukas 1,48-49

Ich werde in diesem kurzen Kapitel einige Risiken eingehen, aber ich meine, das ist es wert, weil dies für viele die Aufforderung zum größten denkbaren Durchbruch überhaupt sein könnte. Da ich ein Mann bin, ist meine Sichtweise des Weiblichen von daher sicherlich begrenzt, aber es handelt sich um ein derart entscheidendes und allzu oft übergangenes Thema, dass ich uns alle dazu einladen muss, weibliche Weisheit wieder zur Geltung zu bringen und zu würdigen, die sich häufig *qualitativ* von männlicher Weisheit unterscheidet. Ich werde dabei auf meine persönlichen Erfahrungen mit meiner Mutter (ich war ihr Liebling), mit älteren und jüngeren Schwestern und mit weiblichen Freundinnen und Kolleginnen zurückgreifen, denen ich im Laufe der Jahre begegnet bin, und außerdem auf die Eigenart einiger Gotteserfahrungen, die ich gemacht habe. Ich hoffe, dass diese Sichtweise auch dich dazu einladen kann, den eigenen Erfahrungen mit femininen Aspekten des Göttlichen zu trauen. Für viele ist dies ein völlig neuer Zugang, zumal wenn sie immer zu Unrecht angenommen haben, dass Gott irgendwie männlich sei.

Obwohl Jesus eindeutig vom physischen Geschlecht her ein Mann war, ist der Christus jenseits aller Geschlechtszuordnungen, und deshalb sollte man davon ausgehen können, dass die Große Tradition bewusst oder unbewusst auch weibliche Zugänge gefunden haben muss, um die Göttliche Inkarnation als Ganzes darzustellen und um Gott einen weiblicheren Charakter zu geben – so wie es die Bibel tatsächlich häufig tut.[57]

Immer wenn ich nach Europa reise, fällt mir erneut auf, wie viele Kirchen den Namen Mariens, der Mutter Jesu, tragen. Ich glaube, mir ist eine »Notre Dame von Irgendwas« in jeder französischen Stadt begegnet, die ich je besucht habe, und manchmal sind es sogar zwei oder drei an einem einzigen Ort. Einige dieser Kirchen sind groß und reich ausgestattet, die meisten von ihnen sehr alt, und sie lösen häufig pietätvolle und andächtige Gefühle aus, auch bei Nicht-Gläubigen. Aber selbst als Katholik frage ich manchmal verwundert: Wer waren diese Christen, die dem Anschein nach Maria weit inbrünstiger verehrt haben als Jesus? Schließlich sagt das Neue Testament sehr wenig über Maria. Kein Wunder, dass die protestantische Reformation so vehement auf unsere orthodoxe und katholische Lieblingsbeschäftigung reagiert hat.

Warum war man in den ersten vierzehn Jahrhunderten des Christentums in den östlichen wie westlichen Kirchen so verschossen in diese anscheinend ganz einfache Frau? Wir gaben ihr Ehrentitel wie *Theotókos* (»Gottesgebärerin«), *Mutter Gottes, Himmelskönigin, Notre Dame, La Virgen* von diesem und jenem, *Unsere Liebe Frau, Nuestra Señora, Our Mother of Sorrows, Our Lady of Perputal Help* und *Our Lady*

57 Nachdem die Menschen des Westens nach dem 16. Jahrhundert immer rationaler und gebildeter wurden, hörten die meisten von ihnen auf, symbolisch, allegorisch oder typologisch zu denken. Aber indem wir das taten, verloren wir in unserem spirituellen, intuitiven und nicht-rationalen Gottesverständnis und Selbstverständnis etwas ziemlich Wichtiges. Wir schränkten das Feld beträchtlich ein und dezimierten letztlich die Wahrscheinlichkeit von inneren religiösen Erfahrungen. Die Bibel wurde als Ausrede dafür benutzt, dass man *nicht* gelernt hat, wie Literatur »funktioniert«. Katholiken überfrachteten alles symbolisch, Protestanten reagierten darauf und verhungerten symbolisch.

von so ungefähr jedem Dorf und Heiligenschrein in Europa. Es handelt sich dabei eindeutig nicht nur um eine einzelne Frau, sondern um ein fundamentales Symbol – oder, um C. G. Jungs Sprache zu borgen, um einen »Archetypen« – ein Bild, das ein ganzes Heer von Bedeutungen in sich trägt, die nicht logisch kommuniziert werden können. Nichts tritt so breit und so durchgehend immer wieder in Erscheinung, wenn es nicht irgendwie in unserem kollektiven Unbewussten verankert ist. Es wäre töricht, solche Dinge leichtfertig abzutun.

Ich denke, dass Maria in der mythischen Vorstellungswelt eine intuitiv erfasste Symbolgestalt der ersten Inkarnation ist – oder der Mutter Erde, wenn man erlaubt. (Ich behaupte nicht, dass Maria die erste Inkarnation *ist*, sondern nur, dass sie insbesondere in der Kunst zum natürlichen Archetypus und Symbol für sie geworden ist, was sich wohl auch darin zeigt, dass die Madonna in der abendländischen Malerei bis heute das häufigste Thema ist.) Ich glaube, Maria ist der wichtigste weibliche Archetyp für das Christusgeheimnis. Dieser Archetyp hatte sich bereits als *Sophia* oder Weisheit angekündigt (siehe Sprüche Salomos 8,1ff., Weisheit 7,7ff.) und kehrt in der Offenbarung des Johannes wieder (12,1-17), dort im kosmischen Symbol einer »Frau, die mit der Sonne bekleidet ist und auf dem Mond steht« (V. 1). Weder die Sophia noch die Frau aus der Apokalypse sind eins zu eins mit Maria von Nazareth identisch, und gleichzeitig sind sie es doch auf vielerlei Weise – und jede von ihnen erweitert unser Verständnis des Heiligen Weiblichen.

Jung glaubte, dass Menschen in der Kunst *innere Bilder hervorbringen, die die Seele benötigt, um sich selbst wahrzunehmen und um die eigene Transformation zu ermöglichen.* Man versuche einmal, die Anzahl der Gemälde in den Kunstgalerien, Kirchen und Wohnungen in aller Welt zu zählen, die eine wundervoll gekleidete Frau darstellen, die dem

Betrachter – und sich selbst – einen in der Regel nackten Babyjungen zu bewundernder Betrachtung präsentieren. Was drückt die Allgegenwart dieses Bildes auf der Ebene der Seele aus? Ich denke, in etwa Folgendes:

> Die erste Inkarnation (die Schöpfung) wird von Sophia in Menschengestalt symbolisiert, einer wunderschönen, weiblichen, farbenfrohen und zugewandten Maria.
> Sie bietet uns fortwährend Jesus dar, den in Verwundbarkeit und Nacktheit inkarnierten Gott.
> Maria wurde zum Symbol der ersten Universalen Inkarnation.
> Dann händigt sie uns die zweite Inkarnation aus und bleibt dabei im Hintergrund; der Fokus liegt immer auf dem Kind.
> Die Erdmutter präsentiert den Spirituellen Sohn; das sind die beiden ersten Stadien der Inkarnation.
> Weibliche Empfänglichkeit, die die Frucht ihres Ja weiterreicht.
> Und uns einlädt, unsererseits Ja zu sagen.
> Das alles hat etwas Ganzheitliches, was viele als sehr wohltuend für die Seele empfinden.

Ich hoffe, dass dieser Gedankengang nicht einfach als trendiger Feminismus abgetan wird oder als Versuch, die Anliegen derjenigen zu bedienen, die das Christentum aufgrund der Sünden des Patriarchats verlassen haben oder aufgrund des kirchlichen Versagens, ein weibliche Gottesverständnis anzuerkennen und zu würdigen. Wir hatten schon immer die weibliche Inkarnation, die ja sogar die erste Inkarnation war und – noch besser! – die entschlossen und auf dem Weg war, uns alle einzubeziehen! Maria *ist diejenige, die uns alle empfängt und die uns allen das Geschenk überreicht*. Sie hatten sie gern, weil sie eine von uns ist – und gerade *nicht* Gott.

Ich glaube, die Christen des ersten Jahrtausends haben das auf intuitiver und allegorischer Ebene verstanden. Aber zur Zeit der dringend notwendigen protestantischen Reformation konnten wir nur noch das Eine sehen und sagen: »Aber sie ist nicht Gott.« Was völlig richtig ist. Wir waren allerdings zu diesem Zeitpunkt nicht mehr fähig, Ganzheit so zu denken, dass wir jetzt erst recht und umso besser hätten sehen und sagen können: »Sie ist Wir!« Deswegen liebten wir sie doch, vermutlich ohne völlig zu verstehen weshalb. (Ein Großteil der Menschheit kann sich vorstellen, dass bedingungslose Liebe eher von der weiblichen und mütterlichen Seite kommt als von einem Mann.) Das muss ich einfach einmal sagen!

In den vielen Marienbildern erkennen wir Menschen unsere weibliche Seele. Wir mussten uns in ihr sehen und mit ihr sagen: »Gott hat meine Niedrigkeit gesehen. Von jetzt an werden mich alle Generationen gesegnet nennen« (Lukas 1,48).

Ich bin mir an dieser Stelle mannigfacher Gefahren bewusst, und ich gebe zu, dass viele Katholiken Maria de facto zur Göttin gemacht haben, vermutlich aus Gefühlsduselei. Nichtsdestotrotz lade ich dazu ein, die tiefere und subtilere Botschaft zu bedenken. Ich habe oft gesagt, dass viele Katholiken im Blick auf Maria eine schwache Theologie, aber eine exzellente Psychologie haben: *Menschen mögen und brauchen es und vertrauen darauf, dass uns unsere Mütter beschenken und nähren und uns immer vergeben, was wir eigentlich auch von Gott bekommen wollen.* Die Jahre, in denen ich mit Männergruppen gearbeitet habe, haben mich davon überzeugt. Ja es ist so: Je mehr »macho« und patriarchaler eine Gesellschaft ist, desto größer ist ihre Verehrung für Maria. Ich habe einmal in einer katholischen Kirche in der texanischen Cowboyregion elf Marienbilder gezählt. Da sehe ich eine Gesellschaft, die unbewusst, und häufig nicht sehr erfolgreich, den Versuch unternimmt, sich in Balance zu bringen. Ebenso vermittelt Maria Frauen in der katholischen Kirche ein starkes Frauenbild, um einen Ausgleich zu all den Männern herzustellen, die vorne im Altarraum aufmarschieren!

Die Menschheit hat schon immer, in jeder Kultur und in jedem Zeitalter, den Christus empfangen, und Frauen wurden dabei von Natur aus als Empfängerinnen des Göttlichen Geschenks empfunden. Man denke nur an die »Venus« von Willendorf[58], an die Artemis von Ephesus[59], an die Marienbilder in Konstantinopel, Ravenna und auf dem Karmel, an die schwarzen Madonnen, an Valencia, Walsingham[60] oder Guadalupe[61] –, bis jedes Land der Welt schließlich am Ende ein eigenes weibliches Bild besaß, das eine Frau darstellte, die den Christus leiblich (nicht mental!) empfangen hatte. Man beachte ferner das ziemlich universelle Pronomen »unser«; immer ist es »Unsere Liebe Frau«, niemals nur »meine«. Dies ist sicherlich ein zusätzliches Indiz dafür, dass wir es mit einer Kollektivperson zu tun haben (eine, die für alle und für das Ganze steht) und mit einem korporativen, gemeinschaftlichen Heilsverständnis. Dasselbe gilt für »unser Herr« oder »Vater unser«. Es gibt

58 Anmerkung des Übersetzers: Die »Venus« ist eine 1908 in Willendorf/Niederösterreich entdeckte, rund 11 cm große und knapp 30.000 Jahre alte Figur.

59 Anmerkung des Übersetzers: Die Anbetung der griechischen Göttin Artemis in Ephesus wurde durch ein Bildnis der Göttin, das vom Himmel gefallen sein soll, ausgelöst. In der Apostelgeschichte (Kap. 19) wird erwähnt, dass Paulus und seine Begleiter Mittelpunkt eines Aufruhrs werden, der von Devotionalienhändlern in Ephesus ausgeht, die um ihren Profit bangen, wenn sich die Menschen Christus zuwenden.

60 Anmerkung des Übersetzers: Der Wallfahrtsort liegt in der englischen Grafschaft Norfolk. 1061 soll hier der Adligen Richeldis de Faverches die Jungfrau Maria erschienen sein. In dieser Vision erhielt Richeldis den Auftrag, zu Ehren der Verkündigung des Herrn einen Nachbau des Hauses der Heiligen Familie in Nazareth zu errichten.

61 Anmerkung des Übersetzers: Die *Virgen de Guadalup* zeigt ein Gnadenbild Marias. Im Dezember 1531 erschien im Stadtviertel Guadalupe am Stadtrand von Mexiko-Stadt dem Indio Juan Diego Cuauhtlatoatzin (1474–1548) der Überlieferung zufolge viermal eine schöne Frau, die sich als »Maria, die Mutter des einzig wahren Gottes« bezeichnete.

keine offiziellen liturgischen Gebete, die von »meinem Jesus« oder »meinem Herrn« reden. Gott und Maria werden zumindest in den historischen Kirchen und bevor wir das ganze Evangelium individualisiert haben prinzipiell von einer *gemeinsamen* Erfahrung her angesprochen.

Ich finde es interessant, dass männliche Gottheiten *in der Regel* vom Himmel herabkommen und mit der Sonne in Verbindung gebracht werden, mit Luft, Kraft und Licht. Aber in den meisten Mythologien und Märchen kommen weibliche Gottheiten aus der Erde oder aus dem Meer und werden oft mit Fruchtbarkeit, mit Zartheit, mit positiven Aspekten der Dunkelheit und mit der Kraft zu nähren verbunden. Es handelt sich fast ausnahmslos um den »Bruder Sonne« (männlich) und die »Schwester Mond« (weiblich) – außer im Deutschen! Wenn die Schöpfung tatsächlich die erste Inkarnation und die »erste Bibel« ist (Römer 1,20) und wenn die Mutter dem Kind zeitlich vorangeht, dann überrascht es ganz und gar nicht, dass physische, irdische und leibhafte Manifestationen in Geistesleben, Kunst und Tradition als »Mutter Erde« (niemals »Vater«) wahrgenommen werden. Mit diesem Grundgefühl fiel es der Christenheit der ersten 14 Jahrhunderte im Osten wie im Westen leicht, die Projektion auf Maria zu vollziehen, die stets in fließende Schönheit und Farbenfreude gekleidet war, häufig von Jesus gekrönt wurde und jetzt nicht mehr das einfache, arme Mädchen aus Nazareth war.

Ein weiteres nichtbiblisches Phänomen war der weitverbreitete Glaube, dass Marias Leib nach ihrem Tod direkt zum Himmel erhöht wurde. (Dies ist das einzige mir bekannte Beispiel dafür, dass der Vatikan tatsächlich eine Untersuchung vornahm, bevor er 1950 dieses Dogma verkündet hat. Man fand heraus, dass der Großteil der katholischen Welt bereits glaubte, dass das wahr sei, obwohl es zuvor niemals formal gelehrt worden war, eine Vorgehensweise, die im katholischen Fachjargon *sensus fidelium*, »Konsens der Gläubigen« genannt wird.) Hinweise auf die Aufnahme Mariens in den Himmel finden sich nirgendwo in der Bibel – es sei denn, man will Offenbarung 12 auf diese archetypische Weise lesen –, aber die Legende zirkulierte unter Christen bereits im 4. Jahrhundert. Zu dem Zeitpunkt, als der Vatikan das Dogma offiziell verkündigte, hielt dies C. G. Jung für »die bedeutsamste theologische Entwicklung des 20. Jahrhunderts«, weil sie bestätigte, dass *der Leib einer Frau* in den ewigen Sphären auf immer und ewig Platz hat! Wow! Das Pantheon männlicher Gottesbilder wurde nun für alle Zeit durch das Element des Weiblichen bereichert, und zusätzlich wurde erklärt, dass der menschliche Körper – und nicht nur Seele und Geist – am Prozess der Vergöttlichung teilhaben kann. Das ist äußerst bedeutsam. Das Symbol Maria fügte die beiden disparaten Welten von Materie und Geist zusammen: weibliche Mutter und männliches Kind, Erde und Himmel, ob uns das gefällt oder nicht. Das Unbewusste hat es begriffen, denke ich. Intellektuell haben es viele bekämpft – zu ihrem eigenen Schaden, wie ich meine. Jetzt hält ein Großteil der Welt das Christentum für hoffnungslos patriarchal.

JA SAGEN ZU GOTT

Der springende Punkt ist, dass sich viele Menschen in bestimmter Hinsicht eher mit Maria identifizieren können als mit Jesus, vor allem, weil sie *nicht* Gott war, sondern der Archetyp für unser Ja zu Gott! Ihr wird keine einzige Heldentat zugeschrieben, sondern nur Vertrauen an und für sich. Reines Sein und nicht Handeln. Von ihrem ersten Ja gegenüber dem Engel Gabriel (Lukas 1,38), über die Geburt selbst (2,7), über ihr letztes Ja am Fuß des Kreuzes (Johannes 19,25) und bis hin zu ihrer ausdrücklichen Anwesenheit beim feurigen, stürmischen Pfingstereignis (siehe Apostelgeschichte 1,14, wo sie bei der ersten Ausgießung des Geistes die einzige namentlich erwähnte Frau ist) erscheint sie wie auf Stichwort in Schlüsselmomenten der Evangelienberichte. Sie ist Jedefrau und Jedermann, und das ist der Grund, weshalb ich sie als das weibliche Symbol für die universale Inkarnation bezeichne.

Maria ist das große Ja, das die Menschheit für alle Zeiten braucht, damit Christus auf die Welt kommen kann. Sogar Paul McCartney hat diese Idee in seinem Song »Let It Be« unsterblich gemacht, auch wenn er dabei zuallererst seine eigene Mutter Maria gemeint hat:

Mother Mary comes to me,
Speaking words of wisdom, »Let it Be«

Mutter Maria kommt zu mir
Und spricht Worte der Weisheit: »Lass es zu!«

Dafür haben sie Menschen schon während der ersten tausend Jahre der christlichen Geschichte so geliebt. Bei Maria sehen wir, dass Gott uns nie aufoktroyiert werden darf und dass Gott niemals ungeladen kommt.

Wenn Christus und Jesus die Archetypen des Handelns Gottes sind, dann ist Maria der Archetyp dafür, *wie man das empfangen kann, was Gott tut* und *wie man es anderen weitergeben kann*. In der Kunst bietet sie Jesus den Beobachtern dar und lädt uns ein, zu ihm zu kommen. »Zu Jesus durch Maria« pflegten wir Katholiken in den 1950er-Jahren zu sagen. Abermals eine sehr armselige Theologie – aber für viele eine sehr wirkungsvolle Psychologie und Pädagogik.

In Maria haben wir als Menschheit zu Gott *unser* ewiges Ja gesagt.

Ein Ja kann nicht rückgängig gemacht werden.

Es ist ein kollektives Ja, das unsere vielen Neins außer Kraft setzt.

Dies ist der Grund, weshalb Maria häufig als die »Neue Eva« bezeichnet wurde, die das kollektive Nein der ersten Eva aufgehoben hat, und die in der Kunst immer wieder als diejenige dargestellt wird, die der Schlange, die Eva versucht hat, den Kopf zertritt (Genesis/1. Mose 3,15).

Heute können wir auf vielen Ebenen bezeugen, welch immense Sehnsucht nach erwachsener Weiblichkeit es in allen Bereichen unserer Gesellschaft gibt – von unserer Politik über die Wirtschaft, in unserer Psyche, unseren Kulturen, unseren Führungsmodellen und in unseren Theologien, die allesamt allzu kriegerisch, konkurrierend, mechanistisch und nicht-kontemplativ geworden sind. Wir sind verdammt unausgeglichen.

Allzu oft musste das Weibliche heimlich agieren, hinter den Kulissen und indirekt. Es kann dennoch eine tiefgreifende Wirkung haben. Wir können Marias subtilen Charme, ihre Geduld und ihre Demut sehen, wenn sie bei der Hochzeitsfeier in Kana sagt: »Sie haben keinen Wein« (Johannes 2,3b) und anschließend felsenfest davon überzeugt ist, dass Jesus daran anknüpfen wird (Johannes 2,5). Und das tut er!

Wie das Christusgeheimnis selbst wirkt auch das *ewig Weibliche* häufig im Untergrund und im Halbschatten und generiert – aus dieser Position heraus – eine wesentlich mitreißendere Botschaft. Während Kirche und Kultur der Göttlichen Weiblichkeit häufig Rollen, Ämter und formale Autorität verweigert haben, hat das Weibliche auf kosmischen und persönlichen Ebenen permanent seine ungebrochene Stärke entfaltet. Die meisten der nordamerikanischen Katholiken haben das Empfinden, dass ihnen die eigentliche Kultur des Glaubens weit mehr von Nonnen als von Priestern vermittelt wurde. Weibliche Stärke ist auf eine Weise zutiefst beziehungsorientiert und symbolisch – und gerade dadurch transformativ –, die Männer weder bändigen noch auch nur verstehen können. Ich hege den Verdacht, dass wir das Weibliche gerade deshalb so fürchten.

11
DAS IST MEIN LEIB

Leben ist die Bestimmung,
die du so lange bekämpfen musst,
bis du eingewilligt hast zu sterben.

W. H. Auden, »For the Time Being«

In meinen 50 Jahren als Priester habe ich vermutlich tausende Male Eucharistie oder »Abendmahl« gefeiert. Ich kann nicht behaupten, dies sei das Zentrum meines Lebens gewesen, obwohl mir die Leitung der Liturgie gewiss viele wundervolle Gelegenheiten eröffnet hat, Menschen in unterschiedlichen Situationen und kulturellen Kontexten zu dienen und, so hoffe ich, in diesen Zusammenhängen das eine oder andere ermutigende Wort zu predigen. Meistens war das insgesamt eine echte Erfahrung von »Kommunion«, wie es Katholiken in der Regel nennen – Kommunion mit Gott und mit Gottes Volk und oftmals mit mir selbst. Ich kannte und akzeptierte die traditionelle Theologie der Eucharistie und sagte die vorgesehenen Gebete mit Freude, obwohl ich sie auch öfter einmal veränderte, wenn sie mir etwas Fragwürdiges zu enthalten schienen. Alles war gut und etwas, was ich als Teil meiner Arbeit und meines Glaubens als selbstverständlich hinnahm.

Aber vor einigen Jahren bemächtigte sich eine neue und fesselnde Botschaft meiner Gedanken, meiner Gefühle und meines Körpers. Mir wurde klar, dass Jesus nicht gesagt hat: »Das ist mein Geist, der für euch gegeben wurde«, oder etwas Ähnliches wie »Das sind meine Gedanken«. Stattdessen verstieg er sich zu der ziemlich kühnen Behauptung: »Das ist mein Körper«, was für einen spirituellen Lehrer und Gottesmann eine übermäßig gegenständliche und riskante Redeweise zu sein scheint. Tatsächlich hat diese steile Aussage ihre ersten Hörer schockiert. Johannes berichtet: »Viele verließen ihn daraufhin und hörten auf, ihm zu folgen« (Johannes 6,66). Inkarnation ist immer auch ein Skandal, »zu viel« für uns, als dass wir damit umgehen könnten!

Unseren Körper einem anderen zu »geben« ist für die meisten von uns zutiefst intim und persönlich und häufig sexuell konnotiert. Wusste Jesus das? Weshalb hat er so gesprochen und seine spirituelle Botschaft derart auf die »fleischliche« Ebene heruntergebrochen? Er bestand darauf: »Mein Fleisch ist wahre Speise, mein Blut ist wahrer Trank« (Johannes 6,55). Das klingt tatsächlich bis heute primitiv, abstoßend und nachgerade kannibalistisch. Genau den Begriff, den Johannes hier verwendet, nämlich *sarx*, benutzt Paulus in all seinen Briefen, um den polaren Gegensatz zum Geist zu beschreiben. Johannes hingegen verwendet nicht das schwächere Wort für Leib, nämlich *soma*. Das ist für mich ziemlich erstaunlich.

Ich habe allmählich begriffen, dass uns Jesus, indem er uns seinen Körper anbietet, gerade dadurch eher sein geballtes physisches Menschsein schenkt als eine völlig vergeistigte Göttlichkeit! »Esst mich!«, sagt er und schockiert uns damit, denn Essen ist ein fundamental körperlicher Vollzug, elementarer und primitiver als Denken oder Reden. Den Begriff des menschlichen Fleisches, den Paulus später negativ bewertet, bewertet Jesus positiv.

Aufgrund meiner theologischen Ausbildung kenne ich die Unterscheidungen und Erklärungen dafür, was die Worte Jesu angeblich bedeuten: Er schenkt uns sein volles Jesus-Christus-Selbst – jene wundervolle Symbiose von Göttlichkeit und Menschlichkeit. Aber das Vehikel, das Medium und die endgültige Botschaft sind hier reales, essbares, kaubares und, ja, verdauliches menschliches Fleisch! Viele Religionen der Antike porträtierten Gott als einen, der sich von Menschen- oder Tieropfern ernährt, die ihm auf ihren Altären dargebracht werden, aber Jesus stellt die Religionsgeschichte auf den Kopf, indem er uns zu der Vorstellung einlädt, dass *Gott sich uns als Speise schenkt*!

Darüber hinaus wissen einige von uns vielleicht, wie man einen Mitmenschen bei sich aufnimmt. Aber Gott? Das ist ein Bruch, den die meisten zu Beginn ihres Weges noch nicht nachvollziehen können, es sei denn auf äußerst verkopftem Niveau. In unserem Herzen fällt es uns schwer zu glauben, dass wir würdig genug sind, was vermutlich der Grund ist, dass wir intellektuelle und moralische Gründe suchen und finden, um uns nicht auf die Eucharistie einlassen zu müssen oder um uns selbst und andere von ihr auszuschließen. Im römischen Ritus sprechen wir gemeinsam, bevor wir zum Altar gehen: »Herr ich bin nicht würdig, dass du eingehst unter mein Dach.« Danach unterstellt man, so sieht es aus, denjenigen von uns, die nach vorne kommen, um die Kommunion zu empfangen, dass sie sich selbst tatsächlich für würdig halten. Und die allgemein bekannte Botschaft lautet, dass die »Unwürdigen« (was unterschiedlich definiert wird) lieber nicht nach vorne kommen sollten! Eine extrem konfuse und widersprüchliche Botschaft direkt im Herzen der Liturgie!

Ein hilfreicher Aspekt des katholischen Rituals ist allerdings unser traditioneller Glaube an die »Realpräsenz«. Das bedeutet, dass wir damit rechnen, dass Jesus auf irgendeine Weise in dem sakramentalen Brot physisch präsent ist. Das schafft für die Empfänger die Voraussetzung dafür, dass sie unter Umständen das erleben können, was ich gerne »fleischliches Erkennen« Gottes nenne, der ja normalerweise für ein rein geistiges Wesen gehalten wird. Mir scheint, dass bloßes Kopfwissen nicht ausreicht, weil es Herz oder Seele nicht einbezieht. Die Falle schnappt zu, wenn diejenigen, die das Ganze intellektuell einfach nicht auf die Reihe kriegen können, letztlich dazu verdammt sind, sich »unwürdig« vorzukommen, wenn es um den Empfang der Eucharistie geht. Aber die einzige Vorbedingung deinerseits, um zu partizipieren oder »würdig« zu sein, ist *deine Fähigkeit, deinerseits präsent zu sein.* Das bringt man nicht allein vom Kopf her zustande. Präsenz ist eine einzigartige Fähigkeit, die Körper, Herz, Verstand und all das einschließt, was wir meinen, wenn wir »Seele« sagen. Liebesgeschichten finden nie nur im Kopf statt.

Nur Präsenz kann Präsenz erkennen. Und unsere reale Präsenz kann Realpräsenz wahrnehmen.

Als Jesus die Worte »Dies ist mein Leib« aussprach, hat er, wie ich meine, nicht nur über das Brot unmittelbar vor seinen Augen geredet, sondern über das gesamte Universum, über alles, was körperlich, materiell und dennoch geisterfüllt ist. Seine Selbstaussage und unser Echo hallen in der gesamten Schöpfung nach, bevor sie sich auch in ein Stück Brot niederlassen. Und wisst ihr was? Brot und Wein und die gesamte Schöpfung scheinen viel eher bereit zu sein zu glauben, wer und was sie sind, als Menschen. Sie wissen, dass sie der Leib Christi sind, selbst wenn wir übrigen solch ein Konzept ablehnen. Wenn wir am Altar die heiligen Worte aussprechen, sprechen wir damit sowohl das Brot als auch die versammelte Gemeinde an, damit wir es »aller Kreatur« weitergeben können (Markus 16,16). Der Heilige Augustinus hat gesagt, wir müssten das Volk Gottes so lange mit dem Leib Christi speisen, bis die Menschen begreifen, dass sie sind, was sie essen! Und dass sie sind, was sie trinken!

Ganz im Ernst und ohne Übertreibung hat mir meine Hündin Venus im Laufe von fünfzehn Jahren mehr über

»Realpräsenz« beigebracht, als es irgendein theologisches Handbuch je vermocht hätte. Venus lehrte mich, Menschen gegenüber aufmerksam und offen da zu sein und ihnen zu gestatten, mir gegenüber ebenso offen zu sein. Das tat Venus durch die Art und Weise, wie sie unablässig auf meine Gesellschaft erpicht war und diese einfach um ihrer selbst willen genießen konnte. Sie hatte ständig das Bedürfnis, bei mir zu sein, selbst wenn ich sie mitten in der Nacht aufgeweckt habe, damit sie mit mir einen Krankenbesuch macht. Sie stand für mich buchstäblich Modell, wie ich vor Gott da sein könnte und wie wohl Gott mir gegenüber da sein muss: »... wie die Hände einer Dienerin auf die Hand ihrer Herrin gerichtet ist« (Psalm 123,2). Die Augen meiner Venus waren stets auf mich gerichtet. Wäre ich doch nur je auch ihr gegenüber so loyal, eifrig und beflissen gewesen. Aber sie hat es mir vorgelebt.

Präsenz ist immer wechselseitig oder es ist überhaupt keine Präsenz.

DIE UNIVERSELLE FLEISCHGEWORDENE GEGENWART

Als sei es nicht genug, seinen Leib zu essen, schubst uns Jesus in noch weitergehendere und unheimlichere Richtungen, indem er dem Ganzen noch den symbolträchtigen berauschenden Wein hinzufügt, wenn wir den Kelch erheben und über die gesamte leidende Menschheit aussprechen: »Das ist mein Blut.« Anschließend fordert er uns auf: »Trinkt mich, alle!« Halte bitte an dieser Stelle einen Augenblick inne und versuche, einen Ort außerhalb jener domestizierten Eucharistie einzunehmen, die sich in den Kirchen eingeschlichen ist. Man erinnere sich, dass seinerzeit jeder

Kontakt mit Blut für einen Juden rituelle Verunreinigung bedeutete. Geht es nur mir so oder fängt das an, sich nach Graf Dracula anzufühlen? Oder soll es genau das tun? Soll es anstoßerregend und schockierend sein?

Eines der Dinge, die ich bei der Auseinandersetzung mit männlichen Initiationsritualen gelernt habe, ist die Tatsache, dass schockierende und eindringliche Rituale das Einzige sind, was nachhaltige psychische Auswirkungen hat – Dinge wie symbolisch ertränkt zu werden, das eigene Grab zu schaufeln, nackt durch Asche zu rollen und sogar der inzwischen abgeschaffte Backenstreich, den einem einst der Bischof bei der Firmung verpasst hat und der uns geschockt und uns dadurch die Augen geöffnet hat. Alles, was zu zahnlos ist, hat wenig psychischen Effekt, zumindest für Männer, aber ich glaube, das gilt auch für Frauen. Es gibt einen echten Unterschied zwischen wiederholbaren harmlosen Zeremonien und lebensverändernden Ritualen. *Fachleute sagen, dass Zeremonien in der Regel den Status Quo bestätigen und feiern und die Schattenseite der Dinge ausblenden, wohingegen Rituale einen alternativen Kosmos eröffnen, indem bei ihnen der Schatten benannt wird (man denke an eine wirkliche Eucharistiefeier). Ich fürchte, dass wir in der Kirche vorwiegend Zeremonien zelebrieren.* Die meisten Messen, die ich jemals besucht habe, bestätigen den Status Quo, der selten die dunklen Aspekte von Kirche, Staat oder Gesellschaft beleuchtet, sondern sie eher verdrängt.

Viele Mystiker und Befreiungstheologen haben darüber hinaus erkannt, dass die Einladung, Wein *als sein Blut* zu trinken, zugleich dazu auffordert, in leiblicher Solidarität zu leben »mit dem Blut, das zu Unrecht vergossen wurde, angefangen bei Abel, dem Gerechten, bis hin zu Sacharja ...« (Matthäus 23,35). Dies sind der erste und der letzte Mord, die in der hebräischen Bibel dokumentiert werden. Wenn du in diesem Heiligen Mahl das Blut Christi trinkst, verbindest du dich bewusst mit all dem ungerechten Leid in der Welt vom Anbeginn bis zum Ende der Zeit. Wo auch immer Leid war oder ist, da sind auch das Mitgefühl und das Mitleiden Gottes. »Dies *alles* ist mein Blut!«, sagt Jesus, was die Opfer heiligt und allem Blutvergießen einen außerordentlichen und endgültigen Sinn verleiht.

Daran muss ich oft denken, wenn ich genau jene Worte angesichts einer Gemeinde ausspreche, die kaum an dieser Botschaft interessiert zu sein scheint. *Die Sache als Mirakel zu betrachten ist ganz und gar nicht die Botschaft*! Ich kann sehen, weshalb wir so oft Eucharistie feiern. Die Botschaft ist für die Psyche derart schockierend und solch eine Herausforderung für unseren Stolz und Individualismus, dass lebenslange Übungspraxis und viel Verwundbarkeit nötig sind, damit sie einsinken kann – *als Muster für jedes Ding – und nicht nur für dieses eine.*

Brot und Wein sind gemeinsam Platzhalter für *die gesammelten Elemente des Universums*, die gleichfalls die materialisierte Präsenz genießen und verkünden. Warum haben wir uns gegen diese Botschaft derart gesträubt? Kirchen, die die Eucharistie ins Zentrum stellen, hätten die ersten sein müssen, die die gemeinschaftsbezogene, universelle und physische Natur der »Christifikation« der Materie erkennen. Wir müssen der Menschheit weiterhin diese wundersame homöopathische Medizin anbieten, die uns *sowohl mit dem Problem als auch mit seiner Heilung* speist. Während Katholiken zu Recht an der realen Präsenz Jesu in diesen materiellen irdischen Elementen festhalten, verstehen die meisten von ihnen nicht, welche Konsequenzen diese Behauptung hat. Das Brot und der Wein werden weitgehend als Manifestation des Heiligen verstanden, die auslädt und ausschließt, wo doch ihre eigentliche Funktion gerade darin besteht, eine wahrhaft inklusiv-einladende – und gerade deshalb immer auch schockierende – Gegenwart zu vermitteln.

Wahrhaft »Gläubige« sind Personen, die buchstäblich das essen, kauen und verdauen, das anzuschauen und anzunehmen ihnen Furcht einflößt: *Das Universum ist der Körper Gottes, sowohl seinem Wesen nach als auch in seinem Leiden.*

Papst Franziskus betont, dass die eucharistischen Elemente Brot und Wein keine Belohnung für die Perfekten und kein Ehrenpreis für Wohlverhalten sind. Sie sind vielmehr Wegzehrung für die Pilgerreise der Menschen und Medizin für die Kranken. Wir kommen nicht deshalb nach vorne, weil wir würdig sind, sondern weil wir alle auf die eine oder andere Weise verwundet und »unwürdig« sind. »Ich bin nicht für die Gesunden gekommen, sondern für die Kranken«, sagt Jesus (Markus 2, 17). Man fragt sich, weshalb wir diesen springenden Punkt so erfolgreich ausgeblendet haben. Gott schenkt uns unsere Würdigkeit, und zwar objektiv!

»FÜR EUCH GEGEBEN«

Die andere bedeutsame Redewendung, die Jesus beim letzten Abendmahl wiederholt hat, lautet »für euch«. In den Berichten von Matthäus, Markus und Lukas – und ebenso bei Paulus (1. Korinther 11,24ff.) – sagt Jesus: Mein Leib, »der für euch gegeben ist«, »der für euch gebrochen ist«, und mein Blut, »das für euch vergossen ist«. Wer jemals einen Liebesakt erlebt hat, weiß, dass die Ekstase nicht nur vom physischen Empfinden ausgelöst wird, sondern auch davon, dass dein Gegenüber das Verlangen hat, speziell mit *dir* zusammen zu sein, *für dich* nackt zu sein, *von dir* entzückt zu sein und *dich* zu befriedigen. Am liebsten würdest du ständig fragen: »Aber weshalb ich?« Und du hoffst, dass der oder die andere sagt: »Weil ich dich liebe!« Das ist jene bis zum Äußersten gesteigerte und besondere Ich-Du-Erfahrung, die Martin Buber geschildert hat.[62]

Eine junge Frau aus dem Team unseres Zentrums hat mir einmal gesagt, sie meine, dass die Menstruationszyklen Frauen in besonderer Weise ein physisches und auf Erfahrung beruhendes Verstehen dieses Erlebnisses vermitteln, weil sie Monat für Monat um des Lebens willen Blut vergießen und auch bei der Geburt Blut und Wasser ausscheiden, so wie es Jesus am Kreuz tat (Johannes 19,34). Natürlich! Dieses »Wasser und Blut« ist mir immer als seltsame Symbolsprache erschienen. Aber vielleicht ist das nicht so für eine Frau, die den Preis des Gebärens kennt. Wie gewagt und schockierend muss es für Jesus gewesen sein, die gesamte Tradition, die das Blut als unrein ansah, um 180 Grad umzukrempeln und das Blut zu *heiligen* – und sogar zu einer Kontaktfläche mit dem Göttlichen zu machen! Das zu ergründen würde ein ganzes Buch verdienen; jedenfalls dürfte es sich um eine Erfahrung handeln, die einem Elektroschock gleichkommt, was im Übrigen alle echten Sakramente sein sollten.

Ebenso ist das gegenseitige Verlangen nach einem Gegenüber die beabsichtigte Wirkung der Eucharistie.

Wir wissen, dass sich Jesus gern als den »Bräutigam« bezeichnet hat (Johannes 3,29; Matthäus 9,15), und einer der ersten dokumentierten Handlungen seines Dienstes bestand darin, dass er es anlässlich einer Hochzeitsfeier hat krachen lassen (Johannes 2,1), indem er gegen Ende der Party Wasser in 500 Liter Wein verwandelte! (Was sagen Hardcore-Baptisten und andere Evangelikale dazu?) Wir wissen auch, dass es das erotisch aufgeladene Hohelied

62 Martin Buber, *Das dialogische Prinzip: Ich und Du. Zwiesprache. Die Frage an den Einzelnen. Elemente des Zwischenmenschlichen. Zur Geschichte des dialogischen Prinzips*, Gütersloh 1999.

Salomos überraschenderweise geschafft hat, in die Bibel zu kommen, und seine Bilder der Vereinigung erschienen Mystikern seit den ersten Jahrhunderten als besonders kostbar. Aber ein Großteil des späteren Christentums war ziemlich prüde und schämte sich des menschlichen Körpers, den Gott durch Jesus so unbekümmert angenommen und dann in der Eucharistie so großzügig an uns ausgeteilt hat.

Die Eucharistie ist eine Begegnung von Herz zu Herz, die durch die eigene Präsenz Gottes Präsenz erkennt. In der Eucharistie lassen wir bloße Worte oder rationale Gedanken hinter uns und begeben uns an jenen Ort, wo wir über das Geheimnis nicht mehr *reden*; wir beginnen, es zu *kauen*. Jesus hat nicht gesagt: »Denkt darüber nach« oder »starrt es an« oder gar »betet es an«. Stattdessen hat er gesagt: »Esst dies!«

Wir müssen unser Wissen auf die leibliche Ebene bis in unsere Zellstruktur hinein, auf die Ebene der Teilhabe und insofern auf die Ebene der Vereinigung erweitern. Wir müssen das Mysterium weiterhin essen und trinken, bis es uns eines Tages in einem Moment, wo unsere Abwehr heruntergefahren ist, dämmert: »Mein Gott, ich bin ja wirklich, was ich esse! Auch ich bin der Leib Christi.« Dann können wir auch künftig dem Vertrauen schenken und das zulassen, was seit den ersten Augenblicken unserer Existenz wahr gewesen ist. Wie ich bereits erwähnt habe, sollte die Eucharistie wie ein Elektroschocker funktionieren und nicht nur als eine nette Zeremonie. Wir besitzen eine Würde und Kraft, die unsere blanke und nackte Existenz durchströmen – und das gilt auch für alle anderen, obschon die meisten nichts davon wissen. Ein so geartetes Körperbewusstsein reicht aus, um unser gesamtes Glaubensleben zu leiten und energetisch aufzuladen, während die bloße Zustimmung zu Worten oder das Nachsprechen von Worten uns niemals jenen Stoß versetzen werden, den wir benötigen, *um uns das göttliche Verlangen nach uns und nach Sich Selbst einzuverleiben*. Wir reden sozusagen über den Unterschied zwischen einer ernst gemeinten Valentinskarte, mit der uns jemand sagt: »Ich liebe dich«, und einem körperlichen, nackten und zärtlichen Akt mit einem Gegenüber, das du von Herzen liebhast und das dich liebhat. Weshalb haben wir davor so viel Angst?

Das ist der Grund, weshalb ich an dem traditionellen Glaubenssatz festhalten muss, dass in Brot und Wein wirkliche Gegenwart, Realpräsenz, ist. *Wenn wir diese Realität in den Elementen preisgeben, dann enden wir damit, dass wir dieselbe Realität auch in uns preisgeben*, meine ich, so wie Flannery O'Connor einst erklärt: »Nun gut, wenn es bloß ein Symbol ist, dann zur Hölle damit!«[63]

Die Eucharistie wird schließlich für uns ein fortwährender Lackmustest für den christlichen Weg, ein Ort, zu dem wir immer wieder zurückkehren müssen, um unser wahres Antlitz und unseren wahren Namen zu finden, unsere absolute Identität, wer wir in Christus sind und von daher, wer wir für alle Ewigkeit sind. *Wir sind als Menschen nicht nur ein Experiment Gottes. Die Eucharistie sagt uns, dass wir auf geheimnisvolle Weise Gott sind, der eine menschliche Erfahrung macht!*

Das setzt sich in Römer 8,18-25 (als Schöpfung), 1. Korinther 10,16ff. und 11,23ff. (als Brot und Wein) und 12,12ff. (als Menschen) fort. In jedem dieser Bibelabschnitte und in immer weiteren Kreisen drückt Paulus seine feste Überzeugung aus, dass es tatsächlich eine Übertragung menschlicher und spiritueller Identität von Christus auf die Schöpfung, auf die Elemente von Brot und Wein, und durch sie auf Menschen gibt. Der Große Kreislauf der Inklusion (die Trinität) ist eine zentrifugale Macht, die am

63 Flannery O'Connor, *The Habit of Being*, New York 1979, 125.

Ende alles in sich hineinziehen wird – genauso wie es viele Physiker für das Universum in jenem Moment vorhersagen, wo es einmal aufhören wird, sich auszudehnen. Sie nennen es (als Antipoden zum »Big Bang«, dem Urknall) »The Big Crunch« (den Großen Krach), und einige behaupten sogar, es würde nur eine Nanosekunde dauern, wenn es geschieht. (Könnte das eine reale Beschreibung der »Wiederkunft Christi« oder des »Jüngsten Gerichts« sein? Ich meine schon.)

Insofern ist die Eucharistie wie die Auferstehung keine einmaliges Ereignis und keine kosmische Anomalie.

Eucharistie ist die Inkarnation Christi, die ihre Letztgestalt und ihren Endzweck erreicht hat – die irdischen Elemente.

Alles ist eine kontinuierliche Inkarnation.

Wir alle sind diejenigen, die wir in Gott sind.

Alles andere verändert sich und wird am Ende verschwinden.

Mit großer Freude geschrieben am Ostersonntag 2017

12
WARUM IST JESUS GESTORBEN?

Unsere Vorherbestimmung zur Herrlichkeit geht von Natur aus jeder Vorstellung von Sünde voraus.

Johannes Duns Scotus, OFM

Fünfunddreißig Jahre lang war ich weltweit in der Männerarbeit engagiert. Das hat mir gezeigt, wie tief die menschliche Psyche in fast jeder Gesellschaft von gewalttätigen, unerreichbaren und misshandelnden Vätern und anderen Männern verwundet wurde, was bleibende Narben hinterlassen hat. Die Auswirkung solcher Verletzungen für unsere spirituelle Sensibilität ist massiv. Natürlich gibt es keinen Mangel an Gründen, weshalb jemand nicht an Gott glauben oder Gott nicht vertrauen kann, aber eine der wirklich kontraproduktiven Dinge, die Christen getan haben, besteht darin, dass sie all diesen Gründen einen weiteren hinzugefügt haben, indem sie den »Herrgott« als einen tyrannischen, sadistischen und tobsüchtigen Vater dargestellt haben oder auch als einen, auf dessen Liebe kein Verlass ist.

Ein typisches Beispiel dafür ist die bis heute vorherrschende Erklärung, weshalb Jesus sterben musste, und inwiefern das mit unserem Seelenheil zu tun hat. Dieses Gesamtkonzept hat aus Gott einen distanzierten und kalten »Vater« gemacht.

Für lange Zeit existierte keine Einigkeit darüber, was Christen meinen, wenn sie sagen: »Jesus ist für unsere Sünden gestorben«, aber in den letzten Jahrhunderten hat sich eine bestimmte *Theorie* durchgesetzt. Sie wurde oft als »Theorie des stellvertretenden Sühnopfers« bezeichnet, vor allem, nachdem sie nach der Reformation weiterentwickelt wurde. Stellvertretendes Sühnopfer besagt, dass Christus aufgrund seiner eigenen aufopferungsvollen Entscheidung an Stelle von uns Sündern bestraft wurde und dadurch die »Forderungen nach gerechtem Ausgleich« befriedigt hat, so dass Gott uns die Sünden vergeben konnte. Diese Sühnetheorie fußt auf einer weiteren gemeinhin anerkannten Auffassung – der »Erbsünde« Adams und Evas, die, so sagte man uns, alle menschlichen Wesen von Haus aus mit einem Makel behaftet hat. Aber sehr ähnlich wie bei der Erbsünde, die wir weiter oben behandelt haben, sind die meisten Christen nie darüber in Kenntnis gesetzt worden, wie neu und geographisch begrenzt diese Erklärung ist und dass sie voll und ganz auf einer Rechtsauffassung beruht, bei der es um Vergeltung geht. Man hat ihnen auch nicht gesagt, dass es sich um eine reine Theorie handelt, auch wenn einige Gruppen diese Deutung des Kreuzes für ein schon lange existierendes Dogma halten. Die frühe Kirche wusste nichts davon; bestenfalls hatte man aufgrund zahlreicher biblischer Metaphern die vage Idee eines »Lösegelds«.

Solange wir dieses Konzept über die Bedeutung des Todes Jesu nicht auf seinen Sinn und Unsinn abklopfen, werden wir damit zu kämpfen haben, unsere Gedanken sowohl über Christus als auch über Jesus davon freizumachen und beide als Offenbarung der grenzenlosen Liebe der Trinität zu sehen – und nicht als blutige Transaktion, die aufgrund von Gottes beleidigtem Gerechtigkeitsgefühl »erforderlich« sei, um das Problem der menschlichen Sünde auf die Reihe zu kriegen.

In diesem Kapitel hoffe ich erklären zu können, wie unsere weithin akzeptierte Sühnetheorie – vor allem insofern, als diese Sühne angeblich durch das Leben, Leiden und Sterben Jesu geleistet worden ist – zu einer Reihe von Missverständnissen im Blick auf die Rolle Jesu und auf die ewige Absicht Christi geführt hat. Ich will zeigen, wie sie unsere verengte Auffassung von vergeltender Gerechtigkeit bestätigt und die Meinung unterfüttert hat, es gäbe prinzipiell so etwas wie »gute und notwendige Gewalt«. Ich wende mich diesem Thema mit einer gewissen Nervosität und Beklemmung zu, weil ich weiß, dass die Theorie von der stellvertretenden Sühne für den Glauben vieler Menschen von zentraler Bedeutung ist. Aber die Fragen, *weshalb Jesus gestorben ist und worin Sinn und Botschaft seines Todes bestehen*, dominieren seit geraumer Zeit das christliche Narrativ, häufig sogar mehr als sein Leben und seine Lehre. Jemand hat gesagt, wenn diese Theorie stimmt, dann bräuchten wir nur die letzten drei Tage oder gar die letzten drei Stunden des Lebens Jesu. Ich meine, diese Deutung hat uns von einem tiefgründigen und wahrhaft transformativen Verständnis Jesu und auch Christi abgehalten. Das Seelenheil wurde zu *einem einmaligen Deal* zwischen Jesus und seinem Vater anstatt zu einer niemals endenden *Lektion der Wandlung* für die Menschenseele und die gesamte Geschichte.

Bestenfalls hat uns die Theorie von der stellvertretenden Sühne gegen die wahren Wirkungen des Evangeliums geimpft, indem sie uns vor allem veranlasst hat, Jesus zu »danken«, anstatt ihm aufrichtig nachzufolgen. Schlimmstenfalls hat sie dazu geführt, dass wir Gott als kalte, brutale Gestalt gesehen haben, als einen, der Gewaltakte verlangt, bevor er die eigenen Geschöpfe lieben kann. Nun steht außer Zweifel, dass beide Testamente voll sind von Metaphern der Sühne, des Opfers, der Buße, des Lösegelds; immer wieder geht es darum, dass ein Preis zu bezahlen ist, die Tore geöffnet werden müssen etc. Dabei handelt es sich um die damals gültige Tempelsprache, die einem jüdischen Publikum sofort eingeleuchtet hätte. Anthropologisch ausgedrückt spiegeln diese Worte und Grundannahmen eine magische, oder wie ich sagen würde, »transaktionelle« Denkweise. Damit meine ich, dass du beim Verfahren im göttlichen Gerichtssaal automatisch gute Karten hast, wenn du die richtigen Inhalte für wahr hältst, das richtige Gebet aufsagst oder das richtige Ritual vollziehst. Meiner Erfahrung nach verliert diese Art des Denkens an Kraft, sobald Menschen und Kulturen erwachsen werden und einen tatsächlichen Sinnes- und Herzenswandel anstreben. Dann beginnt *transformatives* Denken, das frühere *transaktionelle* Denken zu verdrängen.

Ich habe weiter oben geschrieben, dass das Gotteskonzept der Christenheit einen radikalen Bruch mit den meisten antiken Religionen bedeutet hat. An Stelle eines Gottes, der Menschen, Tiere oder Feldfrüchte »isst«, die auf dem Altar geopfert werden, stellte das Christentum die kühne Behauptung auf, dass *wir* mit Gottes eigenem Leib gespeist werden! *Das hat alles auf den Kopf gestellt und die scheinbare Logik eines Denkens in Kategorien von Leistung und Gegenleistung ausgehebelt.* Solange wir im Blick auf Gottes angeblich beleidigtes Gerechtigkeitsempfinden eine Art Vergeltungslogik ins Spiel bringen (Strafforderung für Fehlverhalten), tauschen wir unsere unverwechselbare christliche Botschaft für jenen kalten und herzlosen Justizvollzug ein, der im Laufe der Geschichte in den meisten Gesellschaften gang und gäbe war. Wir haben dieser Geschichte keine befreiende Alternative entgegenzusetzen, sondern bestätigen de facto jene »Mächte und Gewalten«, die, wie Paulus sagt, die Welt unangemessen beherrschen (Epheser 3,9-10; 6,12). Wir bleiben innerhalb der Denkblase, die der »Mythos der erlösenden Gewalt« genannt wurde (Walter Wink) und die das Drehbuch der Geschichte dominieren dürfte.

Es ist an der Zeit, dass die Christenheit das tiefere biblische Thema einer stärkenden oder *restaurativen Gerechtigkeit* neu entdeckt, die auf Heilung und Versöhnung zielt und nicht auf Strafe. (Lies Ezechiel/Hesekiel 16 als herausstechendes Beispiel für das Gesagte.) Wir könnten das

Handlungsmotto Jesu als den »Mythos vom erlösenden Leid« bezeichnen – allerdings nicht verstanden als »Bezahlung einer Schuld«, sondern als Selbsthingabe für die Anderen. Oder »Versöhnung« statt »Entsühnung«, »aufrichten« statt »aufrechnen«!

Diese aufrichtende, restaurative Gerechtigkeit kommt im Heilungsdienst Jesu natürlich ständig voll zum Tragen. Jesus repräsentiert die eigentliche und tiefere Ebene dessen, was die jüdischen Propheten verkündigt haben. Er hat niemals jemanden bestraft! Gewiss, er hat andere konfrontiert, aber dabei ging es immer um Einsicht und Heilung und darum, dass Menschen und Situationen zu ihrer göttlichen Ursprungsquelle zurückfinden. Sobald jemand begreift, dass die Mission Jesu (offensichtlich in allen vier Evangelien) darin bestand, Menschen zu heilen, anstatt sie zu bestrafen, beginnen die gängigen Theorien von einer vergeltenden Gerechtigkeit, Anziehungskraft und Autorität zu verlieren.

GESCHICHTE EINER THEORIE

Es ist natürlich verständlich, dass die frühe Christenheit nach einer logischen und wirklich sinnvollen Erklärung für das »Warum« des tragischen Todes ihres Religionsstifters gesucht hat. Aber jahrhundertelang bestand die Antwort keineswegs darin, dass ein zorniger und fanatischer Vater beschwichtigt werden müsste. Man war in den ersten elf Jahrhunderten einhellig der Meinung, dass der Opfertod Jesu am Kreuz – der »Preis« oder das Lösegeld – nicht an Gott entrichtet werden müsse, sondern an den Teufel! Ja, ich weiß, dass das heutzutage albern klingt, aber genau das haben viele Christen fast ein ganzes Jahrtausend geglaubt.
Das hat dem Teufel ziemlich viel Macht gegeben und Gott

ziemlich geschwächt, aber es hat den Leuten wenigstens jemanden gegeben, dem sie die Schuld am Tod Jesu in die Schuhe schieben konnten. Und zumindest war das zum damaligen Zeitpunkt nicht Gott.

Dann aber verfasste Anselm von Canterbury im 11. Jahrhundert ein Papier mit dem Titel *Cur Deus Homo?* beziehungsweise »Warum ist Gott Mensch geworden?«. Dieser Traktat könnte unglücklicherweise die erfolgreichste theologische Abhandlung sein, die je geschrieben wurde. Anselm meinte, er könne das Problem der Sünde innerhalb des mittelalterlichen Codex von feudaler Ehre und Schande lösen, und sagte in der Tat: »Ja, ein Lösegeld ist nötig, um Gottes Ehre wiederherzustellen, und zwar muss dieser Preis direkt an Gottvater selbst entrichtet werden – und zwar durch jemanden, der genauso göttlich ist.« Offenkundig dachte Anselm niemals an die möglichen katastrophalen Begleit- und Folgeerscheinungen solch einer Theorie, insbesondere bei Menschen, die ohnehin schon Angst vor Gott hatten oder ihm grollten. In autoritären und patriarchalen Gesellschaften waren die meisten Leute voll und ganz darauf programmiert, folgendermaßen zu denken: Man muss sich anstrengen, um eine Autoritätsfigur zu besänftigen, deren Reaktionswerkzeuge Zorn, Strafe und nicht zuletzt Gewalt sind. Viele Menschen handeln auch heute noch nach dieser Maxime, besonders wenn sie von Seiten ihrer Eltern Wut und Misshandlungen ausgesetzt sind. Menschen finden einen solchen Gott plausibel, weil er in die eigene Lebensgeschichte passt.

Leider macht dieses Verständnis aus einem einfachen, aber verheerenden Grund jeden spirituellen Weg zunichte, der in die Tiefe führt: *Weshalb sollte man solch einen Gott lieben, ihm vertrauen oder seine Nähe ersehnen?*

Im Verlauf von wenigen Jahrhunderten machte Anselms Denkweise, die auf Ehre, Scham und Schande baute, in der Christenheit Karriere, obwohl sie bei einigen wenigen auch auf Widerstand stieß. Zu ihnen gehörte insbesondere die franziskanische Denkschule, der ich selbst angehöre. Protestanten hingegen akzeptierten die katholische Hauptlinie und übernahmen sie noch inbrünstiger. US-amerikanische Evangelikale stellten sie später als eine der »vier fundamentalen Säulen« des christlichen Glaubens in ihren Schrein, was man in einer früheren Periode für kurios gehalten hätte. Die Vertreter dieser Lehre hatten nie etwas von der vielgestaltigen Geschichte dieses Glaubenskonzepts, selbst unter Protestanten, gehört. Aber wenn man aus einer Gesellschaft stammt, die ganz auf »Law and Order« beruht, was bis vor Kurzem fast überall der Fall war, erschien diese Überzeugung völlig einleuchtend.

Die Franziskaner unter der Führung von Johannes Duns Scotus (1266-1308) weigerten sich allerdings, die Menschwerdung Gottes und ihre konsequente Vollendung am Kreuz nur als Reaktion auf die Sünde zu verstehen. Stattdessen hielten sie daran fest, dass das Kreuz *eine aus freien Stücken gewählte Offenbarung der totalen Liebe* Gottes sei. Dadurch kehrten sie die Laufrichtung der Maschinerie fast jeder Religion auf der Welt um, die unisono annahmen, dass *wir* Blut vergießen müssen, um uns einem fernen und fordernden Gott zu nahen. Die franziskanische Schule glaubte, dass Gott am Kreuz »Blut vergossen« habe, um sich nach uns auszustrecken![64] Das ist eine totale Bewusstseinsveränderung. Das Kreuz wurde hier nicht als ein Transaktionsdeal verstanden, sondern als ein dramatischer Erweis von Gottes überströmender Liebe mit dem Ziel, unser Herz aufs Äußerste zu erschüttern und es zu Vertrauen und Liebe zum Schöpfer zurückzubringen.

In der franziskanischen Tradition musste Gott nicht dafür bezahlt werden, die eigene Schöpfung zu lieben und

64 Mary Beth Ingham, *Scotus for Dunces*, St. Beneventure, NY, 2003, 75ff.

ihr ihre Fehler zu vergeben. Liebe lässt sich nicht durch irgendein »notwendiges Opfer« kaufen; wäre das möglich, dann würde und könnte sie nicht ihre verwandelnde Wirkung entfalten. Versuche einmal, den eigenen Partner oder die eigenen Kinder auf solche Weise zu lieben, und schau, wohin das führt. Scotus und seine Anhänger fühlten sich verpflichtet, *die absolute Freiheit und Liebe Gottes* zu schützen. Wenn man Vergebung kaufen oder für sie bezahlen muss, dann handelt es sich mitnichten um echte Vergebung, die immer bedeutet, etwas freiwillig loszulassen und herzugeben.

Ich bin mir nicht sicher, dass Christen inzwischen das Ausmaß der Gefahren begreifen, die Folge solch einer Theorie von der stellvertretenden Sühnestrafe sind. Vielleicht wurden ihre eigentlichen Voraussetzungen nie recht erklärt, obwohl denkende Menschen in allen Jahrhunderten durch eine derart krasse Vorstellung von Gott abgestoßen wurden. Das gilt erst recht heutzutage, wo diese Theorien zum Sargnagel für den Glauben vieler Menschen geworden sind. Einige Christen unterdrücken zwar das eigene Unwohlsein, weil sie denken, ein Umdenken würde ihren ganzen Glauben zum Einsturz bringen. Aber ich möchte wetten, dass es im Vergleich zu jeder Person, die solche Zweifel hat und äußert, viel mehr Leute gibt, die heimlich, still und leise vor einer Religion reißaus nehmen, die ihnen inzwischen als Beleidigung jeder Vernunft, mythologisch und für Herz und Seele zutiefst unbefriedigend erscheint. Und das sind nicht die schlechtesten Zeitgenossen.

Wir könnten das alles so viel besser machen, und es würde Jesus nicht im Geringsten unterminieren, wenn wir das täten. Es würde im Gegenteil Jesus erlauben, eine universale und menschlich sympathische Dimension einzunehmen und auf diese Weise unsere Unfähigkeit im Mark zu treffen, an bedingungslose Liebe zu glauben. Das Kreuz kann einfach kein willkürliches und blutiges Opfer sein, das sich ganz und gar von einer Sünde herleitet, die in grauer Vorzeit von einem Mann und einer Frau unter irgendeinem Baum zwischen Tigris und Euphrat begangen wurde. Diese Idee reduziert ja in Wirklichkeit jede Vorstellung von einer universalen und »katholischen« Selbstoffenbarung Gottes auf einen einzigen Planeten am Rande eines Sonnensystems – und in einem Universum, das aus Milliarden von Galaxien mit Billionen von Sonnensystemen zu bestehen scheint! Eine Religion, die auf notwendigen und eingeforderten Opfern basiert, die am Ende in erster Linie Jesus und später der Unterschicht abverlangt werden, ist schlicht und einfach nicht glorreich und hoffnungsvoll genug und wird der wundervollen Schöpfung nicht wirklich gerecht, deren Teil wir alle sind. Denjenigen, die sich an Anselms Vorstellung klammern, würde ich gerne sagen, was J. B. Phillips vor vielen Jahren geschrieben hat: »Euer Gott ist zu klein.«

Allzu viele Untaten wurden im Lauf der Geschichte mit dem manipulativen Ruf nach »Opfer« legitimiert, wobei es sich in der Regel um ein gewalttätiges und angeblich notwendiges Opfer für eine ausnahmslos »noble« Sache gehandelt hat. (Man besuche nur einmal die Parade an einem US-amerikanischen Veteranentag, und man wird sehen, wie das Opfer Progressive und Konservative ziemlich schnell vereint.) Aber ich glaube, Jesus hebelt das gesamte Konzept mit Stumpf und Stiel aus, das *notwendige Opfer fordert*, damit Gott uns lieben kann. Jesus fängt dabei bei sich selbst an und tut es anschließend bei uns allen. »Geht und hört auf die Bedeutung jener Worte: Barmherzigkeit will ich, kein Opfer!«, hat Jesus in den Evangelien ständig wiederholt (vergleiche Matthäus 9,13; 12,7). Dabei zitierte er den Propheten Hosea, der noch hinzufügt: »Ich will Gotteserkenntnis und keine Brandopfer« (6,6). Alle Opferkonzepte sperren uns in die Matrix vergeltender Gerechtigkeit und halten uns so vom Wesen des Evangeliums fern, in dem es um Gnade und unverdiente Liebe geht. Der französische Philosoph und Literaturkritiker René Girard (1923-2015) weist ausführlich nach, dass Jesus allen Vorstellungen von Opferreligion ein Ende macht, die nur unsere Weltsicht von Leistung und Bezahlung zementieren.[65] Ich empfehle ihn nachdrücklich.

EINE KOLLISION VON WIDERSPRÜCHEN

In diesem Gesamtkontext würde ich jetzt gern versuchen zu sagen, was für mich persönlich die wichtigste und hilfreichste Deutung des Todes Jesu ist – und wie das berühmteste Ereignis der christlichen Geschichte zugleich das Problem aufzeigt, mit dem wir zu kämpfen haben, *und* uns einen Ausweg eröffnet. Meine Prämisse, die ich entfalten werde, lautet, dass

... nicht Gott gewalttätig ist, sondern wir;
... nicht Gott Menschen Leiden abverlangt, sondern wir;
... Gott weder Jesu Leiden noch unser Leiden braucht oder will.

Girard versteht die Redewendung »ein- für alle Mal«, die im Hebräerbrief regelmäßig vorkommt (7,27; 9,12.26; 10,10), auf sehr eindeutige Weise als Ende jeder Notwendigkeit, Opfer darzubringen, um Gott zu gefallen. Das Problem der göttlichen Liebe ist von Gott her schon immer und für immer gelöst. Aufgrund unserer eigenen Verunsicherung jedoch schaffen wir ständig neue »notwendige Opfer«.

65 René Girard, *The Girard Reader*, New York 1996; ders.: *Das Ende der Gewalt: Analyse des Menschheitsverhängnisses. Erkundungen zu Mimesis und Gewalt mit Jean-Michel Oughourlian und Guy Lefort*, Freiburg i.Br. 2009; ders.: *Das Heilige und die Gewalt*, Ostfildern 2012.

Man höre die Worte Jesu im Johannesevangelium: »Ich bin nicht gekommen, um die Welt zu verdammen, sondern um sie zu retten« (12,47). Oder bei Matthäus: »Kommt alle zu mir, die ihr euch abmüht und überlastet seid, und ich werde euch Ruhe schenken. ... denn ich bin achtsam und von Herzen demütig. Ja, mein Joch ist sanft und meine Last ist leicht« (11,28). Wenn du als Christ aufgewachsen bist, hast du Verse wie diesen vermutlich Dutzende Male gelesen. Aber sobald du die Weiche von einer juristischen und auf Vergeltung setzenden Weltsicht auf eine gnadenvolle und Transformation bewirkende umrangieren kannst, wirst du sehen, wie solche Passagen des Neuen Testaments in ein neues Zentrallicht getaucht werden.

Die meisten von uns sind nach wie vor darauf getrimmt, die Heilige Schrift mit den klassischen Gesetzen der Justiz im Hinterkopf zu lesen, die kaum jemals auf »restaurative Gerechtigkeit« gründen. (Selbst der Begriff war bis vor kurzem nicht gebräuchlich.)[66] Solch eine auf Ausgleich und Versöhnung zielende Gerechtigkeit war die erstaunliche Entdeckung der jüdischen Propheten, derzufolge Gott Israel dadurch »bestraft« hat, dass er sein Volk nur desto inniger liebte! (Ezechiel/Hesekiel 16,53ff.). Die Jurisprudenz hat einen wichtigen Platz in der menschlichen Gesellschaft, aber sie darf nicht auf die Spiritualität übertragen werden. Sie kann uns niemals in den Raum einer unendlichen Liebe oder eines unendlichen Was-auch-immer führen. Eine Weltsicht des Wiegens und Aufrechnens ist völlig unzureichend, wenn du erst einmal in den Ozean der Gnade eingetaucht bist. Wenn ich meine geliebte und verehrte Thérèse von

66 Anmerkung des Übersetzers: *Restorative Justice* (englisch: *to restore*: wiederherstellen; *justice*: Justiz; Gerechtigkeit) ist eine inzwischen international verwendete Bezeichnung für eine Form der Konflikttransformation durch ein Wiedergutmachungsverfahren. Vgl. den sehr informativen deutschsprachigen Wikipedia-Artikel zum Thema: *https://de.wikipedia.org/wiki/Restorative_Justice*.

Lisieux[67] etwas salopp paraphrasieren darf, dann *gibt es eine einzige Wissenschaft, von der Gott rein gar nichts versteht – nämlich Addition und Subtraktion.* Thérèse verstand wie nur wenige Gestalten der christlichen Geschichte die letzte und volle Bedeutung einer Erlösung aus purer Gnade.

Der Göttliche Geist wandelt alles menschliche Leid, indem er sich mit dem Dilemma des Menschen identifiziert und ihm von Anfang bis Schluss in voller Solidarität beisteht. Dies ist die wahre Bedeutung der Kreuzigung. Das Kreuz ist nicht nur ein singuläres Ereignis. Es ist ein göttliches Statement, *dass die Wirklichkeit die Form eines Kreuzes hat.* Jesus wurde aufgrund einer Kollision von Widersprüchen, Interessenkonflikten und Halbwahrheiten getötet und zwischen den Ansprüchen des römischen Weltreichs und denen des religiösen Establishments seiner Zeit aufgerieben. Das Kreuz war der Preis dafür, dass Jesus in einer Mischwelt lebte, die zugleich menschlich und göttlich, gebrochen und doch ganz und gar heil war und ist. Er hing zwischen einem guten und einem bösen Räuber, zwischen Himmel und Erde, zugleich innerhalb der Menschheit und der Gottheit, in einem männlichen Körper mit einer weiblichen Seele, vollständig und ganz und zugleich aufs Äußerste entstellt – all die wesentlichsten Gegensätze.

67 Anmerkung des Übersetzers: Thérèse von Lisieux (1873-1897) war eine französische Nonne aus dem Orden der »Unbeschuhten Karmeliterinnen«. Sie wird in der römisch-katholischen Kirche als Heilige und Kirchenlehrerin verehrt. Die früh verstorbene Klosterfrau hielt die Barmherzigkeit für diejenige Eigenschaft Gottes, die der menschlichen Armut entspricht. Ihre Botschaft von der allumfassenden Liebe Gottes führte immer wieder zum Verdacht, sie sympathisiere mit dem von der römischen Kirche verurteilten Quietismus. Einer ihrer Biographen, Andreas Wollbold, schreibt: »Man sagt von ihr, sie habe anstelle des Bildes vom gerechten Gott das des barmherzigen Vaters gesetzt, an die Stelle der Leistung das blinde Vertrauen, an die Stelle von Sünde, Umkehr und Streben nach Vollkommenheit das einfache Sich-Lieben-Lassen. Wenn das so wäre, wäre mit ihr der Quietismus wieder auferstanden, also eine mächtige, gegen Ende des 17. Jahrhunderts verbreitete Strömung einer Mystik ohne Askese und eigenes Bemühen.« Andreas Wollbold: *Thérèse von Lisieux. Auf dem kleinen Weg.* Kevelaer 2012, 116.

Indem er das tat, hat Jesus gezeigt, dass die Realität keineswegs sinnlos und absurd ist, selbst wenn sie sich nicht immer völlig logisch oder folgerichtig darstellt. Wir wissen, dass die Wirklichkeit immer voller Widersprüche ist, was der Heilige Bonaventura und andere (wie Alan von Lille und Nikolaus von Kues) das »Zusammenfallen der Gegensätze« nannten.

Jesus der Christus hat in seiner Kreuzigung und Auferstehung »in sich alle Dinge vereint, alles, was im Himmel ist, und alles, was auf Erden ist« (Epheser 1,10). Dieser eine Vers ist auch die Summe der franziskanischen Christologie. Jesus war bereit, das Mysterium des universalen Leidens zu tragen. Er ließ zu, dass ihn das verändert hat (»Auferstehung«) und hoffentlich auch uns, so dass wir vom endlosen Kreislauf befreit wären, unseren Schmerz entweder auf andere zu projizieren oder in ihm gefangen zu bleiben.

Dies ist das vollständig auferstandene Leben, die einzig mögliche Existenzweise, nämlich glücklich, frei, liebevoll und insofern »gerettet«. Letztendlich hat Jesus gesagt: »Wenn ich darauf vertrauen kann, dann könnt ihr es auch.« Wir alle sind erlöst durch das Kreuz – sogar mehr, als wir begreifen. Jene Menschen, die die Gegensätze aushalten und in sich selbst auflösen und vereinen, retten die Welt. Sie sind die einzig wahren Handlungsträger der Transformation, Versöhnung und Erneuerung.

Christen sind vor allem dazu berufen, das sichtbare Mitgefühl Gottes auf Erden zu sein, und weniger dazu, »in den Himmel zu kommen«. Sie sind der Sauerteig, bereit, jetzt für das Leben der Welt Gottes Geschick zu teilen und so den ganzen Teigbatzen zu hindern, in sich zusammenzustürzen. *Ein Christenmensch ist dazu eingeladen, aber nicht verpflichtet, die kreuzförmige Gestalt der gesamten Wirklichkeit anzunehmen und zu leben.* Das ist weniger Pflicht und Bedingung als vielmehr eine *Berufung in Freiheit*. Einige Menschen fühlen sich dazu berufen, sich nicht vor der dunklen Seite der Dinge zu verstecken oder Gruppen zu meiden, die allgemein abgelehnt werden. Sie wenden sich vielmehr dem Schmerz der Welt zu und erlauben ihm, ihre eigene Sicht der Dinge von Grund auf zu verändern. Sie sind bereit, die Unvollkommenheit und sogar die Ungerechtigkeiten unserer Welt anzunehmen, und sie willigen ein, dass diese Situationen sie selbst von innen her wandeln und von dort nach außen wirken, was ohnehin die einzige Art und Weise ist, wie Dinge sich verändern.

Einige unserer Heiligen haben auf unterschiedliche Weisen gesagt, Jesus sei niemals gegenüber Gruppen, Ländern, Schlachtformationen und Teams loyal. *Jesus ist ausschließlich dem Leiden gegenüber loyal*. Er ist dem leidenden Soldaten des Irak ebenso nah wie einem verwundeten amerikanischen GI, er empfindet für den desillusionierten Nazikrieger ebenso Mitgefühl wie für den entmutigten britischen Kombattanten, der auf dem Feld verblutet. Jesaja findet schockierende Worte dafür: »Vor ihm sind alle Nationen, als gäbe es sie nicht. Wie das Nichts, wie das, was nicht ist, werden sie von ihm geachtet« (40,17). Die *Jesusnation* überwindet alle Grenzsperren und Mauern und wird ausschließlich von der Weisheit und Freiheit derjenigen bewohnt, die gelitten haben und auf der anderen Seite des Leids wieder ans Licht gekommen sind – nicht zerstört, sondern größer und stärker und weiser. Das Evangelium ist schlicht und einfach die Weisheit derjenigen, die bereit sind, ihren Teil des unendlichen Leidens Gottes mitzutragen. Seltsamerweise haben anscheinend etliche Menschen, die keine Christen waren – ich denke an die Jüdinnen Anne Frank, Simone Weil und Etty Hillesum – diese Berufung mit größerer Freiheit akzeptiert als viele Christen.

DER SÜNDENBOCK UND DIE »SÜNDE DER WELT«

Es ist vor allem eine Passage der hebräischen Bibel, die meine Deutung des Todes Jesu unterfüttert; sie findet sich in Levitikus/3. Mose 16, wo nach Ansicht des französischen Philosophen und Historikers René Girard das wirkmächtigste religiöse Ritual beschrieben wird, das je erdacht wurde. Am Großen Versöhnungstag (»Jom Kippur«) sollte der Hohepriester Aaron all die Sünden des Volks symbolisch einem unglücklichen Ziegenbock aufbürden, und das Volk sollte dann so lang auf das Tier einprügeln, bis es in die Wüste flieht. (Das englische Wort »scapegoat«, *Sündenbock*, leitet sich vom Begriff »escaping goat«, *entfliehender Bock*, ab und wird so in frühen englischen Bibelübersetzungen benutzt.) Das war ein anschaulicher Symbolakt, der das Volk einte und kurzfristig befriedete. Er nahm vorweg, was Katholiken später »Generalabsolution« oder »gemeinsames Sündenbekenntnis« nannten. Das Ritual erlaubte uns, unsere Sünden woandershin zu exportieren, anstatt persönlich zu ihnen zu stehen – anfangs handelte es sich dabei, wie gesagt, um ein unschuldiges Tier.

In unserem Zusammenhang spiegelt und offenbart der Sündenbock eindrucksvoll das universelle, wenn auch weitgehend unbewusste menschliche Bedürfnis, die eigene Schuld auf etwas anderes (oder auf jemand anderen) zu übertragen, indem jemand oder etwas anderes herausgegriffen und – ohne selbst etwas verbrochen zu haben – misshandelt wird. Dieses Muster zeigt sich in so vielen Bereichen der Gesellschaft und in unserem Privatleben derart massiv, dass man es fast schon als »*die* Sünde der Welt« bezeichnen könnte. (Man beachte, dass »Sünde« in Johannes 1,29 Singular ist). Die biblische Erzählung hingegen geht, so scheint es, davon aus, dass nur ein »Lamm Gottes« diese Sünde – und zwar ohne Gewaltanwendung –

zugleich *offenbaren und überwinden* kann. (Ein *Löwe Gottes* etwa würde die Illusion bestätigen, dass wir Gewalt mit ebensolcher Gegengewalt besiegen könnten, wobei wir in Wirklichkeit das Problem nur verdoppeln würden.)

Man beachte darüber hinaus, dass der Sündenbock in Levitikus durch einen willkürlichen Losentscheid zwischen zwei Böcken ermittelt wird (16,7-10). Es gibt in Wirklichkeit keinerlei Unterschied zwischen dem »Bock JHWHs, der als angemessenes Opfer für die Sünde« geopfert wird, und dem »Bock Asasels« (Asasel ist ein Dämon des Ödlandes), den man in die Wüste prügelt – außer darin, wie der Bock vom Volk gesehen und ausgewählt wird. Man muss annehmen, dass Gott *beide* Böcke erschaffen hat, aber wir Menschen maßen uns an zu entscheiden, welcher von beiden vertrieben werden sollte. Solch dualistische Denkweise ist zwar purer Unsinn, aber unser Ego findet sie bequem und hilfreich – ganz zu schweigen davon, dass sie notwendig ist, um die eigene Schuld und Schande woandershin auszulagern. Bis zum heutigen Tag beherrscht der Sündenbockmechanismus einen Großteil der persönlichen, politischen und öffentlichen Debatte. In den USA etwa beschuldigen die Vertreter der »Liberalen« die Rechten, zwar militant gegen Abtreibung (»pro-Geburt«) zu sein, aber zugleich pro-Krieg und pro-Waffen, und insofern zu heucheln, wenn sie sich »pro-life« nennen. Rechte werfen den Linken vor, »pro-Abtreibung« und ausschließlich für die Entscheidung der Mutter zu sein und insofern ebenfalls nicht wirklich auf der Seites des »Lebens« zu stehen. Indem man sich auf den Bock der Gegenseite kapriziert, können es beide Parteien vermeiden, selbst völlig konsequent zu sein. In Wirklichkeit würde eine vollständige und wirklich stimmige Position »für das Leben« vermutlich niemandem gefallen, weil sie von uns allen zu viel verlangen würde – nicht zuletzt, dass wir einige unserer nicht zu hinterfragenden Denkvoraussetzungen in Frage stellen. Nur sehr wenige tragen das »nahtlose Gewand« derer, die sich immer und überall stark machen für das Leben. Es gibt keinen völlig astreinen Standpunkt, wie es scheint, und bevor wir ein Problem tatsächlich tiefer angehen und lösen können, müssen wir ehrlich bekennen und akzeptieren, wie voreingenommen wir selbst sind. Es ist häufig die selbstgerechte Illusion, dass wir selbst hundertprozentig richtig liegen, die uns erlaubt, andere ans Kreuz zu nageln.

Girard hat gezeigt, dass der Sündenbockmechanismus vermutlich das grundlegende Gestaltungsprinzip der meisten sozialen Gruppen und Gesellschaften ist. Wir sind uns häufig gar nicht bewusst, dass wir Sündenböcke suchen und dass wir unseren Schatten auf andere projizieren. Oder wie Jesus gesagt hat: Die Menschen »wissen nicht, was sie tun« (Lukas 23,34). Tatsächlich wirkt ja dieser Mechanismus deshalb, dass er *nicht* sichtbar ist! Er funktioniert fast vollständig automatisch, ist tief in uns eingewurzelt und uns selbst unbewusst. »Sie hat dafür gesorgt, dass ich dieses oder jenes getan habe.« »Er ist schuldig.« »Er verdient es.« »Sie sind das Problem.« »Sie sind böse.« Wir Menschen sollten die eigenen negativen Seiten und Sünden erkennen, aber stattdessen hassen wir meistens andere oder suchen woanders die Schuld. Die oder das sind dabei beinahe beliebig austauschbar.

Wenn wir es nicht schaffen, dem eigenen Hang, Sündenböcke zu produzieren, bewusst ins Auge zu sehen und ihn mit Namen zu nennen, was mit Hilfe von konkreten Ritualen möglich ist und dadurch, dass wir uns den eigenen Fehlern stellen, was viele als »Buße« und »Reue« bezeichnen würden, bleibt das Muster in der Regel unbewusst und wirkt demzufolge unangefochten weiter. Es hat bis ins 20. Jahrhundert gedauert, dass moderne Psychologie erkannt hat, wie Menschen ihr unbewusstes Schattenmaterial fast immer auf andere Leute und Gruppen projizieren, aber Jesus hat dieses Muster bereits vor 2000 Jahren enttarnt: »Wenn euch jemand umbringt, werden sie denken, sie erweisen damit Gott einen heiligen Dienst« (Johannes 16,2). Wir hassen die eigenen Fehler, wenn wir sie in anderen wahrnehmen, und finden häufig, so traurig das ist, in der Religion die wirksamste Legitimation dieser Projektion. Ich befürchte, dass Gott und Religion ständig benutzt worden sind, um die meisten unserer Gewaltakte zu rechtfertigen und um uns zu gestatten, angesichts der eigenen Schattenseiten, die wir lieber nicht zugeben wollen, abzutauchen.

Die Heilige Schrift jedoch nennt solch ignorantes Hassen und Töten »Sünde«, und Jesus ist buchstäblich gekommen, um unsere Fähigkeit, diese Sünde zu begehen, »wegzunehmen« (Johannes 1,29), indem er die Lüge für alle sichtbar aufdeckt. Wie das Gespräch mit einer kompetenten spirituellen Begleiterin oder einem weisen Beichtvater hilft dir der Blick auf den Gekreuzigten, die Lüge in ihrer ganzen Tragik zu sehen. Man erinnere sich: Jesus stand vollkommen unschuldig vor seinen Anklägern und wurde von den höchsten Autoritäten »der Kirche und des Staates« (Jerusalem und Rom) verurteilt, ein Akt, der den gesunden Argwohn nähren sollte, dass auch die höchsten irdischen Mächte gänzlich daneben liegen können. Vielleicht wollen die Machthaber nicht, dass wir das sehen, und das mag der Grund sein, weshalb wir uns so sehr auf die privaten »Fleischessünden« konzentrieren. Die verdrängten Sünden, die in Wirklichkeit die Welt zerstören, sind zum großen Teil dieselben Charakterzüge, die wir bei öffentlichen Gestalten häufig bewundern und die wir ihnen zugestehen: Stolz, Ehrgeiz, Geldgier, Prasserei, gefakte Behauptungen, die Lizenz zu töten, Eitelkeit etc. Das kann man schwerlich leugnen.

Johannes drückt es so aus: »Er wird der Welt zeigen, wie falsch sie lag im Blick auf die Sünde, im Blick auf den, der wirklich im Recht war und im Blick auf echtes Urteilsvermögen« (16,8). Genau das entlarvt und besiegt Jesus am Kreuz. *Er ist nicht gekommen, um Gottes Einstellung uns gegenüber zu verändern. Die musste nicht verändert werden. Jesus ist gekommen, um unsere Meinungen über Gott – und über uns selbst – zu verändern und darüber, worin Gut und Böse tatsächlich bestehen.*

WIR TRAGEN UND LIEBEN, WAS GOTT TRÄGT UND LIEBT

Was aber heißt es dann, Jesus nachzufolgen? Ich glaube, wir sind eingeladen, auf den gekreuzigten Jesus zu blicken, um unser Herz jedem Leiden gegenüber erweichen zu lassen, um allmählich zu sehen, wie auch wir selbst immer wieder vom Stachel des Hasses und der Gewalt »gestochen« werden, und um zu begreifen, dass Gottes Herz uns schon immer zärtlich zugewandt war. Wenn wir den Blick auf diese Göttliche Wahrheit lenken – indem wir die vielen Varianten fahren lassen, mit denen wir andere zu Sündenböcken machen und uns selbst rechtfertigen – wächst unser Mitgefühl mit uns selbst und mit allen anderen, die leiden. Das geschieht weitgehend auf der psychischen und unbewussten Ebene, aber genau da liegen ja auch all unsere Verletzungen und unsere ganze Gewaltbereitschaft, die in jenem primitiven Reptilien- oder Echsenhirn[68] hausen, über das wir so gut wie keine rationale Kontrolle haben.

68 Anmerkung des Übersetzers: Reptilien- oder Echsenhirn (»Lizard Brain«), der älteste Teil des menschlichen Gehirns, der sich vor über 500 Millionen Jahren entwickelt hat und lebenserhaltende Funktionen wie Atmung, regulierten Herzschlag, Nahrungsaufnahme und Darmtätigkeit umfasst. Sämtliche Wirbeltiere besitzen diesen tiefsten aller Hirnteile, der zum Beispiel bei Reptilien nahezu das gesamte Hirn umfasst.

Eine transformative Religion muss uns auf dieser elementaren Hirnstamm-Ebene berühren, sonst verändert sie nichts wirklich. Im Lauf der Geschichte werden uns immer wieder Menschen geschenkt, die es irgendwie gelernt hatten, jenseits und außerhalb egoistischer Interessen aktiv für das Gute in der Welt einzutreten, Menschen, die eindeutig von einer Macht geleitet wurden, die größer war als sie selbst: die Gandhis dieser Welt, die Oskar Schindlers, die Martin Luther Kings ... Ergänze die Liste mit Namen wie Rosa Parks[69], Mutter Teresa, Dorothy Day[70], Oscar Romero, Cesar Chavez[71] und viele andere »unbekannte Soldaten«. Diese eindrucksvollen Gestalten haben uns starke Hinweise dafür geliefert, dass der Geist Christi nach wie vor in dieser Welt beheimatet ist. Die meisten von uns hatten das Glück, auf ihrem Lebensweg viele weniger berühmte Persönlichkeiten getroffen zu haben, die dieselbe Art von Gewärtigsein ausgestrahlt haben. Ich habe keine Ahnung, wie jemand zu solch einer Person wird. Ich kann nur vermuten, dass sie alle ihre Christusmomente hatten, wo sie aufgehört haben, den eigenen Schatten zu leugnen, wo sie aufgehört haben, diesen Schatten auf jemand anderen oder auf etwas anderes zu projizieren, und wo sie bereit wurden, sich in solidarischer Verbundenheit mit der Welt auf die eigene tiefste Identität einzulassen.

69 Anmerkung des Übersetzers: Rosa Louise Parks (1913-2005), US-amerikanische Bürgerrechtlerin. Die Afroamerikanerin wurde 1955 in Montgomery, Alabama, verhaftet, weil sie ihren Sitzplatz im Bus nicht für einen Weißen freigemacht hat. Das wurde zum Auslöser des Busboykotts von Montgomery, der als Anfang der Bürgerrechtsbewegung gilt.

70 Anmerkung des Übersetzers: Dorothy Day (1897-1980), US-amerikanische Kommunistin und Journalistin, 1927 Konversion zum Katholizismus und danach christliche Sozialistin und Anarchistin. Mitbegründerin der *Catholic-Worker-Bewegung*. Häufig inhaftiert, weil sie bestimmte politische Entscheidungen nicht mit ihrem Gewissen und ihrem Glauben vereinbaren konnte. Im Jahre 2000 bevollmächtigte Papst Johannes Paul II. das Erzbistum New York, ihr Seligsprechungsverfahren zu eröffnen.

71 Anmerkung des Übersetzers: César Estrada Chávez (1927-1993), Gründer der US-amerikanischen Landarbeitergewerkschaft *United Farm Workers*, die den gewaltfreien Protest landloser Wanderarbeiter organisierte. Sein Geburtstag ist in mehreren US-Bundesstaaten gesetzlicher Feiertag.

Aber sie ist kein beneidenswerter Standort, diese christliche Sache.

Jesus nachfolgen bedeutet, das Geschick Gottes für das Leben der Welt zu teilen.
Zuzulassen, was Gott aus irgendeinem Grund zulässt – und nutzt.
Und ein wenig das zu leiden, was Gott ewig leidet.
Oft hat dies wenig damit zu tun, über Gott die richtigen Ansichten zu haben – abgesehen von der Tatsache, dass Gott die Liebe in Person ist.

Diejenigen, die damit einverstanden sind, das zu tragen und zu lieben, was Gott trägt und liebt – und das ist das Gute wie das Böse – und die bereit sind, in ihrem Inneren den Preis zu bezahlen für die Versöhnung des Ganzen, das sind die Jüngerinnen und Jünger Jesu. Sie sind der Sauerteig, das Salz, der kleine Rest, das Senfkorn, die Gott alle in den Dienst nimmt, um die Welt zu verwandeln. Das Kreuz ist dann ein hochdramatisches Bild dafür, was erforderlich ist, damit jemand für Gott *von Nutzen* ist. Damit ist nicht gemeint, dass du in den Himmel kommst und die anderen nicht; es bedeutet vielmehr, dass du den Himmel schon viel früher betreten hast und deshalb die Dinge bereits jetzt auf eine transzendente, vollendete und heilsame Weise sehen kannst.

Diese Gesinnung und dieses Herz auf der Langstrecke durchzuhalten, das ist wahre Spiritualität. Zweifelsohne erfordert das von Tag zu Tag viele Entscheidungen und viele Kapitulationen. Unterstützt kann das werden, indem man nach Gleichgesinnten Ausschau hält. Solche Gnade und Freiheit ist niemals ein einsames Unterfangen. Ein Himmel, den du selbst erschaffen hast, wird niemals lange Himmel bleiben. Heilige sind Erwachende inmitten dieser unserer Welt, die nicht erst auf die nächste Welt warten. Franz von Assisi, William Wilberforce[72], Thérèse von Lisieux und Harriet Tubman[73] fühlten sich anderen gegenüber nicht überlegen; sie wussten nur, dass sie in ein großes göttliches Geheimnis geraten waren, und sie wollten ihren Teil dazu beitragen, es zu lüften.

> *Sie alle weigerten sich, der eigenen Macht zu trauen, bevor sie in die Schule der Machtlosigkeit gegangen waren, wo ihre eigene Kraft einem Läuterungsprozess ausgesetzt wurde.*

Das ist keine einfache Wahrheit. Nachdem ihr gesamter geistiger Rahmen zertrümmert worden war und dadurch eine neue Gestalt angenommen hatte, mussten sie herausfinden, wie sie noch in das herrschende Weltbild passen – und den meisten von ihnen gelang das nie, zumindest nicht vollständig. Das wurde ihre eigene Kreuzigung. Der »Weg des Kreuzes« kann nie aus der Mode kommen, weil er ohnehin nie in Mode ist. Er wird niemals und nirgendwo zum dominanten Bewusstsein. Aber genau das ist jene Machtlosigkeit Gottes, die die Welt erlöst.

Der Sündenbockmechanismus, also die Neigung, uns in anderen zu hassen und dort zu bekämpfen, ist für die meisten zu verführerisch und zu schwer zu durchschauen. Er muss in jeder Generation und in jeder Gesellschaft aufs Neue entlarvt und attackiert werden. Das Reich Gottes ist immer nur ein Sauerteig, ein kleiner Rest, eine kritische Masse, eine winzige Schar von Erwählten, ein jüdischer

72 Anmerkung des Übersetzers: William Wilberforce (1759-1833), britischer Parlamentarier und Anführer im Kampf gegen Sklaverei und Sklavenhandel.

73 Anmerkung des Übersetzers: Harriet Tubman (1820-1913), afroamerikanische Fluchthelferin der Hilfsorganisation *Underground Railroad*, die während des US-amerikanischen Bürgerkriegs entlaufenen Sklaven half, aus den Südstaaten in die Nordstaaten oder nach Kanada zu fliehen.

Minjan – »zehn Gerechte«[74] –, die uns um der Wahrheit willen vor uns selbst bewahren.

Gott ist radikal gewaltlos, deshalb können wir keine Erlösungstheorie gutheißen, die auf Gewalt, Ausschluss, sozialem Druck oder moralischem Zwang gründet. Wenn wir so etwas tun, legitimieren wir all dies als eine richtige Lebensweise. Gott rettet durch Liebe und Öffnung, nicht durch Ausgrenzung oder Bestrafung.

Dieser Gott ruft jeden und jede Einzelne und alle Dinge und nicht nur ein paar Auserwählte zu sich (Genesis/ 1. Mose 8,16-17; Epheser 1,4; Kolosser 1,15-20; Apostelgeschichte 3,21; 1. Timotheus 2,4; Johannes 3,17). Um alle und alles an sich zu ziehen, braucht Gott Modelle und Manifestationen in Menschengestalt, die willig sind, »ihm bis in die Gestalt seines Sterbens hinein ähnlich zu werden«, um in die Gestalt seiner Auferstehung verwandelt zu werden (Philipper 3,10). Sie sind nach wie vor die »neue Schöpfung« (Galater 6,15), und ihr verwandeltes Sein sickert nach wie vor in die Geschichte ein und verwandelt auch sie, wenn auch sehr langsam, in »Leben – und Leben in all seiner Fülle« (Johannes 10,10).

Wenn wir nicht erkennen, dass wir selbst das Problem sind, werden wir Gott auch künftig zum Sündenbock machen – also genau das fortsetzen, was wir getan haben, als wir den Gott-Menschen ans Kreuz genagelt haben. Die Kreuzigung Jesu – den wir für den Sohn Gottes halten – war eine schreckliche Prophezeiung, dass Menschen lieber Gott umbringen würden, als sich selbst zu ändern. Doch der Gott-Mensch nimmt unsere Ablehnung willig auf sich, damit etwas Größeres geschehen kann.

74 Anmerkung des Übersetzers: *Minjan* ist das Quorum von mindestens zehn religiös mündigen Juden, welches nötig ist, um einen gültigen Gottesdienst abzuhalten. Im orthodoxen Judentum muss es sich um Männer handeln, im liberalen Judentum können auch Frauen Teil dieser Gemeinschaft der Zehn sein.

EIN DIALOG MIT DEM GEKREUZIGTEN GOTT

Vor vielen Jahren brachte ich eine Meditation zu Papier, die ich »Dialog mit dem gekreuzigten Gott« nannte. Ich wollte mit diesem Text Menschen dabei helfen, das zu erleben, was ich hier so dürftig zu beschreiben versuche. Ich schlage vor, dass du wartest, bis du eine offene, stille und einsame Zeitnische findest. Dann lies dir das folgende Gebet laut vor, so dass deine Ohren deine eigenen Worte aus deinem eigenen Mund hören können. Zusätzlich schlage ich vor, dass du dich vor einem Bild des gekreuzigten Jesus niederlässt, das dich berührt und dir erlaubt, gleichzeitig zu geben und zu empfangen.

Du solltest zweierlei wissen, bevor du anfängst:

- Wir brauchen Bilder, um innere Zustände sichtbar zu machen. Du bist im Begriff, auf ein Bild von dem zu schauen, was Menschen leugnen und am meisten fürchten: Entblößung, Beschämung, Verwundbarkeit und Scheitern. Wie ein homöopathisches Medikament wurde Jesus selbst zum Problem in voller Ausleuchtung – um uns von eben diesem Problem zu befreien. Das Kreuz zieht den Schleier des Leugnens und der Furcht vor unseren Augen und vor unserer Psyche weg. Jesus wurde zum Opfer, damit wir aufhören können, andere zum Opfer zu machen oder selbst das Opfer zu spielen.
- Jedes echte Kreuzigungsbild birgt in sich bereits ein Bild der Auferstehung. Die geöffneten Arme und der wissende Blick sind bereits der Sieg über jedes Leid.

JESUS SPRICHT VOM KREUZ ZU DIR

Ich bin das, wovor du dich am meisten fürchtest: dein tiefstes, am meisten verwundetes und nacktes Selbst. Ich bin das, was du dem zufügst, was du lieben könntest.

Ich bin deine tiefste Güte und deine tiefste Schönheit, die du leugnest und verzerrst. Deine Bosheit besteht in dem, was du der Güte antust – der eigenen Güte und der Güte aller anderen.

Du läufst vor dem Einzigen davon und bekämpft es sogar, was dich wirklich verwandeln wird. Aber es gibt nichts zu hassen oder zu bekämpfen. Wenn du es versuchst, wirst du selbst zu einem Spiegelbild dessen, was du ablehnst.

Nimm dies alles an – in mir. Ich bin du selbst. Ich bin die gesamte Schöpfung. Ich bin jeder und jede, ich bin jedes Ding.

DU SPRICHST ZUM GEKREUZIGTEN

Bruder Jesus, du bist mein Leben, das ich verleugne. Du bist mein Tod, den ich fürchte. Ich umarme sie beide in dir. Jetzt begreife ich – durch dich und deinetwegen –, dass Tod und Leben keine Gegensätze sind. Du bist mein volles ungeschütztes Selbst. Du handelst ohne Unterlass, was mich grenzenlos empfangen lässt. Das ist meine göttliche Möglichkeit. *(Verweile bei diesem Gedanken, bis er jenseits aller Worte wirkt.)*

Du, Bruder Jesus, bist meine schändlich missachtete und vernachlässigte Seele. Du bist das, was wir der Güte zufügen. Du bist das, was wir Gott zufügen. Du bist die schändlich missachtete und vernachlässigte Seele aller Dinge. Du bist, was wir dem antun, was wir lieben sollten und könnten. Du bist es, was wir einander antun. Du bist es, was wir der Realität antun, die direkt vor unseren Füßen liegt. Du bist es, was wir uns selbst antun. *(Verweile hier, bis es einsinkt!)*

Ich hasse und fürchte all die Dinge, die mich befreien werden. Möge mir dieser Gedanke helfen, diese Dinge zu lieben, mit ihnen Geduld zu haben und ihnen sogar zu vergeben.

Ich kann einfach niemandem erlauben, mich »für nichts und wieder nichts« zu lieben. Ich bestehe darauf, würdig zu sein und die Liebe zu verdienen. Und dann verlange ich dasselbe auch von anderen. Aber deine Arme bleiben ausgestreckt und empfangen die ganze Welt.

Du allein, Christus Jesus, weigerst dich, andere zu kreuzigen, selbst um den Preis, selbst gekreuzigt zu werden. Du spielst niemals das Opfer, forderst niemals Vergeltung, sondern du beatmest das Universum von der Kreuzigungsstätte aus, die dein Anti-Thron ist, mit einer universellen Vergebung.

Wir Menschen hassen uns so oft selbst, aber irrtümlicherweise töten wir dich und andere. Du hast immer gewusst, dass wir das tun würden, nicht wahr? Und du hast es akzeptiert.

Und nun lädst du mich ein, aus diesem Kreislauf der Illusionen und der Gewalt gegen mich und andere auszusteigen.

Ich will aufhören, dein gesegnetes Fleisch zu kreuzigen, diese gesegnete Menschheit, diese heilige Mutter Erde.

Ich danke dir, Bruder Jesus, dass du ein menschliches Wesen geworden bist und dass du den gesamten Weg an meiner Seite gehst. Jetzt muss ich nicht mehr so tun, als sei ich Gott.

Das ist mehr als genug und mehr als gut zu wissen, dass wir das gemeinsam machen.

Ich danke dir, dass du dich begrenzt und beschränkt hast, so dass ich nicht so tun muss, als sei ich unendlich und grenzenlos.

Ich danke dir, dass du klein und niedrig geworden bist, so dass ich nicht vorgeben muss, groß und irgendjemandem überlegen zu sein.

Ich danke dir, dass du unsere Schande und Nacktheit so mutig und so öffentlich sichtbar ausgehalten hast, so dass ich die Fakten unseres Menschseins nicht verbergen oder leugnen muss.

Ich danke dir, dass du akzeptiert hast, ausgeschlossen und ausgestoßen zu werden, und dass du »außerhalb der Mauern« gekreuzigt wurdest. Dadurch weiß ich, dass ich dir genau dort begegnen werde.

Ich danke dir dafür, dass du »zur Sünde geworden bist«, so dass ich mein eigenes Versagen nicht leugnen muss und erkennen kann, dass gerade meine Fehler der wahrhaftigste und überraschendste Pfad zur Liebe sind.

Ich danke dir, dass du schwach geworden bist, so dass ich keine Stärke markieren muss.

Ich danke dir, dass du bereit warst, dich für jemanden halten zu lassen, der nicht perfekt, nicht richtig im Kopf und ein komischer Kauz ist, so dass ich nicht perfekt oder richtig sein oder das »Normale« anbeten muss.

Ich danke dir dafür, dass du von vielen weder geliebt noch geschätzt worden bist, so dass ich mich nicht so stressen muss, jedermanns Liebling zu sein.

Ich danke dir, dass du für einen Verlierer gehalten worden bist, so dass ich nicht vorgeben oder auch nur versuchen muss, ein Gewinner zu sein.

Ich danke dir, dass du zugelassen hast, nach den Maßstäben von Staat und Religion falsch zu liegen, so dass ich nirgendwo richtig liegen muss.

Ich danke dir, dass du in jeder Hinsicht arm warst, so dass ich in keiner Hinsicht danach trachten muss, reich zu werden.

Ich danke dir, Bruder Jesus, dass du all das bist, was die Menschheit verachtet und fürchtet, so dass ich mich selbst in dir und durch dich ganz und gar annehmen kann – und auch alle anderen!

Gekreuzigter Jesus, ich danke dir, dass du mir all diese Dinge in einem großartigen Bild der Einsicht und Barmherzigkeit zeigst. Ja, es ist wahr, was die Mystiker des Mittelalters sagten: Crux probat omnia – »Das Kreuz legitimiert/beweist/benutzt alles«. *(Verweile bei dieser christlichen Maxime, bis sich für dich ihr Sinn erschließt.)*

Ich möchte dich lieben in dieser Gestalt, Bruder Jesus. Es ist für mich nötig, dich so zu lieben, sonst werde ich niemals frei oder glücklich in dieser Welt.

Du und ich, Bruder Jesus, wir sind derselbe.

13
MAN KANN ES NICHT ALLEINE TRAGEN

Es gibt den Einen Leib, den Einen Geist.
Und ihr seid alle zu ein und derselben Hoffnung berufen.
Jeder und jedem *von uns hat Christus Anteil an seinen Gnadengaben geschenkt;*
allen hat er seine Gnade in einem bestimmten Maß zugeteilt.

Epheser 4,4.7

In den letzten Jahren musste ich aufhören, die Abendnachrichten zu sehen. Ich konnte einfach nicht ertragen, wie noch mehr Frauen und Kinder in Syrien um ihr Leben rennen müssen oder Babys in Afrika verhungern. Das alles hat meinem Herzen zutiefst geschadet und mich immer mehr angeekelt. Ich hatte keine Freude mehr daran, Mensch zu sein. Dann begann in meinem Land ein Wahlzyklus, in dem Worte jeden Sinn zu verlieren schienen. Es ging auf allen Seiten um illusionäre Versprechungen und nackten Ehrgeiz. Die amerikanische Politik fühlte sich nichtssagend, wahnwitzig, hohl – und insofern sinnlos – an. Es ist unmöglich, auf einem solchen Fundament eine zivile Gesellschaft aufzubauen. Und dennoch dachten viele Leute, einschließlich 82 Prozent der weißen Evangelikalen und 52 Prozent der weißen Katholiken, blanker Rassismus und eine geradezu allumfassende Niedertracht seien auf irgendeine Weise mit jenem Jesus vereinbar, den sie so sehr lieben. Mein Herz lechzte nach etwas, was zuverlässig und real ist. Wie könnte das möglich sein?

Dann erfuhr ich nur wenige Tage, bevor ich begann, dieses Buch zu schreiben, dass ich meine fünfzehnjährige schwarze Labradorhündin einschläfern lassen müsste, weil sie unter einem inoperablen Krebsgeschwür litt. Venus hatte mir schon Wochen zuvor immer wieder wissend und zutiefst akzeptierend in die Augen gesehen, aber ich hatte das nicht einordnen können. Tief in mir wollte ich es gar nicht wissen. Nach der Diagnose blickte sie mich mit diesen sanften und ganz und gar einverstandenen Augen an, wenn immer ich sie ansah, so als wolle sie sagen: »Es ist okay, du kannst mich gehen lassen. Ich weiß, dass meine Zeit gekommen ist.« Aber sie wartete geduldig, bis auch ich bereit war.

Nach dem Tod von Venus brach ich einen Monat lang immer wieder in Tränen aus, besonders wenn ich einen anderen Hund sah oder ihren Namen aussprach. Aber in jenen Wochen, bevor sie starb, teilte mir Venus *irgendwie* mit, dass jede Traurigkeit, sei sie kosmisch, menschlich oder hündisch, ein und dieselbe Traurigkeit ist. Irgendwie waren ihre Augen alle Augen, sogar Gottes Augen, und die Trauer, die sie zeigte, war eine göttliche und kosmische Trauer. Ich fragte mich, ob es nicht für Gott einfacher wäre, Tiere zu verwenden, um uns mitzuteilen, wer Gott ist, da sie anscheinend nicht so berechnend und doppelzüngig sind wie wir. Gleichzeitig überlegte ich, ob das nicht alles Projektion ist, pures Produkt meiner Sentimentalität und Einbildung.

Kurze Zeit später klärten sich diese Ideen für mich, als ich mich zurückzog, um dieses Buch zu schreiben. Ein Freund hatte mir eine DVD des von der Kritik hochgerühmten Spielfilms *Lion* geschickt. Er dachte vermutlich, dass ich bei meiner Arbeit zwischendurch auch mal Pause machen müsste. Widerwillig ließ ich mich auf ein bisschen Unterhaltung ein! Als ich der herzzerreißenden wahren Geschichte eines ostindischen Jungen folgte, der ein Leben lang auf der Suche nach sich selbst und nach seiner Familie war, erreichte meine Traurigkeit den Gipfel und Tränen schossen mir aus den Augen. Die Klage »Das Leben ist so unfair!« überwältigte mich! Dort, in der Einsamkeit meines Rückzugsortes, fiel ich in eine Art tiefe Verzweiflung. Stundenlang und sogar noch Tage später hatte nichts mehr Sinn. Ich wollte einfach das Menschheitsschiff verlassen.

In diesem Moment war ich nicht über irgendetwas Bestimmtes traurig, sondern über alles. Die Tragödien, deren Zeuge ich in den Monaten zuvor geworden war, türmten sich auf und flossen über in eine einzige geballte Trauer und in ein Leid, dem ich mich nicht entziehen konnte. Es ist das, was mein Freund William Paul Young in seinem Buch *Die Hütte* die »Große Traurigkeit« nennt, einen Schmerz, der so gewaltig und so tief ist, dass es sich anfühlt, als würde er niemals enden wollen. Und doch fokussierte sich die Traurigkeit nicht auf ein spezielles Thema, sondern auf alles zugleich.

Mir half es sehr, und hier kann ich nur für mich sprechen, mich an die Augen meiner Venus zu erinnern und all dies Leiden und diese Traurigkeit als *die Eine Große Traurigkeit Gottes* zu bezeichnen. Dann musste ich all das nicht mehr alleine aushalten. Und ich begriff, dass ich es zwar nicht alleine aushalten konnte, aber dass es eine gemeinsame, eine geteilte Erfahrung war – die mir großen Trost schenkte. Auf völlig unlogische und nicht-rationale Weise konnte ich mich mit dem identifizieren, was Paulus zu Beginn des Kolosserbriefes schreibt: »Es macht mich froh, dass ich für euch leiden kann, und dass ich an meinem eigenen Leib die Bedrängnisse vollenden kann, die am Leiden Christi noch fehlen« (Kolosser 1,24).

Ich bin kein Masochist und habe ganz gewiss keinen Märtyrerkomplex, aber ich glaube tatsächlich, dass der einzige Ausweg aus tiefer Traurigkeit darin besteht, *mit ihr und durch sie hindurchzugehen*. Mitunter frage ich mich, ob es das ist, was wir meinen, wenn wir bei der Eucharistie den

Kelch mit Wein erheben und sagen: »Durch ihn und mit ihm und in ihm«. Ich frage mich auch, ob nicht der einzige Weg, Leiden spirituell auszuhalten – und ihm nicht zu erlauben, uns zu zerstören –, darin besteht, dass wir begreifen, dass wir das nicht alleine schaffen. Wenn ich heroisch versuche, es selber zu machen, gleite ich aus in Ablenkungen, Verweigerungen und Vortäuschung falscher Tatsachen – *und lerne nicht die Lektionen des Leidens, die mich weichmachen wollen.* Aber wenn ich für etwas eine Bedeutung finden und mit anderen teilen kann, insbesondere, wenn sie mir erlaubt, Gott und andere Wesen in ein und derselben Aktion zu lieben, kann Gott mich durchtragen. Ich beginne, dem vieldeutigen Prozess des Lebens zu trauen.

Wenn wir unser kleines Leidenspaket in Solidarität mit der einen universalen Sehnsucht der ganzen Menschheit tragen, dann hilft uns das, dem Selbstmitleid oder dem Kreisen um uns selbst zu entkommen. Wir wissen, dass wir alle in demselben Boot sitzen und dass es für alle anderen ebenso schwer ist. *Fast alle Menschen tragen ein großes und geheimes Leid in sich, selbst wenn sie es selbst nicht wissen.* Wenn wir den Schalthebel umstellen können und das begreifen, kann das den Raum um unser allzu abgeschottetes Herz weicher machen. Das macht es schwer, sich anderen gegenüber grausam zu verhalten. Diese Umstellung bringt uns irgendwie alle zusammen – auf eine Weise, wie es lässige Bequemlichkeit und seichte Unterhaltung niemals vermögen.

Manche Mystiker gehen sogar so weit und behaupten, individuelles Leiden existiere in Wirklichkeit gar nicht – und dass es nur ein einziges Leiden gäbe und dass alles Leiden ein und dasselbe sei: das Leiden Gottes. Das Bild Jesu am Kreuz vermittelt genau dies all denen, die offen und bereit dafür sind. Ein gekreuzigter Gott ist das dramatische Symbol jenes *einen Leidens*, auf das sich Gott *gemeinsam mit uns* vollständig einlässt– was viel mehr ist, als nur *für uns* zu leiden, wie man es uns meistens beigebracht hat.

Wenn Leiden, selbst ungerechtfertigtes Leiden (und jedes Leiden ist ungerechtfertigt), Teil eines einzigen großen Mysteriums ist, bin ich bereit – und ab und zu sogar glücklich –, mein Päckchen zu tragen. Aber ich muss wissen, dass dies irgendwie für irgendwen oder irgendwas hilfreich ist und dass es im großen Zusammenhang aller Dinge zählt. Etty Hillesum, der wir weiter oben begegnet sind, glaubte tatsächlich, dass ihr Leiden auch das Leiden Gottes war. Sie drückte sogar eine tiefe Sehnsucht aus, Gott zu unterstützen, indem sie einiges davon mitträgt. Solch eine Freiheit und solch großzügiger Geist sind für mich fast unvorstellbar. Was bringt solche Menschen hervor, die größer sind als das Leben? Ihr Altruismus ist im Rahmen fast aller gängigen psychologischen Definitionen des Menschen nur schwer zu verstehen.

»EIN BATZEN«

Im 14. Jahrhundert lehrte der inspirierte anonyme Autor der *Wolke des Nichtwissens*, Gott habe in Christus Sünde, Tod, Vergebung und Erlösung *»alle in einem Batzen«* erledigt. Das ist eine ungewöhnliche und ziemlich saloppe Ausdrucksweise, aber in meinen Augen trägt diese kollektive und mystische Lesart der göttlichen Geschichte etwas zu jener Vision von Vereinigung bei, nach der wir suchen, wenn wir versuchen, den Universalen Christus zu begreifen. Jesus sieht an sich wie ein Individuum aus, wenn auch ein göttliches, aber der Christus, den ich in diesem Buch beschrieben habe, ist ein unwiderstehliches Bild für die Sicht der Wirklichkeit als »einen Batzen«. Im 14. Jahrhundert hatte der Autor noch die letzten Restbestände einer mystischen Ganzheitsschau genießen können, bevor auch sie von den dualistischen – aber seinerzeit ebenfalls notwenigen – verheerenden Folgen der Reformation und später der Aufklärung hinweggefegt wurden. Das genannte Buch ähnelte eher dem ostkirchliche Verständnis der *Auferstehung als einem Gesamtphänomen* und deutete nicht nur auf einen einsamen Jesus, der von den Toten aufersteht und die Arme hochreißt, als hätte er beim American Football soeben einen »Touchdown«[75] geschafft, wie es in der Kunst des Westens dargestellt wird – und sogar in einem gigantischen Mosaik, das das Football-Stadium der Universität von Notre Dame (Indiana/USA) überragt. (Wir pflegten, dieses Kunstwerk »Touchdown Jesus« zu nennen.)

Ich bin überzeugt davon, dass uns das Evangelium eine »Alles-in-einem-Batzen«-Sicht der Dinge anbietet. Sobald du einen vergleichbaren Durchbruch wie Paulus erlebt hast, wirst du diese Idee überall in seinen Schriften unterschiedlich ausgedrückt sehen: »In diesem Einen Leib hat er die Sünde verdammt« (Römer 8,3); »Er hat den Tod für die gesamte Menschheit erlitten« (Johannes 3,16); er hat Leiden und Opfer »ein für alle Mal« hinter sich gebracht (Hebräer 7,28); oder man beachte die körperbetonte Sprache des Philipperbriefs, wo von Jesus gesagt wird, er führe uns durch »Sünde und Tod ... damit wir auch an seiner Auferstehung teilhaben« (3,9-12). Und natürlich beginnt dies alles bei der wichtigsten Metapher Jesu, dem »Reich Gottes«, was eine totale Kollektivsicht der Dinge ist. Manche Neutestamentler sagen, das sei so gut wie das einzige Thema, über das Jesus überhaupt redet. Bis wir damit anfangen, die Jesusgeschichte mit jener Gemeinschaftsbrille zu lesen, die uns der Christus anbietet, glaube ich, offen gestanden, dass wir

75 Anmerkung des Übersetzers: Touchdown bezeichnet im American Football einen Gewinn von sechs Punkten, indem der Ball in die gegnerische Endzone getragen oder dort gefangen wird.

einen Großteil des Kerns seiner Botschaft nicht mitkriegen und sie insgesamt so lesen, als ginge es um individuelle Erlösung, Belohnung und Bestrafung. Die Gemeinschaft und Gesellschaft werden so von all dem gar nicht berührt.

Ich glaube, Christen haben versucht, diese kollektive Auffassung in Worte zu fassen, als sie an das alte apostolische Glaubensbekenntnis eine späte Ergänzung anfügten: »Ich glaube an die Gemeinschaft der Heiligen.« Sie haben uns diese neue Idee vermittelt, dass die Toten mit den Lebenden vereint sind; das betrifft unsere eigenen Vorfahren, die Heiligen, die schon verklärt sind, und sogar die sogenannten Seelen im Fegfeuer. Das Ganze ist eins, wenn auch in unterschiedlichen Stadien der Entwicklung und Entfaltung, und alles gemeinsam wird von Gott geliebt (und, so hofft man, auch von uns). Im Rahmen dieser Weltsicht werden wir nicht gerettet, weil wir persönlich perfekt sind, sondern weil wir »Teil des Leibes« sind, jede und jeder ein demütiges Glied in der großen Kette der Geschichte. In dieser Sichtweise gibt es *einen Widerhall des biblischen Konzepts der »Bundesliebe«, die Israel insgesamt zuteil wurde* und niemals nur einem Einzelnen wie Abraham, Noah oder David. Das steht eindeutig im Text, und wenn man das ignoriert, verfehlt man eine überaus wichtige und entscheidende Botschaft. Christen sahen das so bis zu Beginn des 16. Jahrhunderts, aber ich kann mir in der heutigen religiösen Landschaft nicht vorstellen, dass wir dem Credo solch eine Aussage anheften würden. Wir sind inzwischen zu sehr mit der »Errettung des Einzelnen« beschäftigt, als dass wir die Geschichte kollektiv lesen könnten, und die Ergebnisse sind katastrophal. Das isolierte Individuum bleibt fragil zurück, verteidigt sein Leben und treibt in einem riesigen Ozean von anderen umher, die ebenfalls versuchen, sich selbst zu retten – und nicht das Ganze. Christentum ist inzwischen eher ein

Konkurrenzkampf oder gar ein Ego-Trip als die Proklamation, dass die göttliche Liebe triumphiert.

Ich habe den Verdacht, dass der westliche *Individualismus* mehr als jeder andere Einzelfaktor dazu beigetragen hat, die Kraft des Evangeliums zu vernebeln oder gar einzuschläfern. Die Erlösung, der Himmel, die Hölle, unser Wert als Menschen, die Gnade und das ewige Leben wurden alle durch die Brille des isolierten Egos gelesen und haben Gottes transformierende Macht aus der Geschichte und der Gesellschaft verbannt. Selbst Martin Luthers notwendige »Rechtfertigung durch den Glauben« hat uns in eine nun schon 500 Jahre anhaltende Schlacht um das private Seelenheil des Individuums geschickt und verstrickt.[76] Dadurch stehen wir am Ende des Tages mit so gut wie keiner Fürsorge für die Erde, für das gesellschaftliche Zusammenleben, für Ausgegrenzte oder für den Gesamtleib Christi da. Das ist mit Sicherheit einer der Gründe, weshalb sich das Christentum als unfähig erwiesen hat, gesellschaftliche Katastrophen wie den Faschismus, die Sklaverei und den westlichen Konsumwahn zu kritisieren. Fünfhundert Jahre lang haben christliche Lehrer das Heil fast vollständig individualistisch definiert und ständig neu definiert, während es gutgetarnte gesellschaftliche Übel – Habgier, Hochmut, Ehrgeiz, Betrug, Prasserei – bis in die Top-Etagen von Macht und Einfluss geschafft haben, selbst in unseren Kirchen.

Das isolierte Individuum ist viel zu klein und zu zerbrechlich, um einsam und allein sowohl das »Gewicht der Herrlichkeit« als auch die »Last der Sünde« zu schultern. Dennoch ist dies genau die Aufgabe, die wir dem Einzelnen zugewiesen haben. Das wird nie und nimmer funktionie-

76 Siehe Krister Stendahl, »The Apostle Paul and the Introspective Conscience oft he West«. *The Harvard Theological Review* 56, Nr. 3 (1963), 199-215.

ren. Es produziert vielmehr raffiniert getarnte religiöse Egozentrik, weil wir gezwungen sind, unser vereinsamtes und isoliertes Selbst bei Weitem zu wichtig zu nehmen, das gilt *sowohl für unsere Herrlichkeit als auch für unsere Schrecklichkeit*, die beide, wie ich fürchte, Spielarten desselben Egotrips sind.

Ein Nebeneffekt unserer individualisierten Lektüre des Evangeliums besteht darin, dass sie dem Klerus die Lizenz, zu drohen und zu strafen, gibt und ihm dadurch jede Menge von Herrschaft über individuelles Verhalten einräumt. Gehorsam gegenüber Autoritäten wurde in diesem Schema zur höchsten Tugend stilisiert und ersetzte Liebe, Gemeinschaft oder Solidarität gegenüber Gott und den Mitmenschen, einschließlich der Marginalisierten.

Wir haben zwar hierarchische oder vertikale Haftbarkeit anerkannt, aber *fast keine horizontale Verpflichtung füreinander* – was Jesu Wunsch für die Welt war, als er gebetet hat, dass wir »alle eins sein mögen« (Johannes 17,21). Eine gemeinschaftsorientierte Lektüre des Evangeliums fördert Hoffnung und Gerechtigkeit im Blick auf die gesamte Geschichte, aber nicht so sehr die Herrschaft über Einzelne, was vermutlich der Grund ist, weshalb der Klerus, dem das Predigen obliegt, eine solche Sicht der Dinge nicht allzu sehr mag und demzufolge auch nicht allzu oft predigt.

Ich habe das im Kontext des Katholizismus und eines Priesterseminars vor dem Zweiten Vatikanischen Konzil erlebt. Ich fürchte, dass seinerzeit die einzigen bewunderten und geförderten Tugenden *Gehorsam und Loyalität gegenüber der Kirche* waren. Niemand hat uns besonders überzeugend angeleitet, wie man liebt oder wie man mit der Menschheit insgesamt loyal sein könnte – wenigstens von der Kanzel aus. Meine Professoren waren außerdem selbst nicht besonders zugewandt, wenn ich ehrlich bin. Sie wurden oftmals zu Priestern geweiht, weil sie akademische

Prüfungen bestanden hatten, und nicht weil sie Hirten oder Propheten oder Leute aus dem Volk waren. Sie waren eher dazu ausgebildet, Funktionäre, Gläubige und Verteidiger des Systems zu sein als Diener des Geheimnisses Gottes. Eher Männer der Kirche als Männer des Evangeliums. Konformität ist nicht dasselbe wie Liebe; Mitgliedschaft impliziert nicht automatisch eine Änderung des Herzens und des Geistes. Wenige lehrten uns, wie wir Gottes Barmherzigkeit oder Mitgefühl mit der Welt sein könnten, und diese Erfahrung scheint sich in variierenden Graden in jeder Denomination oder Konfession zu wiederholen, mit der ich zusammengearbeitet habe.

Wenn wir den gemeinschaftlichen Sinn und die Bedeutung des Leidens allen Lebens und aller Ökosysteme auf unserem Planeten nicht herausfinden, werden wir uns bei der Suche nach Sicherheit und Unversehrtheit auch künftig in unsere kleine Privatwelt zurückziehen. *Ein privatisiertes Seelenheil wächst niemals über sich hinaus, um einen Beitrag zur kollektiven Veränderung zu leisten, weil es schon von vorneherein Individualisten anzieht und legitimiert*. Darüber lohnt es sich nachzudenken.

EIN LEBEN, EIN TOD, EIN LEID

Der Universale Christus versucht, auf der tiefsten und nur intuitiv erfassbaren Schicht zu vermitteln, dass es auf dieser Erde nur *ein* Leben gibt, *einen* Tod und *ein* Leid. Wir alle sind eingeladen, auf dieser einen Welle zu reiten, die die einzige Welle ist, die existiert. Nenn sie Realität, wenn du magst. Aber wir alle sind in dieser Beziehung eine Schicksalsgemeinschaft.

Bedenke, wie das Bewusstsein, dass wir alle »ein Batzen« sind, so vielen unserer derzeitigen religiösen Obsessionen ein Ende setzt. Unsere Argumente über persönliche Würdigkeit und über Lohn und Strafe, Gender-, Rassen- und Klassenunterscheidungen, Privatbesitz und all die anderen Dinge, die uns in Streit geraten lassen und zu Konkurrenten machen, werden zur Zeitverschwendung und zur Illusion. All diese Streitpunkte, die wir erleben, hängen mit einer bestimmten Art des Wiegens, Messens, Zählens, Auflistens, Etikettierens und Vergleichens zusammen. Das Evangelium handelt im Gegensatz dazu davon, wie man lernt, *in und mit Gott* zu leben und zu sterben. Dazu gehören all die Warzen, die uns entstellen und die von einer grenzenlosen Liebe vergeben werden. Das wahre Evangelium demokratisiert die Welt.

Wir werden allesamt gerettet trotz unserer Fehler und trotz unserer selbst.
Wir werden allesamt von der unwiderstehlichen göttlichen Gnade und Barmherzigkeit aufgesaugt.

Und wir alle müssen lernen, dem Gebet des Psalmisten zu trauen: »Nicht uns, nicht uns o Herr, sondern deinem Namen gebührt die Ehre« (Psalm 115,1).

Die befreiende gute Nachricht des Evangeliums besteht darin, dass Gott zuerst und vor allem das Ganze rettet und erlöst und dass wir alle von der göttlichen Liebe ins Ganze integriert werden. Die Einzelteile – du und ich und alle anderen – sind die glücklichen Nutznießer, die verzweifelten Trittbrettfahrer, die nur zum Teil willigen Mitspieler bei all dem. Paulus schreibt, unsere einzige Aufgabe in all dem bestünde darin, dass wir dieser Realität trauen, »bis Gott alles in allem ist« (1. Korinther 15,28). Was für eine andersgeartete Idee davon, was Glaube ist! »Wenn Christus sichtbar wird«, schreibt Paulus an die Kolosser, »und wenn er euer Leben ist – werdet auch ihr gemeinsam mit ihm in all eurer

Herrlichkeit sichtbar werden« (3,4). Wenn wir das nicht voll Freude genießen können, wird vieles von dem, was als Christentum firmiert, auf nicht viel mehr hinauslaufen als auf gut getarnten Narzissmus und auf eine Politik, die sich ausschließlich um die eigenen Interessen dreht. Wir können dieses Phänomen häufig bei Leuten beobachten, die sich als starke Christen darstellen. Nicht selten sind sie rassistischer, klassenbewusster und sexistischer als Nichtchristen. »Mögen andere die Last und das Leid von Ungerechtigkeit tragen«, scheinen sie zu sagen, »aber meine Gruppe nicht.«

Sobald ich weiß, dass jedes Leid sowohl unser Leid als auch Gottes Leid ist, kann ich die Trostlosigkeiten und Enttäuschungen, die mir begegnen, besser und vertrauensvoller tragen. Ich kann mit weniger Komfort und Bequemlichkeit leben, wenn ich meinen eigenen Beitrag zur globalen Erwärmung sehe. Ich kann öffentlich mit behutsamer und vertrauensvoller Stimme auftreten, wenn das hilft, zwischenmenschlichen Hass und Argwohn zu mindern. Ich kann aufhören, um die eigene Gruppe eine Wagenburg zu errichten, wenn uns das dabei unterstützt, unser gemeinsames Menschsein zu entdecken. Wenn ich erkennen kann, dass alle Leiden und Kreuze (göttlich, planetarisch, menschlich, tierisch) »ein Leib« sind und eines Tages in den »einen Körper« kosmischer Auferstehung umgewandelt werden (Philipper 3,21), kann ich zumindest leben, ohne wahnsinnig oder dauerdepressiv zu werden. Im selben Schriftabschnitt fährt Paulus fort und sagt: »Gott wird dies durch dieselbe Macht (›Operation‹ oder ›Energie‹) bewerkstelligen, mit der er das gesamte Universum verwandelt.« Für ihn stellt dies alles eine einzige kontinuierliche Bewegung dar. Wir müssen auf diese fast versteckten, aber vollständig auf das Ganze bezogenen Einsichten des Paulus pointiert hinweisen, da die meisten westlichen, dualistisch gepolten Gehirne darauf konditioniert sind, seine Briefe auf rein anthropozentrische und individualistische Weise zu lesen. Das ist weder gut noch neu. Es ist dasselbe alte Narrativ der säkularen Gesellschaft, nur obenauf mit ein bisschen religiösem Zuckerguss garniert.

Unsere vollständige »Christusoption« – und es ist tatsächlich eine freie Entscheidung, auf diesen Zug aufzuspringen – bietet uns so vieles an, was tatsächlich gut und neu ist – *einen Gott, der mit allen von uns auf jeder Etappe unserer Reise solidarisch verbunden ist und der uns alle gemeinsam in Liebe ans Ziel bringen wird.*

Es geht nicht mehr darum, Recht zu haben. Es geht darum, verbunden zu sein. In rechter Beziehung zu sein ist viel, viel besser, als nur zu versuchen, »Recht« zu haben.

14
DER WEG DER AUFERSTEHUNG

Alles wird am Ende in Ordnung sein.
Wenn es nicht in Ordnung ist, ist es noch nicht das Ende.

John Lennon; zitiert im Spielfilm »Best Exotic Marigold Hotel«

Wir haben darüber geredet, wie Leid und Trauer einen positiven Sinn bekommen können, wenn wir zu einer Sichtweise wechseln, die alles als »einen Batzen«, als Gesamtpaket, versteht. Aber wenn wir im Leiden alle vereint sind, müssten wir dann nicht sagen, dass wir auch im Leben eins sind? In diesem Kapitel will ich das Konzept der Auferstehung erweitern – von einem einmaligen Mirakel im Leben Jesu, das Zustimmung und Glauben verlangt, zu einem Muster, das die gesamte Schöpfung durchzieht, schon immer wahr gewesen ist und uns zu erheblich mehr einlädt als zum Für-Wahr-Halten eines Wunders. Es muss um mehr gehen als um den individuellen Sieg eines Mannes, der beweisen soll, dass er Gott ist.

Kein Prediger oder Lehrer hat mich je darauf hingewiesen, aber in den Ausführungen zum Wesen der Auferstehung, die Paulus an die Korinther schickt, sagt er etwas ganz anderes als das, was die meisten von uns hören oder erwarten würden. Paulus schreibt: »Wenn es keine Auferstehung von den Toten gibt, dann kann auch Christus selbst nicht auferweckt worden sein« (1. Korinther 15,13). Er stellt »Auferstehung« als ein universales Prinzip dar, aber die meisten von uns erinnern sich nur an den folgenden Vers: »Wenn Christus nicht auferweckt worden ist, dann ist unsere Predigt nutzlos und euer Glaube ebenso« (15,14). Vers 14 enthält ein gutes apologetisches Argument im Blick auf die Auferstehung Jesu, aber der vorhergehende Vers legt nahe, dass wir auf die Auferstehung Jesu vertrauen können, *weil wir bereits sehen können, wie sich auch überall sonst Auferstehung ereignet*. Weshalb haben wir das nicht gesehen? Vielleicht deshalb, weil erst die neuere Naturwissenschaft so etwas manifestiert?

> *Wenn das Universum von Anbeginn »christlich getauft« ist, dann kann es natürlich in alle Ewigkeit nicht sterben. Auferstehung ist schlicht die logische Folge der Inkarnation. Wenn Gott der Materie innewohnt, können wir von Natur aus an die »Auferstehung« des Leibes glauben.*

Oder ganz einfach gesagt: *Nichts, was wirklich gut ist, kann sterben!* (Ich gehe davon aus, dass dies vermutlich unser eigentlicher Glaubensakt ist!)

Auferstehung wird von Paulus als das generelle Prinzip der gesamten Realität dargestellt. Er argumentiert nicht von einer einmaligen Anomalie aus und fordert uns auch nicht auf, solch ein »Jesusmirakel« zu glauben, was die meisten Christen eifrig tun. Stattdessen benennt Paulus das kosmische Muster und sagt anschließend an vielen Stellen, dass der »Geist, den wir im Herzen tragen«, die Ikone, die Garantie, das Unterpfand, die Verheißung, ja sogar die »Anzahlung« dieser universellen Botschaft ist (siehe 2. Korinther 1,21.22; Epheser 1,14). So wie ich es mehr schlecht als recht in diesem ganzen Buch versuche, tastet er ständig nach Metaphern, die die universelle Botschaft rüberbringen.

Die moderne Naturwissenschaft sagt, nichts sei ewig dasselbe. Achtundneunzig Prozent der Atome unseres Körpers werden Jahr für Jahr ausgetauscht. Geologen, die einen Überblick über Jahrtausende haben, können beweisen, dass keine Landschaft von Dauer ist. Wasser, Nebel, Dampf und Eis sind alle dasselbe, aber in verschiedenen Stadien und Temperaturen. *»Auferstehung« ist ein anderes Wort für Veränderung, aber insbesondere für positiven Wandel – was wir tendenziell nur langfristig sehen. Kurzfristig sieht es oftmals einfach nach Tod aus.* Im Vorwort zur katholischen Bestattungsliturgie heißt es: »Das Leben hört nicht auf, es wird nur verwandelt.« Die Wissenschaft stellt uns heutzutage eine äußerst hilfreiche Sprache für das zur Verfügung, was die Religion zu Recht intuitiv erkannt und imaginiert hat, wenn auch in mythologischer Ausdrucksweise. Es sei daran erinnert, dass *Mythos* nicht bedeutet, dass etwas »nicht wahr« ist, wie ein verbreitetes Missverständnis meint; in Wirklichkeit verweist dieser Begriff auf Dinge, die *immer wahr* sind!

Gott konnte nicht auf die moderne Wissenschaft warten, um Hoffnung für die Geschichte zu vermitteln. Es hat gereicht zu glauben, dass Jesus »von den Toten auferweckt wurde«, um die Hoffnung und Möglichkeit von Auferstehung in unsere tiefstes Unterbewusstsein zu pflanzen. Das anfangs inkarnierte Leben Jesu, sein Übergang in den Tod und seine Auferstehung in den allzeit gegenwärtigen Christus sind das archetypische Modell für das Gesamtmuster der Schöpfung. Er ist der Mikrokosmos für den ganzen Kosmos oder die Landkarte des vollständigen Reisewegs, falls du eine brauchst oder haben willst. Heutzutage scheinen die meisten Leute nicht zu denken, dass sie diese Karte brauchen, insbesondere wenn sie jung sind. Aber die Irrungen und Wirrungen der Lebensreise sorgen dafür, dass du dich schließlich doch nach einer Gesamtorientierung sehnst, nach einem Ziel und einem Sinn, die über das tagtägliche Überleben hinausgehen.

Alle, die eine irgendwie geartete unerklärliche Hoffnung hegen, glauben an Auferstehung, ob sie formell Christen sind oder nicht, und selbst dann, wenn sie nicht glauben, dass Jesus leiblich von den Toten erweckt wurde. Ich bin solchen Leuten mit unterschiedlichstem Hintergrund, religiösem und nicht-religiösem, begegnet. Ich persönlich glaube allerdings an die leibliche Auferstehung Jesu, weil sie bestätigt, was das gesamte physikalische und biologische Universum ebenfalls sagt – und weil sie es jenseits von einem bloßen spirituellen Glauben an etwas Übernatürliches begründet. Solch ein Glaube muss auch ganz und gar praktikabel und materiell sein! Wenn die Materie von Gott bewohnt wird, dann ist die Materie irgendwie ewig, und wenn das Glaubensbekenntnis behauptet, wir glauben an die »Auferstehung des Leibes«, bezieht sich das auch auf unsere Leiber und nicht nur auf den Leib Jesu! Wie in ihm, so auch in uns allen. Wie in uns allen, so auch in ihm. Ich bin also bei diesem wichtigen Thema den meisten Maßstäben zufolge ziemlich konservativ und orthodox, obwohl mir auch klar ist, dass es sich anscheinend um eine völlig andersgeartete Form von Leiblichkeit handelt, was aus allen Auferstehungsberichten in den Evangelien hervorgeht. Ich glaube »an einen neuen Himmel und eine neue Erde« (Jesaja 65,17; Römer 8,18-25, 2. Petrus 3,13; Offenbarung 21,1); und ich glaube, *die Auferstehung Jesu ähnelt jenem Piktogramm, das du auf deinem Computer anklickst, um an die richtige Stelle zu gelangen.*

Das eigentliche und einmalige Narrativ der Christenheit ist immer die Inkarnation gewesen. Wenn die Schöpfung von Anfang an »sehr gut« ist (Genesis/1. Mose 1,34), wie könnte dann je eine solche göttliche Agenda rückgängig gemacht werden, weil Menschen es nicht schaffen, voll und ganz zu kooperieren? Mir scheint, dass uns dieses »sehr gut« auf einen Pfad in Richtung Auferstehung versetzt. Gott verliert oder scheitert nicht. Das bedeutet es ja, Gott zu sein.

Jesus und Christus sind beide komprimierte Zusammenfassungen der Realität für diejenigen von uns, die weder genug Zeit noch genug Verstand haben, um die Gesamtsituation selbst zu analysieren. Und wer könnte das schon in einer kurzen Lebensspanne?

DAS HOCHZEITSMAHL

Das häufigste Gleichnis und Bild, das Jesus für diesen Endzustand der Dinge benutzte, waren unterschiedliche Varianten eines Hochzeitsmahls oder Festessens.[77] In allen vier Evangelien bezeichnet sich Jesus selbst als der Gastgeber oder »Bräutigam« eines offenen und allgemein zugänglichen Festmahls, zu dem »Gute und Böse gleichermaßen« eingeladen sind (Matthäus 22,10). Er wusste allerdings, dass so etwas nicht automatisch gut ankommen würde. Deshalb sind von Vorneherein gewisse Widerstände in den Text eingebaut: Gäste, die sich einen angeseheneren Platz am Tisch angeln wollen (Lukas 14,7-11), Gastgeber, die darauf bestehen, dass alle Gäste Festgewänder tragen (Matthäus 22,11-14), oder die zu dem wundervollen Ereignis nur diejenigen einladen wollen, »die ihnen das zurückzahlen können«, während sie »die Armen, die Krüppel, die Lahmen und die Blinden« ausschließen (Lukas 14,12-14). Wir haben es Gott schon immer schwer gemacht, sich zu verschenken – gratis!

Das fragile Ego will ständig eine Grenze ziehen, ein Ticket verlangen oder sonst eine Eintrittsbedingung stellen. Viele Christen ziehen es leider Gottes vor, diese Bibelstellen durch die Brille einer Weltsicht zu lesen, die auf Mangel basiert, anstatt im Licht des Evangeliums göttlicher Überfülle, und diese permanente Resistenz gegen die Unend-

77 Siehe Matthäus 8,11; 22,2ff.; Lukas 13,29; 14,15ff.; Offenbarung 19,9. All diese Stellen gehen auf die Textquellen Jesaja 25,6-12 und 55,1-5 zurück.

liche Liebe zeigt sich auch im biblischen Text selbst. Das Problem ist gleichsam mit seiner Lösung verknotet, der Widerstand mit seiner Überwindung.[78] Im Verlauf jeder Geschichte scheint so etwas wie ein Schurke auftauchen zu müssen, und dieser Bösewicht findet sich fast immer im biblischen Text selbst. Ich weiß keine andere Möglichkeit, wie man den zahlreichen offensichtlichen Widersprüchen und Ungereimtheiten in dem, was die Bibel über Gott sagt, irgendeinen Sinn abringen kann.

Der geizige Geist kann das großzügige Hochzeitsmahl nicht ausstehen. Er zieht als Metapher für das Ende der Zeit eine dualistische Szene im Gerichtssaal vor, weshalb die Sache mit den Schafen und den Böcken aus Matthäus 25 das Endzeit-Gleichnis ist, an das sich die meisten Leute erinnern, selbst wenn sie seiner eigentlichen Botschaft nicht folgen, bei der es ja um die Fürsorge für die Armen geht, und nur an den gruseligen Urteilsspruch am Ende denken. Mit anderen Worten lässt man zu, dass der Halbvers Matthäus 25,46b die gesamte Passage Matthäus 25,31-45 aussticht. Angstbesetzte Leute saugen Drohungen gierig auf und überhören Einladungen!

Ebenso wie die erste Schöpfung, die das Sein aus dem Nichts hervorgebracht hat *(creatio ex nihilo)*, dem menschlichen Geist unmöglich vorkommt, scheint auch jede Vorstellung von einem Leben jenseits des Todes denselben gewaltigen Glaubenssprung zu verlangen. Die Grunddefinition von Gnade könnte »Etwas, das aus Nichts entsteht« lauten, und der menschliche Geist hat einfach keine Handhabe, wie er das einordnen soll. Ebenso wenig wie er der Gnade etwas abgewinnen kann, mag er auch keine Auferstehung. Es handelt sich um denselben Widerstand. Auferstehung

78 John Dominic Crossan, *How to Read the Bible and Still Be a Christian* (New York, 2018). Hier wird dasselbe wesentlich detaillierter und gelehrter auf den Punkt gebracht, als ich es kann.

ist wie die meisten Gnadengaben ebenfalls eine *creatio ex nihilo*, was den Kern der Arbeitsplatzbeschreibung Gottes haargenau trifft: Gott ist einer wunderbaren Formulierung des Paulus zufolge derjenige, *»der die Toten lebendig macht und all jene Dinge ins Sein ruft, die nicht sind«* (Römer 4,17b). Oder wie es Walt Whitmann so herrlich ausgedrückt hat:

Ins Weite und Breite drängt alles ... und nichts zerfällt,
Und Sterben ist anders, als je einer gedacht,
Und viel glücklicher.[79]

»WIRKLICHKEIT MIT PERSÖNLICHKEIT«

Das entscheidende Thema an dieser Stelle ist nicht, ob Jesus physisch von den Toten auferstanden ist oder nicht, was angeblich die Wahrheit der christlichen Religion »beweisen« würde, wenn du daran glaubst, und widerlegen, wenn du das anders siehst. Wahrscheinlich wird nie ein wissenschaftlicher Beweis pro oder kontra erbracht werden können. Nebenbei bemerkt: Unsere endlosen Versuche, ein übernatürliches Ereignis zu beweisen, führen a priori auf den Holzweg, weil sich ohnehin weder Christus noch Jesus *außerhalb unserer natürlichen Wirklichkeit* befinden.

Es würde wirklich hilfreich sein, ob man nun Christ ist oder nicht, wenn man sich darauf einlassen könnte, Jesus – und Christus – als jemanden/etwas zu sehen, was aus der Wirklichkeit kommt, sie benennt und ihr ein Gesicht gibt – und nicht als ein Wesen aus einer anderen Welt, das in unserer Realität auftaucht. Da gibt es keine Gruppe, der man beitreten und keine punktierte Linie, auf der man etwas unterschreiben

79 Walt Whitman, *»Ein Kind sagte: ›Was ist das Gras?‹«*, in: *Gesang Von Mir Selbst*, WhitmanWeb der Universität von Iowa: https://iwp.uiowa.edu/whitmanweb/de/writings/song-of-myself/section-6.

muss, sondern nur ein freigiebig geschenkter Augenblick, in dem man begreift, dass das Innen und das Außen ein- und dasselbe sind. Es geht um unsere Innenseite und um die Außenseite Christi, wenn man so will. Beide spiegeln einander wider: Menschliche Anthropologie entspricht göttlicher Theologie. Was für ein großartiges Ökosystem! Wenn die eigene Theologie (Auffassung von Gott) die eigene Anthropologie (Auffassung vom Menschen) nicht signifikant verändert, handelt es sich weitgehend um etwas, was ich gerne »Kopf-Geburt« nenne.

Auferstehung ist darüber hinaus Gnade, die zu ihrem abschließenden und vollständigen Fazit gelangt ist. Wenn die Wirklichkeit mit Gnade beginnt, muss sie natürlich »Gnade über Gnade« hervorbringen (Johannes 1,16b), die wir »aus seiner Fülle allesamt empfangen haben« (1,16a). Deshalb könnten wir jetzt den Mut aufbringen, uns mit Jesus auch in der Vorstellung zu verbinden, dass »ich und der Vater eins« sind (Johannes 10,30). Das meine ich, wenn ich davon spreche, dass Theologie unser Menschenbild ändert. Wenn es bei Tod und Auferstehung nur um Jesus allein geht und nicht um die gesamte Weltgeschichte, dann wird die Welt das Interesse an unserem Narrativ noch mehr verlieren.

Der Evolutionstheologe Michael Dowd sagt gerne, dass man Gott am besten als *»Wirklichkeit mit einer Persönlichkeit«* (Realty with a personality) betrachten könnte.[80] Durch Gott scheint die Welt um uns herum – alles was ist – im Gespräch mit uns zu sein, ob uns das gefällt oder nicht, ob wir dem trauen oder nicht. Ich hoffe, das ist auch für andere ebenso hilfreich wie für mich. Selbst wenn uns unser Leben sinnlos vorkommt, können wir noch immer

80 Michael Dowd, *Thank God for Evolution:* How the Marriage of Science and Religion Will Transform Your Life and Our World. New York 2007, 118ff. Ein wahrhaft brillantes, lebensveränderndes Buch.

darauf trauen und zuversichtlich sein, dass da Jemand ist, der redet, und dass dieser Jemand auch zuhört, wenn wir reden. Außerhalb dieser fortwährenden Verbindung zu sein bedeutet vermutlich, *nicht* zu glauben. Immer wenn man sich für die Liebe entscheidet oder positiven Kontakt mit jemandem oder mit etwas anderem aufnimmt, kommt man in Verbindung mit der Göttlichen Personalität. Du musst es nicht einmal »Gott« nennen – Gott scheint das absolut unwichtig zu sein. Es ist ebenso wichtig zu unterstreichen, dass negativer Kontakt wie Hass, Angst oder Ablehnung bedeutet, dem göttlichen Du *nicht* zu begegnen. Deshalb seien wir vor jedweder negativen Haltung gewarnt, und so etwas heißt »Sünde« oder bedeutet sogar einen Zustand von »Hölle«, die in Wirklichkeit kein geographischer Ort ist, sondern ein ganz realer Bewusstseinszustand. Alle Belohnungen und Strafen muss man primär als etwas sehen, was sich zuallererst im *Hier und Jetzt* ereignet – *und gutem wie schlechtem Verhalten innewohnt.*

Es ist für mich sehr interessant, dass das Neue Testament nur jene als *Apostel* »aussendet«, die man als »Zeugen der Auferstehung« bezeichnen kann (Lukas 24,48; Apostelgeschichte 1,22; 3, 15b; 13,31), das heißt Zeugen jenes immensen inneren und äußeren Dialogs, der permanent stattfindet. Ansonsten haben wir wenig Hilfreiches zu sagen und schaffen für die Menschen nur unnötige Probleme. Negativ eingestellte oder zynische Leute, Verschwörungstheoretiker und alle, die den Jüngsten Tag berechnen und vorhersagen, sind das genaue Gegenteil von Zeugen der Auferstehung. Und viele derart gestrickte Leute scheinen die Welt und sogar die Kirchen zu regieren. Der Christus des Johannesevangeliums hingegen sagt: »Seid tapfer, ich habe die Welt überwunden« (16,33) samt ihrer Hoffnungslosigkeit. Mut und Zuversicht sind unsere Botschaft! Nicht Androhung und Angst.

WAS IST BEI DER AUFERSTEHUNG JESU EIGENTLICH PASSIERT?

Bei der Auferstehung wurde Jesus vollends als der ewige und unsterbliche Christus in körperlicher Gestalt offenbar. Letztendlich *verwandelte sich der örtlich begrenzte Leib Jesu in allgegenwärtiges Licht*. Fortan ist Licht vermutlich die beste Metapher für Christus oder Gott.

Für eine lange Zeitspanne während der ersten sechs Jahrhunderte nach Christus hielt man es nicht für möglich, den Augenblick der Auferstehung Jesu als Gemälde oder Plastik darzustellen. Lange war es Brauch, zwar den Grabesschrein in Jerusalem darzustellen, wo sich die Auferstehung angeblich ereignet hatte – aber niemals das Ereignis selbst.[81] Auf ähnliche Weise wird das Ereignis an sich im Neuen Testament ebenfalls nicht beschrieben. Wir kennen nur die Folgegeschichten – überwältigte Wächter, sitzende Engel und Frauen, die das Grab besuchen. Das, was einer unmittelbaren Beschreibung am nächsten kommt, findet sich indirekt in Matthäus 27,51-53, aber da geht es um eine generelle Auferstehung, bei der sich Gräber öffnen und Leiber aufrichten, und nicht speziell um die Auferweckung Jesu. Lies diesen Vers, und du wirst von seinen logischen Schlussfolgerungen schockiert sein! »Auch die Gräber taten sich auf, und viele Körper von Entschlafenen wurden auferweckt.«

Infolge der Auferstehungserzählungen wagten mehr Anhänger Jesu, ihn als den »Herrn« zu sehen – oder zumindest als jemanden, der mit Gott dem Herrn vereint ist, was wir häufig als »Sohn Gottes« bezeichnet haben. Dies ist eindeutig ein dramatischer Sprung nach vorne, eine Auffas-

81 John Dominic Crossan und Sara Sexton Crossan, *Resurrecting Easter: How the West Lost and the East Kept the Original Easter Vision*, New York 2018, 45-59.

sung, die erst nach der Auferstehung vollständig verstanden wird, obwohl es während der gesamten Lebenszeit Jesu bereits hier und da Hinweise in diese Richtung gegeben hat. Man könnte sagen, er wird nach und nach als »Licht« offenbar, was wir vor allem in den drei Berichten von der »Verklärung« sehen (Matthäus 17,1-8; Markus 9,2-8; Lukas 9,28-36). Dabei handelt es sich vermutlich um vorgezogene Auferstehungsberichte; dasselbe dürfte für die Geschichte gelten, wo Jesus auf dem Wasser geht. Wenn wir aufmerksam in uns hineinlauschen und nachsinnen, dann kennen die meisten von uns solche Auferstehungsmomente mitten im Leben, wo sich ab und an »der Schleier lüftet«. »Glaubt an das Licht, damit auch ihr zu Kindern des Lichts werdet«, sagt Jesus im Johannesevangelium (12,36). Auf diese Weise teilt er uns mit, dass wir am selben Geheimnis Anteil haben, und dass er hier ist, um uns bei diesem Prozess beizustehen.

Ich glaube persönlich, dass sich der Mensch Jesus erst nach der Auferstehung seiner göttlichen Identität vollständig bewusst war. Er musste sein Leben mit demselben Gottvertrauen führen wie wir und ebenso wie wir »an Weisheit, Alter und Gnade« zunehmen (Lukas 2,40). Jesus war ja »nicht unfähig, unsere Schwäche nachzuvollziehen, sondern wurde auf genau dieselbe Weise auf die Probe gestellt wie wir« (Hebräer 4,15b), und er kann uns gerade deshalb als Praxismodell und als Reiseleiter dienen, er, der »Urheber und Vollender unseres Glaubens« (Hebräer 12,2).

Bereits 1967 hat mir mein damaliger Professor in Systematischer Theologie, der Franziskanerbruder Cyrin Maus, zu verstehen gegeben, dass eine Videokamera, die man vor dem Grab Jesu platziert hätte, kein isoliertes Individuum hätte filmen können, das seinem Grab entsteigt (was ja eher Wiederbelebung einer Leiche gewesen wäre als Auferstehung). Er meinte, es sei viel wahrscheinlicher, dass die Kamera so etwas wie Lichtstrahlen eingefangen hätte, die sich in sämtliche Richtungen ausdehnen. Bei der Auferstehung überschritt der räumlich begrenzte physische Körper Jesu alle Grenzen von Raum und Zeit hin zu einer neuen Idee von Leiblichkeit und Licht – die uns alle in ihre Materialisierung einschließt. Christen nannten dies üblicherweise den »verherrlichten Leib«, und er ähnelt in der Tat dem, was Hindus und Buddhisten manchmal den »Energiekörper« oder »Astralleib« nennen. Beide Traditionen stellten das bildlich dar, woraus schließlich der Heiligenschein beziehungsweise die Aura wurde, und Christen platzierten diesen »Nimbus« (so das lateinische Wort) um den Leib aller »Heiligen« herum, um zu zeigen, dass diese Menschen bereits an dem einen gemeinsamen Licht Anteil haben.

Das ist für mich eine sehr hilfreiche Deutung der Auferstehung Jesu, die man vielleicht besser als »Universalisierung« Jesu bezeichnen könnte, als eine Art Einsteinscher Raum- und Zeitkrümmung, wenn man so will. Jesus war zwar schon immer objektiv der Universale Christus, aber nunmehr wurde seine Bedeutung für die Menschheit und für uns *allumfassend, persönlich und anziehend*, zumindest für die, die bereit sind, der Realität durch ihn zu begegnen. Viele finden ohne diese Abkürzung einen Zugang zur göttlichen Wirklichkeit. Das müssen wir ehrlicherweise zugeben. Ich kann weder beweisen, dass Jesus diese Abkürzung ist, noch braucht er mich und meine Beweise, abgesehen vom sinnerfüllten Leben derer, die »diesen Link tatsächlich anklicken« und »der Bedienungsanleitung folgen«. Nur »durch die Früchte werdet ihr erkennen«, sagt Jesus (Matthäus 7,16-20). Menschen, die tatsächlich mit Liebe und Licht im Bunde sind, sehen auf Dauer alles auf eine vorzügliche Art und Weise, die dem Rest von uns nicht ohne weiteres zugänglich ist, und das nennen wir nach wie vor »Erleuchtung«.

Solche Leute müssen nicht »beweisen«, dass Jesus Gott oder der Christus ist oder auch nur perfekt, wie wir es an den Eltern des blind geborenen Mannes studieren können (Johannes 9,18-23).[82] Sie müssten einfach nur aufrichtig den Tatsachen ins Auge blicken. Selbst der Blindgeborene sagt: »Ich weiß nur, dass ich blind war und jetzt sehen kann« (Johannes 9,25). Lichtmenschen werden einfach ein hohes Maß von Sehfähigkeit zeigen, und das reicht sowohl in die Tiefe als auch in die Weite und erlaubt ihnen, immer mehr zuzulassen und immer weniger auszugrenzen. Das ist der einzige Beweis, den sie uns je bieten werden, und der einzige Beweis, den wir je brauchen sollten.

Bei der Auferstehung wurde Jesus als der Jedermann und die Jedefrau in Vollendung offenbart. Der Theologe St. Maximus der Bekenner (580-662) hat es so formuliert: »Gott hat alle Wesen zu dem einen Zweck erschaffen, dass sie dieselbe Einheit von Menschheit und Gottheit genießen, wie sie in Christus vorhanden war.«[83] Später spezifizierte das St. Gregor Palamas (1296-1359) noch genauer: »Gott offenbarte (in Jesus) den Christus so, dass die Menschheit nie mehr von jenem Vorbild getrennt werden konnte, das er darstellte.«[84] Solche Textjuwelen finden sich weitaus mehr in den Schriften der Ostkirche und ihrer Väter. Der große Athanasius hat es folgendermaßen in Worte geklei-

82 »Die Führer der Juden wollten nicht glauben, dass der Mann überhaupt blind gewesen und nun sehend geworden war. Deshalb zitierten sie die Eltern des Geheilten herbei und fragten sie aus: ›Ist das euer Sohn? Ihr behauptet, er sei blind geboren worden. Wie kommt es dann, dass er auf einmal sehen kann?‹ Die Eltern antworteten: ›Wir wissen, dass das unser Sohn ist und dass er blind geboren wurde. Aber warum er jetzt sehen kann, wissen wir nicht, und wer ihn von seiner Blindheit geheilt hat, wissen wir auch nicht. Fragt ihn selbst! Er ist alt genug, um über sich Auskunft geben zu können.‹ Sie gaben ihnen diese Antwort, weil sie Angst vor ihnen hatten. Denn man hatte bereits beschlossen, jeden aus der Synagoge zu exkommunizieren, der Jesus als den Christus bekennt. Das war der Grund, warum die Eltern des Geheilten sagten: ›Er ist alt genug; fragt ihn doch selbst!‹«

83 Maximus the Confessor, *Greek Fathers* 90.621.A.

84 Gregory Palamas, *The Triads*, New York 1983.

det: »*Gott (in Christus) trug (eine Zeitlang) das menschliche Fleisch, damit die Menschheit auf ewig den (göttlichen) Geist tragen kann.*«[85] Das war der Große Tausch.[86] Jesus sollte die Garantie dafür sein, dass die Gottheit tatsächlich im Menschen wohnen kann, was wir permanent anzweifeln und leugnen. Sobald das jedoch möglich ist, sind die meisten unserer Probleme gelöst. Die Auferstehung von Personen und Planeten werden so zu einem Vorgriff auf das Endresultat! Ich kann natürlich nicht wissen, was das haargenau heißt (1. Korinther 2,9), aber ich kann doch so viel sagen:

> *Die Schöpfung ist die erste und vermutlich*
> *auch die letzte Bibel,*
> *Inkarnation ist bereits Erlösung,*
> *Weihnachten ist bereits Ostern und*
> *Jesus ist bereits Christus.*

Schlicht und einfach gesagt: Wenn der Tod für den Christus nicht möglich ist, dann ist er für nichts möglich, was »an der göttlichen Natur Anteil hat« (2. Petrus 1,4). Gott ist per Definition ewig, und Gott ist Liebe (1. Johannes 4,16), die ebenfalls ewig ist (1. Korinther 13,13), und ebendiese Liebe wurde uns durch den Heiligen Geist, der in uns wohnt, ins Herz gepflanzt (Römer 5,5; 8,9). *Solch vollständig implantierte Liebe kann gar nicht anders, als zu wachsen und sich zu entwickeln und sich als siegreich zu erweisen, und unser Begriff für diesen letztendlichen Sieg lautet »Auferstehung«*. Petrus formuliert das ganz direkt: »Aufgrund der Auferweckung Jesu Christi von den Toten haben wir eine

85 Athanasius, *On the Incarnation 8*, New Yotk 1995, 263.

86 Anmerkung des Übersetzers: Martin Luther greift die altkirchliche Tradition vom »beatum commercium« auf und spricht häufig und insbesondere in seiner Schrift »Von der Freiheit eines Christenmenschen« vom »fröhlichen Wechsel«, bei dem Gott zum Knecht wird und der Mensch zum freien Herrn aller Dinge.

verlässliche Hoffnung und die Verheißung eines Erbes, das niemals zerstört oder besudelt werden kann und das niemals dahinwelken wird. Es wird für euch in den Himmeln aufbewahrt ... und wird sich am Ende der Zeit vollständig zeigen« (1. Petrus 1,4-6).

UND WAS IST MIT DER HÖLLE?

Eine der massivsten Hürden auf dem Weg zu dieser gesünderen Sicht von Kreuz und Auferstehung ist die noch immer vorherrschende Auffassung von Gott als dem Chefbestrafer, als jenes wütende Wesen, das Sünder ewigen Folterqualen aussetzt, anstatt *Gott als den Einen zu sehen, der das Leben selbst ist.* Diese Vorstellung entstammt einigen missinterpretierten Bibelstellen, vor allem im Evangelium des Matthäus, der eine Vorliebe dafür hat, mit Drohungen zu enden, und ferner einer Redewendung im Apostolischen Glaubensbekenntnis, wo es in früheren Fassungen hieß, Jesus sei »niedergefahren zur Hölle« – dann muss es ja wohl eine solche geben! (Er begab sich dorthin, um sie zu erlösen und zu *zerbrechen,* wie er es auch im Blick auf den Tempel gesagt hat. Aber nur wenige verstehen das so.) Vielen von uns wurde eine Sicht von Gott als Folterer vermittelt, als wir noch kleine, empfindsame Kinder waren, und das wurde in der niedrigsten Schicht unseres Hirnstamms abgelagert, so wie es mit allen traumatischen Verletzungen geschieht. Deshalb ist es schwierig, mit den meisten Menschen ruhig und intelligent über das Höllenkonzept zu reden, wenn sie von Kindesbeinen an christlich erzogen wurden.

Die Redeweise »niedergefahren zur Hölle« stammt aus zwei sehr obskuren Abschnitten des Neuen Testaments. In 1. Petrus 3 lesen wir, dass Jesus »hinging und den eingekerkerten Seelen predigte«. Und Epheser 4 spricht davon, dass er »in die tieferen Regionen« hinabgestiegen sei. In beiden Fällen erinnern die Beschreibungen weniger an Dantes »Inferno«, den Ort der Strafe; sie greifen vielmehr die weitverbreiteten antiken Vorstellungen des »Totenortes« auf wie Hades, Scheol, Gehenna, »Gefängnis«, »Schattenreich« oder wie gewisse Vorstellungen einer Art von Vorhölle (»Limbo«).

Aber Dantes Version wurde zur vorherrschenden Sichtweise und formte unseren westlichen Geist mehr als irgendeine andere – einschließlich jener Auffassungen, die in der Bibel selbst vorkommen.[87] Darstellungen der Hölle gehörten zu den Haupterzeugnissen kirchlicher Kunst, »schmückten« die Haupttore der meisten gotischen Kathedralen und diensten sogar als Kulisse der Sixtinischen Kapelle. Wie lässt sich die Botschaft von einem strafenden Gott, wenn sie derart sichtbar, dualistisch und angsterzeugend ist, je ungeschehen machen, wie tröstlich die Predigten und Liturgien auch sein mögen? Was noch schlimmer ist: Die vielen evangelikalen Lieder über den göttlichen Zorn samt all den »Feuer-und-Schwefel-Predigten« haben oft nichts anderes bewirkt, als die Angst vor Gott zusätzlich zu verstärken, anstatt das Vertrauen auf Gott oder die Liebe zu Gott zu fördern.

Wenn du mit Angstmache zu Gott getrieben wurdest, ist es niemals der wahre Gott, auf den du gestoßen bist. Wenn du in Gott »hineingeliebt« wurdest, begegnest du einem Gott, der Jesus und Christus gleichermaßen entspricht und sie würdigt. Der Weg, wie man hinkommt, ist identisch mit dem Ziel, an dem du ankommst.

In der anglikanischen ebenso wie in der orthodoxen Tradition taucht die Erzählung vom Abstieg in etwas anderer Gestalt auf. Sie wird oftmals als das »Eggen der Hölle«

87 Jon Sweeney, *Inventing Hell: Dante, the Bible, and Eternal Torment*, New York 2014.

bezeichnet. Der alte englische Begriff *to harrow* (»eggen«), bedeutete ursprünglich im übertragenen Sinn, jemanden zu »berauben« oder etwas zu »annullieren«, wie es die Bauern in jenen Tagen taten, wenn sie das Land mit einem Werkzeug eingeebnet haben, das *harrow* (»Egge«) hieß. Diese Sichtweise von Jesu Hinabsteigen in das Reich der Toten wurde in der Antiphon zur Vesper der orthodoxen Liturgie vom Karsamstag eindrucksvoll zusammengefasst. Dort heißt es: »Die Hölle regiert, aber nicht ewig.« Die östliche Ikonographie – im Kontrast zu den westlichen Bilddarstellungen, die von Flammen und Feuer beherrscht sind – zeigt Jesus häufig als denjenigen, der Seelen aus der Hölle reißt, anstatt sie in die Hölle zu stoßen. (Wer mir das nicht glaubt, mag es einfach googeln.) Was für eine völlig andere Botschaft! Kein Wunder, dass Ostern in der Ostkirche ein so viel grandioseres Fest ist und rauschend zelebriert wird, wenn die Gemeinde freiwillig jubelt und voller Begeisterung ruft: *»Christus ist auferstanden! Christus ist wahrhaftig auferstanden!«* (Die eigentliche Botschaft besteht darin, dass auch wir es sind!)

In seinem Kommentar zum Apostolischen Glaubensbekenntnis gibt Papst Benedikt zu, dass die Formulierung »niedergefahren zur Hölle« problematisch und verwirrend ist und auf mythologischer Sprache basiert.[88] Er kommt zu dem Schluss, dass Christus, wenn er denn wirklich dorthin »hinabgestiegen« wäre, nichts hätte tun können, als *diesen Ort zunichtezumachen*; er hätte ihre Funktion beendet, so wie er die Geldwechsler im Tempel gezüchtigt hat.[89] Papst Benedikt scheint sagen zu wollen, dass die Hölle und Christus nicht koexistieren können. Wir müssen Jesus als den sehen, der über die Hölle triumphiert und sie leert. Viele

88 Benedikt XVI, *Hoffnung, die uns hält: Woran ich glaube*, München 2019, Kapitel 10.

89 Vgl. Hilarion Alfeyev, *Christ the Conqueror of Hell*, New York 2009.

unserer Osterhymnen und -choräle sagen das ja auch in der Tat, aber die meisten von uns haben die ungeheure Tragweite dieser Botschaft niemals wirklich akzeptiert. »Er hat den Tod zerstört« singen wir, oftmals anscheinend ohne das tatsächlich zu meinen.

Solch miserable Theologie wurzelt im Versuch, eine Weltsicht zu begründen, die Gerechtigkeit als Vergeltung versteht, was wir schon weiter oben diskutiert haben, anstatt sie als *Wiederherstellung* (ein origineller Begriff für Heilung) zu charakterisieren. Jesus hat niemals Vergeltung geübt oder gelehrt, aber eine imperiale Theologie bevorzugt genau dies – eindeutige Gewinner und Verlierer. Hierarchische Weltanschauungen können dem sauberen Dualismus einer Weltsicht nicht widerstehen, die eine Mauer zwischen Drinnen und Draußen, zwischen Uns und den Anderen errichtet. Aber Jesus lehnt solche Konzepte sowohl in seinen Gleichnissen als auch in seinen sonstigen Lehren rundweg ab – wenn er zum Beispiel sagt: »Wer nicht gegen uns ist, ist für uns« (Markus 9,40), und dass Gott »seine Sonne scheinen lässt über Böse und Gute, und dass er es regnen lässt auf Gerechte und Ungerechte« (Matthäus 5,45), oder wenn er Ausgegrenzte und Ausreißer zu den Helden seiner meisten Geschichten macht.

Wüstenväter und -mütter der ersten Jahrhunderte des Christentums gaben in der Regel eine bestimmte Antwort, wenn ihnen die Auffassung begegnete, Gott würde seine Feinde ewig strafen, oder wenn sie die Möglichkeit erwogen, einige von uns könnten himmlisches Glück erleben, während andere, die wir kennen und lieben, in der Hölle nonstop malträtiert würden. Einige von ihnen sagten das frei heraus und ohne irgendwelche theologischen Verrenkungen: *»Die Liebe könnte das nicht ertragen!«*

Insgesamt gesehen haben wir lange gebraucht, bis wir gemerkt haben, wie Gott im Verlauf der Heiligen Schrift immer gewaltloser wird – oder auch nur, wie sich diese Entwicklung in Jesus ganz eindeutig vollzieht. Unendliche Liebe, Barmherzigkeit und Vergebung kann sich der menschliche Geist nur schwer vorstellen, deshalb scheinen die meisten einem Höllenkonzept zu frönen, um ihre Logik von Vergeltung, einer gerechten Strafe und einer gerechten Welt, wie sie sie verstehen, aufrechtzuerhalten. Gott braucht keine Hölle, aber wir scheinen das offenbar zu tun. Jon Sweeney und Julie Ferwerda zeigen in ihren einschlägigen Büchern, dass unser gängiges Bild der Hölle viel eher mit mythologischem Denken, Kampfathletik und der vorherrschenden Strafpraxis zu tun hat, als die Radikalität und Grenzenlosigkeit der göttlichen Liebe zum Ausdruck zu bringen.

Als ich vor vielen Jahren als junger Priester bei einem Gebetsfrühstück katholischer Männer sprechen sollte, sagte ich: »Wie wäre es, wenn uns das Evangelium tatsächlich ein Win-Win-Szenario anbieten würde?« In der Pause kam ein gutgekleideter Geschäftsmann zu mir und sagte in einem äußerst herablassenden Tonfall, wobei seine Finger auf mein Rednerpult trommelten: *»Pater! Pater! Win-Win? Das wäre nicht einmal interessant!«* Vielleicht war er nur konsequent, ein Mensch, dessen gesamte Weltsicht möglicherweise von Sport, geschäftlichen Deals und amerikanischer Politik geformt worden war anstatt vom Evangelium. Aber im Laufe der Jahre habe ich immer mehr gesehen, dass jemand wie er die Norm ist. Die Systeme dieser Welt basieren von Haus aus auf Streit, Konkurrenz und einem Dualismus, der auf einem Konzept basiert, das Gott, Barmherzigkeit und Gnade behandelt, als seien sie Mangelware. Sie verwechseln ausgleichende Gerechtigkeit – womit oft wenig mehr gemeint ist als krasse Vergeltung – mit den biblischen Auffassungen von Heilung, Vergebung und göttlicher Gnade.

Die Kirche war als Kontrastgesellschaft mit einem grundsätzlich andersartigen Narrativ gedacht. Wiederherstellende Gerechtigkeit (Resozialisierung) wird in Neuseeland als das wichtigste Modell für den Umgang mit jugendlichen Straftätern genutzt, und die katholischen Bischöfe von Neuseeland haben hervorragende Stellungnahmen darüber verfasst. Wir sehen in der Bibel, wie dort dieses alternative Modell von Gerechtigkeit gehandhabt wird – besonders bemerkenswert in der Geschichte Jesu über die Rückkehr des verlorenen Sohns (Lukas 15,11ff.), aber auch fast überall bei den Propheten (wenn wir es denn zunächst schaffen, deren Tiraden auszuhalten). *Gottes Gerechtigkeit biegt die Dinge in ihrem Kern zurecht, und göttliche Liebe erreicht ihre Ziele nie mittels purer Bestrafung oder Vergeltung.*

Man nehme zum Beispiel den Propheten Habakuk, in dessen kurzem Buch sich zunächst äußerst plastische Gerichtsbotschaften auftürmen, um ganz am Ende in sein »Großes Dennoch!« umzuschlagen. Drei Kapitel lang traktiert er das jüdische Volk ohne jede Schonung; aber am Schluss sagt Gott *de facto*: *»Aber ich werde euch noch mehr lieben, bis ihr schließlich zu mir zurückkommt!«* Wir sehen dasselbe in Ezechiels/Hesekiels Geschichte von den vertrockneten Gebeinen (Kapitel 16) und in Jeremias Schlüsselidee vom »neuen Bund« (31,31ff.). Gott sticht die Sünde der Israeliten immer dergestalt aus, dass er sie noch mehr liebt! Das ist Gottes wiederherstellende Gerechtigkeit.

Aber gemeinsam erinnern wir uns stets an die zugegebenermaßen harschen Urteile, die all diese Texte in der Regel anfangs dominieren und die, wie ich glaube, die spezifische Art der Propheten war, das *Karmaprinzip* zu lehren. (Güte ist ihr eigener Lohn, und das Böse trägt von Haus aus die eigene Strafe in sich.) Auf diese Weise sagten sie etwas über göttliche Fairness, die in unsere guten und bösen Taten gleichsam installiert ist. Aber das Wesen unserer Neuronen scheint es zu sein, dass wir das Negative erinnern und das Positive vergessen. *Höllendrohungen sind leider für Menschen einprägsamer als Himmelsverheißungen.*[90]

Solange du mit einem Mangelmodell unterwegs bist, wird es niemals genug Gott oder Gnade geben, damit sie für alle reichen. Jesus ist gekommen, um unsere Vorstellungen von Gottesverknappung zu annullieren und unser Weltbild zu einer Vision von absoluter Fülle zu wandeln – oder zu dem, was er das »Königreich Gottes« nannte. Das Evangelium offenbart eine göttliche Welt, die unendlich ist, eine Sicht der Welt, in der es genug und mehr als genug gibt. Unser Begriff für diesen unverdienten Überfluss heißt »Gnade«: »Gebt, und ihr werdet beschenkt werden, ein volles gerütteltes und geschütteltes Maß, das überläuft und sich in euren Schoß ergießt« (Lukas 6,28). Es erfordert eine ziemlich umfassende Bekehrung von Geist und Herz, wenn man den Schalter von einem Modell des Mangels zu einem Leitbild von Fülle umdrehen will.

Kein Evangelium wird es je verdienen, »Gute Nachricht« genannt zu werden, wenn es nicht tatsächlich eine Win-Win-Weltsicht ist und eine »Freudenbotschaft für alle Menschen« (Lukas 2,10) – ohne Ausnahme. Das Recht festzulegen, wer drinnen ist und wer draußen, ist nichts, was unser Spatzenhirn und unser kleines Herz auch nur überreißen könnten. Die Hauptthese Jesu im Zusammenhang mit der Gottesherrschaft lautet: »Nur Gott hat solch unendliche Imaginationskraft; also trau dem Göttlichen Geist!«

90 Neuseeländische Bischofskonferenz, »Creating New Hearts«, 1995.

WIR ALLE WERDEN VERWANDELT WERDEN

Wenn man die östlich orthodoxen Ikonen der Auferstehung betrachtet oder vor ihnen betet, dann sieht man etwas, was sich grundlegend von westlichen Osterdarstellungen unterscheidet. Östliche Ikonen stellen den auferstandenen Christus dar, wie er direkt vor den dunklen Gräbern steht und Seelen *aus* der Hölle zieht. Ketten und Schlösser fliegen in alle Richtungen bis zum Bildrand. Das ist eine gute Nachricht, die diesen Namen verdient. Ich begann gerade, diesen Freudensprung in meinem Herzen wahrzunehmen, als mich ein junger österreichischer Priester ansprach. Ich hatte gerade in der Nähe von Salzburg einen Initiationsritus für Männer geleitet. Er überreichte mir solch eine Ikone als Geschenk und sagte voller Begeisterung: »Genau das ist es, was du lehrst, ob du das selbst voll und ganz realisierst oder nicht.« Die Freude und der Friede, die ich sowohl auf dem Gesicht des Priesters als auch auf der Ikone sah, zeigten mir, was garantiert die wahre Botschaft der Auferstehung ist. Ich habe bereits gesagt, aber es verträgt Wiederholung, dass Jon Dominic Crossan durch Kunst überzeugend darstellt, wie *»der Westen die ursprüngliche Vision von Ostern verloren und der Osten sie bewahrt hat«.*[91] Wenn das stimmt, dann handelt es sich um eine echte Veränderung aller Spielregeln. Ich bin der Meinung, wir haben versucht, die gesamte Luft des Evangeliums ausschließlich mit der westlichen Kirchenlunge einzuatmen, und das hat uns mit einer sehr unvollständigen und nicht wirklich siegesgewissen Botschaft zurückgelassen.

»Ich verrate euch etwas, was bisher ein Geheimnis war«, schreibt Paulus im 1. Korintherbrief (15,51): »Wir werden

91 John Dominic Crossan und Sara Sexton Crossan, *Resurrecting Easter: How the West Lost and the East Kept the Original Easter Vision*, New York 2018, 45-59.

nicht alle sterben, aber wir werden alle verwandelt werden.« Er sagt ausdrücklich zweimal »alle«, aber wir sind so verkorkst, dass wir das nicht sehen können. Die meisten westlichen Darstellungen der Auferstehung zeigen einen Mann, der einem Grab entsteigt und dabei eine weiße Fahne schwingt; aber bei meinen vielen Reisen zu Kirchen und Kunstmuseen in aller Welt habe ich noch nie gesehen, dass irgendwelche Worte auf die Fahne geschrieben sind. Was bedeutet dieser leere Raum? Vielleicht geschah das, weil wir nach wie vor unsicher waren, was Auferstehung eigentlich bedeutet. Wir hatten ursprünglich die Vorstellung, dass Auferstehung nur eine Sache ist, die Jesus betrifft, und später fanden wir heraus, dass wir sie weder beweisen noch jenes überquellende Leben ständig in uns selbst spüren konnten.

Aber jetzt hast du etwas über den Ewigen Christus gehört, der niemals stirbt – und der auch niemals *in dir* stirbt! Bei der Auferstehung geht es um die gesamte Schöpfung, um die Geschichte, um jedes Menschenkind, das gezeugt wurde, gesündigt hat und gestorben ist, um jedes Tier, das gelebt und einen qualvollen Tod erlitten hat, um jedes Element, das sich über eine große Zeitspanne hinweg von fest zu flüssig zu gasförmig gewandelt hat. Es geht um dich, und es geht um mich. Es geht um alles. Die »Christusreise« ist in der Tat ein anderer Name, der alles trägt und den alle tragen, ein Name für jedes Ding.

Wie eine Bestätigung dieser Botschaft für mich hörte ich mitten beim Schreiben dieses Kapitels an einem atemberaubenden Herbsttag in New Mexiko, wie direkt über meinem kleinen Haus eine Formation von Kranichen aus Kanada trompeteten und »schrien«. Ich ging nach draußen und sah einen Kreistanz von vielleicht fünfzig eleganten Vögeln, die am tiefblauen Himmel über mir in der Thermik ihre Runden zogen. Es war fast, als ob sie auf ihrer Reise nach Süden entlang dem Rio Grande einen Zwischenstopp eingelegt hatten, um einfach eine Weile zu jubeln. Immer wieder kreisten sie da oben und riefen einander und mir Ermutigungen zu. Was für ein Jauchzen! Nach vollen zwanzig Minuten der reinen Lebenslust versammelten sie sich wieder in den V-förmigen Formationen ihrer Reise, entschlossen, sich weiter vorwärts zu bewegen, und doch ganz eindeutig nicht in Hast und Eile, wobei dir jeder von ihnen »deinen Platz in der Familie der Dinge zeigte«, wie es Mary Oliver in ihrem Gedicht »Wild Geese« *(Wilde Gänse)* wunderschön ausdrückt.[92]

Ich hoffe, dass viele andere gesehen haben, was ich sehen durfte, genossen haben, was ich so oft genießen durfte und empfangen haben, was ich empfangen durfte. Auferstehung ist ansteckend und völlig gratis. Sie ist allenthalben sichtbar und steht denjenigen zur Verfügung, die gelernt haben zu sehen, sich zu freuen und Gottes allgegenwärtiges Geschenk weder zu horten noch einzuschränken.

92 Mary Oliver, »Wild Geese«, in: *Owls and Other Fantasies*, Boston 2003, 1.

15
EINE ZEUGIN UND EIN ZEUGE JESU UND CHRISTI

Unter den beispielhaften Gestalten der Bibel, die uns zu einer tieferen Erkenntnis sowohl Jesu als auch Christi führen können, stechen zwei heraus: Maria Magdalena, die Jesus ganz und gar in seinem Menschsein gekannt hat, und die auch die Erste war, die ihn als den auferstandenen Christus gesehen hat; und Paulus, der den Menschen Jesus niemals gesehen hat und der fast ausschließlich von Christus spricht. Er wird durch seine vielen Briefe zum eloquentesten Zeugen dieser Jesusversion. Er hat genau dieselbe Erfahrung gemacht, die uns allen offensteht: mehr eine Begegnung mit dem allzeit gegenwärtigen Christus als eine mit dem an eine bestimmte Zeit gebundenen Jesus. Deshalb ist Paulus ein herausragender Autor im Blick auf das Neue Testament und ebenso auf die ganze spätere Geschichte.

Maria Magdalena liebte einen ganz konkreten Jesus, der sie zu einem allgegenwärtigen und auferstandenen Christus führte. Paulus fing bei einem universalen Christus an und erdete ihn in einem ziemlich bodenständigen und liebenswerten Jesus, der abgelehnt, gekreuzigt und auferweckt worden war. Maria von Magdala und Paulus kooperieren, indem sie die christliche Erfahrung auf nachvollziehbare Weise, aber von entgegengesetzten Ausgangspunkten aus, sowohl auf Jesus als auch auf Christus lenken.

Im Lukasevangelium (8,2) wird Maria aus Magdala als Frau vorgestellt, die zu einer Jüngerin und Freundin Jesus geworden ist, nachdem er sieben Dämonen aus ihr vertrieben hatte. Kein besonders vielversprechender Anfang für eine Person, die dann immerhin in den Evangelien zwölfmal erwähnt wird (öfter als die meisten Apostel). Übrigens wird Prostitution in keinem der Berichte als einer ihrer Dämonen aufgeführt. Ich vermute, dass Sex eher *unser* Dämon ist, und wir projizieren ihn auf sie.

In allen vier Evangelien wird berichtet, dass Maria Magdalena gemeinsam mit der Mutter Jesu und verschiedenen anderen Frauen bei der Kreuzigung anwesend ist (Matthäus 27,56; Markus 15,40; Lukas 24,10; Johannes 19,25ff.). Nachdem Jesus vom Kreuz abgenommen worden war, begleiten Maria Magdalena, seine Mutter und weitere Frauen den Leichnam zum Grab. (Die Berichte darüber, welche Frauen genau präsent waren, stimmen nicht überein, aber es ist interessant, dass es immer Frauen waren, die den Körper Jesu begleiteten, außer im Johannesevangelium.) Als der Sabbat vorüber war, kehrte Maria Magdalena im Morgengrauen zum Grab zurück und fand es offen und leer. Sie eilte, um diese alarmierende Nachricht zwei Aposteln mitzuteilen, und sie rannten zum Grab, um es selbst zu sehen. In der Annahme, dass ein Dieb den Leichnam gestohlen hätte, kehrten die Apostel nach Hause zurück. Aber Maria blieb dort, weinte und betrauerte den Verlust ihres geliebten Freundes und Lehrers (Matthäus 27,61). Sie ist die konstante und treue Zeugin.

In der Darstellung des Johannesevangeliums erscheinen zwei Engel und fragen sie: »Frau, warum weinst du?« Sie antwortet: »Sie haben meinen Herrn weggenommen, und ich weiß nicht, wo sie ihn hingelegt haben.« Dann dreht sie sich um und sieht einen Mann, den sie nicht erkennt. Maria nimmt an, dass es der Gärtner ist (Johannes 20,15), und fragt ihn, wohin er Jesus gebracht hat. Dann, in einem der dramatischsten Momente der Evangelien, spricht der Mann einfach ihren Namen aus: »Maria!«

Was passiert als Nächstes? Verschiedene Übersetzungen sagen: »Sie hat sich umgedreht« oder »Sie wusste es« oder »Sie hat sich ihm zugewandt«; und dann ruft sie laut: »Rabbuni!«, was »Meister« bedeutet (Johannes 20,13–16). Sofort sieht Maria die Person, die vor ihr steht, ganz anders. Man könnte das *relational und nicht nur physisch* nennen. Sie erkennt, dass es immer noch Jesus ist, aber er ist ganz und gar zum Christus geworden.

Als Antwort sagt Jesus der Christus etwas ziemlich Schockierendes, was unterschiedlich übersetzt wird als »Fass mich nicht an« oder »Halt dich nicht an mir fest« (Johannes 20,17a). Warum sollte er plötzlich eine so gefühlskalte Antwort geben? Die Antwort findet sich, wenn man begreift, wer der ewige Christus ist.

Ich glaube nicht, dass der auferstandene Jesus Marias Freundschaft abgelehnt oder zurückgewiesen hat, oder dass er Angst vor Nähe hatte. Er sagte, dass der Christus nicht *wie eine singuläre Gestalt* berührt werden darf, weil er *in allen seinen Formen* überall gegenwärtig ist – wie wir bald sehen: einmal als »Gärtner« am Grab (Johannes 20,15), dann als Wanderer auf dem Weg nach Emmaus (Lukas 24,13) oder als Mann, der ein offenes Grillfeuer an einem Seeufer in Gang hält (Johannes 21,4). Auf jedem dieser inneren und äußeren Wege war Jesus bereits im Begriff, zu seinem Gott und Vater zurückzukehren, den Jesus vielsagend sowohl »mein Gott« und »mein Vater« nennt, aber zugleich auch »euren Gott« und »euren Vater« (Johannes 20 ,17b). Jesus spricht hier bereits von seiner allgegenwärtigen und alles umfassenden Rolle als Christus. (Ich vermute, dass dies die gleiche Art von

Präsenz ist, die so viele Menschen unmittelbar nach dem Tod eines Freundes oder nur wenig später erleben.)

Ich glaube aufgrund der zweimaligen Wiederholung von »mein« und »euer«, dass der Text mitzuteilen versucht, dass das, was sich soeben ereignet, eine gemeinsame und geteilte Gotteserfahrung ist – seine und unsere. Ja, es handelt sich um ein und dieselbe Erfahrung! Man könnte sogar sagen, hier finden wir die erste Vorahnung der späteren Lehre vom Leib Christi als der totalen Einheit von Christus und allen Menschen (1. Korinther 12,12ff.). Jesus von Nazareth, ein für sich alleinstehender Mann, ist zum Christus geworden und damit zur Kollektiv-Persönlichkeit.

Wir pflegten ihn primär aufgrund *äußerer Wahrnehmung* zu kennen, aber nun kennen wir ihn primär aufgrund *innerer Begegnung*. (Dies ist die Art und Weise, wie wir alle Christus kennen, und man nennt das gemeinhin »Gebet«.)

Jetzt können wir die gesamte Geschichte der Maria Magdalena zusammenfügen. Offenbar war sie während seines ganzen öffentlichen Lebens eine Zeugin des personalen, konkreten Jesus von Nazareth. Aber nach der Auferstehung hat sie zusätzlich die einzigartige Erfahrung gemacht, die *erste Zeugin* des omnipräsenten Christus zu sein. Anschließend befolgte sie seine Anweisung und ging hin, um seinen Freunden mitzuteilen, was sie gesehen hat. Maria überbrachte also die gute Nachricht den »Aposteln« (Johannes 20,18; Matthäus 28,8). Diese herausragende Rolle machte sie in der Tat zur »Apostelin der Apostel«, was genau die Bezeichnung ist, mit der sie die frühe Kirche, zahlreiche Kommentatoren im Verlauf der Geschichte und sogar sehr alte liturgische Texte geehrt haben. »Der« erste Apostel war eine Frau. Das zu sagen ist kein Versuch, »politisch korrekt« zu sein. Es ist vielmehr deshalb wahr, weil die älteste Definition eines Apostels »Zeuge der Auferstehung« lautet (Apostelgeschichte 1,22).

Wie Maria müssen auch wir irgendwie hören, dass wir beim Namen gerufen werden, müssen auch wir hören, dass wir von der Liebe selbst angesprochen und wertgeschätzt werden, bevor wir Christus in unserer Mitte erkennen können. Und wie Maria müssen auch wir in der Regel mit einer konkreten Begegnung anfangen, bevor wir uns auf die universelle Erfahrung einlassen, die allen verfügbar ist. Spirituelles Wissen ist eine innere Begegnung und ein stilles inneres Erkennen, das wir normalerweise als »Seelen«-Wissen bezeichnen. Wir sind auf dieses intime innere Wissen angewiesen, weil wir nicht auf der Ebene des Sichtbaren stehenbleiben können, auf der wir meinen, wir könnten Gott als Privatbesitz lokalisieren, limitieren oder in Geiselhaft nehmen (siehe Johannes 20,29), oder weil wir Gott für etwas halten, was anderen »bewiesen« werden kann oder muss.

Das ist keine Kleinigkeit. Wenn Gott Gott ist, muss die göttliche Gegenwart notwendigerweise überall und universell zugänglich sein. Wenn du Gott physisch »anfassen« könntest, würde es leicht passieren, dass du denkst, Gott sei nur hier und nicht dort, Gott gehöre mir, aber nicht dir.

Es ist mit Händen zu greifen, dass die einzigartige und gewichtige Rolle der Maria Magdalena in den ersten Jahrhunderten eines fast vollständig patriarchalen Christentums keine angemessene Anerkennung fand. Die meisten gingen davon aus, dass alle Apostel Männer waren und dass deshalb das Priestertum und der kirchliche Dienst Männern vorbehalten werden sollte (als ob das Geschlecht eine Qualität des wahren Selbst, des geheilten Selbst oder des ontologischen Selbst in Gott sei!). Dieses Argument löst sich, wie mir scheint, in Wohlgefallen auf, da Jesus nach der Auferstehung *zuerst* Maria erschienen ist und ihr den Auftrag gegeben hat, seine erste Zeugin zu sein. Ja, am Ende wurden die Männer in alle Welt ausgesandt, zweifellos, weil seinerzeit in den meisten Kulturen ausschließlich Männer als verlässliche oder legale Zeugen oder gar als religiöse Lehrer ernst genommen wurden.

Es ist ferner der Erwähnung wert, dass die zwölf Männer in den Berichten der Evangelien durchgehend als äußerst begriffsstutzig und als notorische Zweifler und Zauderer porträtiert werden (Markus 16,11.13-14), aber das wird nicht als Hindernis im Blick auf ihre Leitungsfunktion betrachtet. Maria hingegen scheint die neue Art der Präsenz Jesu in dem Augenblick zu begreifen, wo er ihren Namen ausspricht. Diejenigen, die diese Präsenz spüren, sind befähigt, mit Vollmacht davon zu sprechen, und nicht nur diejenigen, die eine Rolle oder ein Amt bekleiden. Aber Institutionen können anscheinend nur aufgrund definierter Rollen oder Ämter strukturell überleben. Ich verstehe das gut.

Dennoch ist es nicht unbedeutend, dass zuerst eine Frau nötig war, die Jesus persönlich geliebt hatte, um eine Brücke von Jesus zu Christus zu schlagen. Maria gelangte deshalb so schnell zu vollständiger spiritueller Erkenntnis, weil dies ein *Wissen aufgrund einer Liebesbeziehung und persönlicher Betroffenheit* war. Man beachte, dass sie die Stimme Jesu erkannte und ihr vertraute, auch wenn sie ihn ansonsten noch nicht erkennen konnte. Wie sehr unterscheidet sich das doch von unserem viel häufigeren empirischen Wissen, das sich auf verschiedene Sorten von »Beweisen« beschränkt, auf seine eigene Art von Vernunft begrenzt ist und auf gelegentliche Momente spezieller göttlicher Offenbarung. Ich glaube, wenn wir die Menschen nicht auf *innere Reisen oder Liebesreisen* schicken, wird das gesamte religiöse Projekt noch mehr zu Bruch gehen, weil wir keine überzeugenden Zeuginnen und Zeugen echter Transformation haben.

Ich möchte darauf hinweisen, dass Maria ihren Weg nicht fortsetzt, indem sie nach Jesus greift, sondern indem sie ihm erlaubt, ihr den noch größeren Christus zu zeigen. Im Markusevangelium wird diese völlig neue Weise von Präsenz sehr bewusst angesprochen, wenn es da heißt: »Er zeigte sich ihnen in anderer Gestalt« (Markus 16,12). Andere Texte lassen ihn bi-lokalisieren (= an zwei Orten gleichzeitig sein), durch geschlossene Türen gehen, auf dem Wasser wandeln – alles Hinweise auf eine neue Art von Präsenz, die wir in unserem Zusammenhang den »Christus« nennen. (Einige dieser nachösterlichen Geschichten werden im Evangelium als vorösterlich dargestellt. Ich habe bereits die Verklärungsszene erwähnt und wie Jesus über das Wasser geht.) Wir müssen in der Regel Jesus auf einer bestimmten Ebene loslassen, bevor wir »Jesus, den Christus« akzeptieren und an ihn glauben können. Wenn dein Jesus zu klein bleibt oder zu sentimental (z. B. »Jesus, mein persönlicher Busenfreund«) oder zu sehr mit Zeitgeist und Gegenwartskultur verquickt, kommst du mit ihm nicht sehr weit. Damit Jesus zum Christus werden kann, muss er die Beschränkungen von Raum und Zeit, ethnischer Zuordnung, Nationalität, Klasse und Geschlecht hinter sich lassen. Er muss sich ganz klar über jede Form von Religion erheben, die in seinem Namen gegründet wurde und die dem Stammes- oder Clandenken verhaftet bleibt, fremdenfeindlich oder ausgrenzend ist. Sonst ist er ja alles andere als der »Retter der Welt« (Johannes 4,42). Darauf beruht ein großer Teil unseres Glaubwürdigkeitsproblems, das wir derzeit überall auf einer Welt erleben, die wir immer noch retten wollen.

Maria Magdalena dient uns als Zeugin persönlicher Liebe und Nähe, was für die meisten Menschen der beste und einfachste Ausgangspunkt auf dem Pfad zu universeller Liebe ist. Dann erlebte sie im Ostergarten einen plötzlichen Erkenntnisschub im Blick auf die universelle Präsenz oder Christus. *Er ist tatsächlich der Gärtner! Er ist Jedermann geworden und Jedefrau!* Sie hat sich mitnichten geirrt, als sie »annahm, er sei der Gärtner« (Johannes 20,15).

Bei unserem zweiten Zeugen werden wir jemandem begegnen, der beim Universalen Christus anfängt, was ihn schließlich zu einer tiefen Verehrung des gekreuzigten und auferstanden Jesus führt. Gott kann beide Wege benutzen, solange wir für die gesamte Reise auf dem eingeschlagenen Pfad bleiben.

PAULUS

Anders als Maria Magdalena ist Paulus dem irdischen Jesus »im Fleisch« nie begegnet; er kannte nur und für immer den Auferstandenen Christus. Weiter oben haben wir seine Erfahrung nacherzählt, wie er zu Boden ging und erblindet ist, und wir haben anschließend darüber nachgedacht, wie ihn sein Transzendenzerleben – komprimiert in seiner Lieblingsformel *»en Christo«* – von einer verengten religiösen Sichtweise weg- und zu einer universellen Vision hingeführt hat. Hier und jetzt möchte ich das Augenmerk darauf richten, wie Paulus letztendlich bei Christus angefangen hat, um dann ziemlich schnell zu einer vollständigen Identifikation mit Jesus zu gelangen, dessen *Stimme* er auf dem Weg nach Damaskus gehört hatte (Apostelgeschichte 9,4).

Anstatt die Gedankenwelt des Paulus primär als eine Argumentationskette zum Thema Sünde und Seelenheil zu interpretieren, wozu Christen lange Zeit geneigt haben, möchte ich Paulus als Zeugen sowohl einer persönlichen als auch einer kollektiven Transformation lesen, wie er sie selbst durchlaufen hat. Jesus repräsentiert die personale Ebene, und Christus steht für die gesellschaftlichen, historischen und sozialen Räume. Paulus lehrt tatsächlich beides, auch wenn das zweite bis vor fünfzig Jahren weitgehend *unter*betont wurde.

Man erinnere sich, dass Paulus – damals war er noch unter seinem hebräischen Namen Saul bekannt – auf dem Weg nach Damaskus eine Stimme hörte, die ihn fragte: »Warum verfolgst du mich?« Er fragte zurück: »Wer bist du Herr?«, und die Stimme sagte: »Ich bin Jesus, den du verfolgst« (Apostelgeschichte 9,4-5). Saul war anschließend drei Tage lang mit Blindheit geschlagen (was häufig ein Symbol für den notwendigen Übergang zu einer neuen Erkenntnis ist), und er musste an der Hand nach Damaskus geführt werden. Während dieser drei Tage lebte Paulus im *»Schwellenraum«* zwischen zwei Welten, wie ich das zu nennen pflege; er nahm keine Speise und keine Nahrung aus der »alten Welt« zu sich, an die er gewöhnt war, und begann seinen Übergang zu einer »neuen Welt« in Christus. Es handelt sich bei ihm um die klassische Beschreibung einer Bekehrung, und in der Folgezeit kommt es zu der typischen Vorwärtsbewegung *über Selbst-Liebe zur Gruppenliebe zu universeller Liebe.* Bei Paulus ging das erstaunlich schnell, wohingegen die meisten von uns ihre gesamte Lebenszeit dafür brauchen. Sehr bald schon war sein »Augenlicht wieder geheilt«, und der Hassprediger wurde in eine allumfassende Liebe hineingetauft. Er wurde zum führenden Lehrer und Verkündiger des Evangeliums (Apostelgeschichte 9,17), überragte darin sogar die ursprünglichen Zwölf und arbeitete sein restliches Leben dafür, eine solide Brücke zwischen seinem geliebten Judentum und dieser neuen jüdischen »Sekte« zu bauen, für die er das Christentum ursprünglich eindeutig gehalten hatte (man lese Römer 11).

Die Tatsache, dass Paulus Jesus nicht als Person aus Fleisch und Blut gekannt hat, macht ihn für uns alle, die nach ihm kommen, zu einer idealen Stimme, um auch unsere Christuserfahrung zum Ausdruck zu bringen. Es ist wissenswert, dass Paulus den Einzelnamen »Jesus« ohne Hinzufügung von »Christus« oder »Herr« in seinen echten Briefen nur ganze fünfmal benutzt. (Und zwei dieser Stellen finden sich im Hymnus aus Philipper 2,10-11, den er vermutlich nicht selbst verfasst hat.) In den vergangenen Jahrhunderten haben die meisten Christen Paulus so gelesen, als sei er darauf fokussiert, wie der Einzelne »in den Himmel kommt« und der Hölle entrinnt. Aber Paulus erwähnt unser gängiges Höllenkonzept kein einziges Mal! Die meisten Leute bemerken das gar nicht. Ich denke, er hätte der Auffassung Jesu zugestimmt, dass Menschen eher *durch* ihre Sünden als *für* ihre Sünden bestraft werden. Das Gute ist sein eigener Lohn, und das Böse ist seine eigene Strafe – auch wenn die Gedanken- und Sprachwelt jener Zeit dazu geführt hat, dass die meisten Leute Gott für die letzte Quelle von Lohn und Vergeltung gehalten haben.

Wenn man alle paulinischen Texte über das Böse bzw. »das Problem« studiert, sieht man, dass Sünde für Paulus letztlich eine Kombination aus Gruppenverblendung und Kollektivwahn war und sich das Individuum als machtlos erwies, sich dem entgegenzustellen (Römer 7,14ff.) und jeder Erscheinungsform des systemischen Bösen gewachsen zu sein (Epheser 6,12). Das Böse ist nicht nur individuelle Garstigkeit. »Unser Kampf richtet sich nicht gegen menschliche Kräfte, sondern gegen Mächte und Gewalten *aus der Finsternis, gegen Ungeister in der Luft, die hinter dem Bösen stehen*« (Epheser 6,12).Wir sehen heutzutage, dass diese Systeme (Großkonzerne, Nationalstaaten, Institutionen) ein Eigenleben führen und normalerweise der Vernunft oder sogar dem Gesetz keinerlei Rechenschaft schuldig sind – so sehr wir auch versuchen, sie zur Verantwortung zu ziehen. Die Menschen der Antike waren diesbezüglich ganz und gar nicht naiv.

Paulus hat anscheinend geglaubt, dass wir Menschen in einer Zwickmühle gefangen sind, und er war überzeugt, dass einzig und allein das korporative Gute dem korporativen Bösen je gewachsen sein würde – weshalb er den Aufbau von Gemeinschaft und »Kirche« so betont hat. Vermutlich deshalb hat man Paulus häufig den »Gründer der Kirche« genannt, und deshalb dürfte er von den ersten christlichen Gemeinden auch so viel erwartet und erhofft haben. Er war stolzes Elternteil seiner »Kinder« und Musterexemplare, die er den Heiden vorführen wollte. Deshalb kommt er zugegebenermaßen oft oberlehrerhaft und moralistisch daher, was viele an ihm nicht mögen. Aber man sollte sich daran erinnern: *Ein je größeres Licht du bist, desto größer ist auch der Schatten, den du wirfst.* Und Paulus ist ein gewaltiges Licht.

Was Paulus »Sünde« nennt und als »Adam« oder den »alten Menschen« bezeichnet (Römer 5,12ff.; 1. Korinther 15,21ff.), mögen viele von uns Heutigen die *»menschliche Tragödie«* nennen. Welche Terminologie auch immer du benutzt, Paulus glaubte, Christus habe die allgemeine menschliche Situation als Gefangenschaft diagnostiziert, ja, sogar als Sklaverei, und wie Jesus versuchte Paulus, uns einen Ausweg aus all dem zu zeigen, was er für kurzlebig, vergänglich, repressiv und letztlich illusorisch hielt. Seine Vision war nicht kosmetischer Natur, sondern revolutionär, und das entgeht uns, wenn wir ihn auf den Moralapostel oder »Kirchenmann« reduzieren.

Ich möchte unterstreichen, dass die Basis des Gesellschaftsprogramms Jesu etwas ist, was ich gern *Absage an jedweden Götzendienst* nenne, oder *die Rücknahme deiner Faszination für alle Königreiche außer dem Königreich Gottes*. Das ist eine weitaus bessere Agenda als das Gefühl, du müsstest Dinge wie Nationalstaaten, das Bankensystem, den militärisch-industriellen Komplex oder auch nur das religiöse System frontal attackieren. Nicht-Anhaften (Freiheit von voller oder letzter Loyalität gegenüber menschengemachten Herrschaftssystemen) ist die beste mir bekannte Weise, um die Leute von religiösem Übereifer oder jeder Art von antagonistischem Denken und Verhalten zu bewahren. *Du musst gegen gar nichts sein, solange du dich auf die Große Sache konzentrierst, für die du stehst!* (Man denke an Franz von Assisi und Mutter Teresa). Das Sündenkonzept des Paulus kommt unserem heutigen Verständnis von Sucht erstaunlich nahe. Genau deshalb wollte er uns von unserer Verzauberung durch das befreien, was für ihn »purer Müll« war (Philipper 3,8), der deine Loyalität nicht wert ist. »Wenn ich nur Christus haben kann und in ihm einen Platz finde!« Kannst du aus solchen Formulierungen das kollektive Christusverständnis des Paulus heraushören?

Aus paulinischer Sicht *genießen Suchtabhängige oder Sünder in Wirklichkeit die Welt nicht so sehr, wie sie von ihr versklavt sind.* Jesus ist gekommen, um uns für die diesseitige Welt eine wirklich alternative Gesellschaftsordnung zu zeigen und nicht nur einen späteren »Weg in einen jenseitigen Himmel«.

Ist jemandem aufgefallen, dass sich Jesus nicht besonders über die Art von Verhaltensmängeln aufgeregt hat, die die meisten von uns Sünde nennen? Stattdessen traf seine Aufmerksamkeit und Kritik jene, die sich selbst gerade nicht für Sünder hielten, die die eigenen Schattenseiten oder blinden Flecken nicht sehen konnten und auch nicht in der Lage waren, die eigene Beteiligung an den irdischen Herrschaftssystemen zuzugeben. Die meisten von uns greifen lieber ein einfaches, sichtbares Ziel an – mit Vorliebe Sex und andere Themen, bei denen es um den Körper geht – und fühlen sich diesbezüglich »sauber« oder »moralisch«. Wie jeder echte spirituelle Meister brachte Jesus die Wurzeln des Bösen (fast immer irgendeine Form von Götzendienst) ans Licht und verschwendete keine Zeit damit, an bloßen Symptomen herumzudoktern, wie es moralistische Zeitgenossen zu tun pflegen.

In seinem bahnbrechenden Aufsatz *Paulus und das introspektive Gewissen des Westens* schreibt der renommierte Harvard-Gelehrte und spätere lutherische Bischof von Stockholm Krister Stendahl (1921-2008), dass Paulus kaum jemals von persönlicher Schuld oder persönlicher und privater Erlösung spricht – auch wenn wir es noch so sehr gelernt haben, ihn so zu verstehen! Stendahl geht so weit zu behaupten, das Paulus in seinen sieben Originalbriefen nicht so sehr von individueller Vergebung spricht als von Gottes Pauschalvergebung für jedwede Sünde und alles Böse. Sünde, Erlösung und Vergebung sind bei den Propheten und bei Paulus prinzipiell kollektive, soziale und geschichtliche Konzepte. Wenn du das einmal begreifst, verändert es deine gesamte Lektüre der Evangelien.

Ich glaube in der Tat, dass Paulus letztlich ein evolutionärer Denker war, was er dann in großen Teilen von Römer 8 ausdrücklich ausspricht. Jetzt ist für Paulus und sein Denken echte Macht zugänglich und falsche Macht enttarnt; und *es ist für ihn nur noch eine Frage der Zeit, bis jede falsche Macht zerfällt*. Ich war während meiner eigenen kurzen Lebenszeit Zeuge eines großen Teils dieses Bewusstseinswandels – hin zu Gewaltlosigkeit und zur Inklusion, zu Mystik und zur Ausbreitung selbstloser Liebe, und gleichzeitig hin zu einer angemesseneren Weise, die Schattenaspekte der Dinge beim Namen zu nennen. Dies ist die allmähliche »Wiederkunft Christi«. Unsere derzeitig vorherrschende exzessiv parteiische Politik, gekennzeichnet durch wütende Kulturkriege und das Errichten von Wagenburgen rings um weiße Privilegien, sind Signale der letzten Schnappatmung des alten, aussterbenden Paradigmas. Jesus und Paulus haben dies schon vor zweitausend

Jahren geglaubt, und wir sehen jetzt, wie sich das mit rasant zunehmender Geschwindigkeit erfüllt. Die Statistiken sagen, die Gewaltrate von heute ist niedriger als jemals in der Geschichte. (Wie muss es dann erst früher ausgesehen haben?)

Für Paulus ist das alles ein »Game of Thrones«, ein Spiel der Throne; aber es gibt nur einen einzigen legitimen Thron, der die kleineren Königreiche auf Realitätsniveau zurückschrumpfen und schließlich untergehen lässt. »Jesus ist der Herr« ist vermutlich unser erstes schlichtes Glaubensbekenntnis und unsere erste Akklamation (1. Korinther 12,3) und konterkariert das imperiale römische »Der Kaiser ist Herr«. Das ist der großartige und kraftvolle Glaubensakt des Paulus. *Diese kleineren Gebilde haben ihren eigenen Lebens- und Sterbezyklus und können nicht durch das Töten oder »Erlösen« eines einzigen Individuums gekapert werden. Das Böse wurde von Jesus wie von Paulus vor allem als kollektive Gefangenschaft und Täuschung gesehen und nicht nur als individuelles pervertiertes Verhalten.* Natürlich sind im Rahmen des Gesamtbildes beide Sichtweisen wahr.

Sehr wichtig und eine völlig neue Idee des Paulus war, dass es im Evangelium nicht darum ging, Kriterien zu folgen, die *außerhalb* der menschlichen Person liegen – Paulus nennt sie »das Gesetz«, sondern dass sich der Ort der Autorität ins *Innere* der menschlichen Person verlagert hat. Deswegen mokiert er sich im Römer- wie im Galaterbrief so erstaunlich heftig über das Gesetz. Das wirkliche und »neue« Gesetz besteht in einer realen Verbundenheit mit *Jemandem, der in uns wohnt*: Die »Liebe Gottes ist durch den Heiligen Geist ausgegossen in unsere Herzen« (Römer 5,5 und durchgehend). Diese innere Autorität und dieser persönliche moralische Kompass, so glaubt er, werden uns besser leiten als jeder Druck oder jedes Gesetz von außen, und sie sind allen zugänglich. Das ist revolutionär und zugegebenermaßen auch unheimlich. Paulus schreibt in Römer 2,14-15, dass »sogar die Heiden ... von sich aus so handeln, wie es das Gesetz fordert, da dieses Gesetz, auch wenn sie es nicht kennen, offensichtlich ein Teil von ihnen selbst ist. Ihr Verhalten beweist, dass das, was das Gesetz fordert, ihnen ins Herz geschrieben ist.« Paulus liefert damit die Quelltexte für unsere noch immer weitgehend unterentwickelte Theologie des Naturgesetzes und des individuellen Gewissens. Er baut unmittelbar auf das auf, was Jeremia als den »neuen Bund« verheißen hatte (31,31-34), der »in unsere Herzen geschrieben« würde. Man fragt sich, ob die meisten von uns nicht immer noch im »alten Bund« des Gesetzes, der Ordnung und einer rein äußerlichen Autorität unterwegs sind. Paulus war einem Großteil der Geschichte weit voraus und wies uns bereits auf das hin, was ich die »Spiritualität der zweiten Lebenshälfte« nenne.[93]

Schließlich versucht Paulus, ein paar »audiovisuelle Hilfsmittel« für diese großartige Botschaft zu entwickeln, die er »Kirchen« nennt (ein Begriff, der bei Jesus nur zweimal vorkommt, Matthäus 16, 18 und 18,17). Er braucht lebendige und sichtbare Modelle für diese neue Art von Leben, die zeigen, dass sich die Christusleute tatsächlich vom Bewusstsein der Masse unterscheiden; er braucht Leute, »die hell und makellos sind ... vorbildliche Kinder Gottes inmitten einer verkehrten und heillosen Welt, in der sie leuchten wie Sterne in der Nacht« (Philipper 2,15). Er war überzeugt, dass wir als Christen innerhalb einer Kontrastgesellschaft, fast einer Utopie, leben und aus solcher Fülle heraus »in die Welt« gehen sollten. Stattdessen jedoch haben wir ein Modell geschaffen, das den Leuten erlaubt, fast ausschließlich in der Welt zu leben und sich mit den herrschenden Einstellungen zu Geld, Krieg, Macht und

93 Richard Rohr, *Reifes Leben: Eine spirituelle Reise*, Freiburg i.Br. 2015.

Geschlecht völlig zu identifizieren – und manchmal »in die Kirche« zu gehen. Ich bin mir nicht sicher, ob das funktionieren kann. Leute wie die Amischen[94], die Bruderhöfer[95], schwarze Kirchen und die Mitglieder einiger katholischer Orden haben vermutlich größere Chancen, ein alternatives Bewusstsein aufrechtzuerhalten; aber die meisten von uns anderen denken und handeln ziemlich ähnlich wie die uns umgebende Gesellschaft. Sicherlich sah Paulus das voraus und hatte die Absicht, dass seine neuen Christenmenschen sozusagen »in der Kirche« leben – und von dort aus in die Welt hinausgehen. Wir machen es nach wie vor genau umgekehrt, indem wir ganz und gar in weltlichen Systemen leben und ab und zu in die Kirche gehen.

Viele Leute allerdings finden diese Art von solidarischer Gemeinschaft heutzutage in Ideenschmieden, Selbsthilfegruppen, Literaturzirkeln, Bibel- und Gebetskreisen, Bauprojekten für die Armen, Heilungsgruppen oder Missionsorganisationen. Vielleicht ohne es selbst in seiner vollen Bedeutsamkeit zu erkennen, bewegen wir uns heutzutage vielerorts in die richtige Richtung. Wir schaffen viele Para-Kirchen, und einige neue Untersuchungen behaupten mit Blick auf die Statistiken, dass Christen nicht so sehr das Christentum hinter sich lassen, sondern sich Gruppen anschließen, die inmitten der Welt christliche Werte leben, anstatt jeden Sonntag zusammenzukommen, um den alten

94 Anmerkung des Übersetzers: Die *Amischen* haben ihre Wurzeln in der reformatorischen Täuferbewegung Mitteleuropas. Die meisten von ihnen leben heute im Osten der USA, haben eine große Sittenstrenge bewahrt, lehnen viele technische Neuerungen ab und sprechen einen eigenen Dialekt mit deutschem und schweizerischem Hintergrund (Pennsylvanian Dutch).

95 Anmerkung des Übersetzers: Die *Bruderhöfer* sind eine neu-täuferische Bewegung, die unter anderem vollständige Gütergemeinschaft praktiziert. Ihre Entstehung geht vor allem auf die Eheleute Eberhard und Emmy Arnold zurück, die 1920 in Hessen die erste Gemeinschaft gründeten. Nach der Vertreibung durch die Nazis 1937 flohen sie ins Fürstentum Liechtenstein, später nach England und Paraguay. Heute gibt es Niederlassungen in Australien, Großbritannien, Paraguay und den Vereinigten Staaten. Auch in Deutschland existieren wieder zwei Bruderhofgemeinschaften in Sannerz (2002) und Bad Klosterlausnitz-Holzland (2004).

Lesungen zu lauschen, das Credo zu rezitieren und Lieder zu singen. Insofern könnte derzeit viel mehr christliches Engagement wachsen und gedeihen, als wir annehmen.

Man erinnere sich:
Es kommt nicht auf den Markennamen an.
Es geht darum, dass das Herz Gottes hier auf Erden allen zugänglich gemacht und aktiviert wird.

Das unmittelbare Ergebnis der Predigt des Evangeliums ist überraschenderweise »Säkularismus«, indem die Botschaft wirklich zum Auftrag geworden ist und nicht zu einem Dauertraining des Teams. Die wichtige Sache ist, dass Gottes Arbeit gemacht wird, und nicht, dass unsere Gruppe oder irgendeine andere Gruppe die Lorbeeren einheimst. Ich begegne immer mehr Christinnen und Christen, die ihre Werte Tag für Tag leben und *es einfach machen* (»Orthopraxie«) anstelle von allem Getöse, wie Recht sie hätten (»Orthodoxie«). Es geht um Training und nicht um Belehrung, wie heutige Coachs gern sagen.

So wie der Universale Christus in Milliarden von Jahren völlig namenlos vorangeschritten ist, tut es der sich noch immer entfaltende Christus nach wie vor. Gott ist ganz offensichtlich ziemlich demütig und geduldig und wird den Job auch ohne unseren Propaganda-Jubel auf die Reihe kriegen. Wenn Gott eine Frau berufen kann, die einst von sieben Dämonen besessen war, und einen ehemaligen mordgierigen religiösen Zeloten, damit die beiden zu seinen Hauptzeugen werden, dann sollten wir am besten die Frage stellen: »Was haben sie denn bezeugt?« Das waren keine wirklich neuen Ideen, es war ein neuer Lebensstil, eine neue Energie, ein Weltbild, das an »Freiheit und Gerechtigkeit für alle« glaubte.

16
TRANSFORMATION UND KONTEMPLATION

Der Tag meines geistlichen Erwachens
war der Tag, als ich sah und wusste,
dass ich alle Dinge in Gott sah
und Gott in allen Dingen.
Mechthild von Magdeburg (1212-1282)

Wenn wir bisher davon abgehalten wurden, ein kosmisches Christuskonzept zu entwickeln und zu würdigen, lagen die Ursachen dafür weder in einem Mangel an gutem Willen noch in unserer geistiger Beschränktheit oder unserer Sturheit. Es lag vielmehr daran, dass wir versucht haben, eine weitgehend non-dualistische Sichtweise mit jenem dualistischen Geist zu verstehen, der den westlichen Rationalismus und unseren Glauben an die Wissenschaft beherrscht. Das wird niemals funktionieren. Den meisten von uns wurde nicht beigebracht, dass wir eine »Software« installieren müssen, die sich vom Geist des Entweder-Oder, des Problemlösens und des Alles-oder-Nichts unterscheidet, den wir brauchen, um unsere Tage zu überstehen. Nur das frühe Christentum und danach viele Mystikerinnen und Mystiker ahnten und wussten, dass Kontemplation eine ganz andere Art ist, unsere Erfahrungen zu verarbeiten – eine völlig unterschiedliche Sichtweise, die man die meisten von uns erst lehren muss.

Solche Seher wurden fast immer marginalisiert; das gilt zum Beispiel für die wunderbare Mechthild, die wir im Vorspann dieses Kapitels zitiert und von der die meisten vielleicht nie gehört haben. Wir haben viele dieser Gestalten posthum heiliggesprochen, als sie nicht mehr so bedrohlich waren; aber viele von ihnen mussten sich zu Lebzeiten selbst in die Wälder, in eine Praxis des Schweigens, in Einsiedeleien und Klöster zurückziehen – um Leib und Leben zu retten, wie ich vermute. Ein Feld-Wald-Wiesen-Christentum war ganz zufrieden mit einer göttlichen Gestalt, die man anbeten konnte, und man nannte ihn Jesus, ohne großes Interesse zu haben, was er tatsächlich für die Menschheit bedeutet.

Wie wir auf den bisherigen Seiten gesehen haben, wurde die viel umfassendere und das gesamte Universum umspannende Rolle Christi klar und eindeutig – und jeweils schon im ersten Kapitel – im Johannesevangelium und in den Briefen an die Kolosser, Epheser und Hebräer sowie im 1. Johannesbrief beschrieben, und kurz danach auch von den frühen Kirchenvätern des Ostens und noch später von vielen Mystikerinnen und Mystikern. Aber unser nicht-kontemplativer Geist hat nicht gemerkt, dass diese Schriftsteller die Realität anders verarbeiten, als wir es tun – ja, sogar extrem anders. Schließlich ist dieses von Haus aus argumentative Christentum noch mehr aus dem Ruder gelaufen. Es führte uns auf einen sehr beschränkten Wissenspfad der »Vernunft«, der keine Linse zur Verfügung stellen konnte, die weit genug war, um mit den erwähnten Bibelpassagen oder mit den alten kontemplativen Lehren zurande zu kommen. Es war wie der Versuch, das Universum mit einem allzu schwachen Teleskop zu betrachten. Wir waren derart intensiv damit beschäftigt, die Idee von Jesus als der persönlichen Inkarnation Gottes auszuformulieren, und zwar eines Gottes, wie er für ein Herrschaftssystem (östlicher oder westlicher Provenienz!) brauchbar war, dass wir nur wenig Zeit oder Bereitschaft übrig hatten, um diese Botschaft ins Universale zu verlängern für alles »Fleisch« (Johannes 1,14) und erst recht nicht für die gesamte Schöpfung (Römer 8,18-23). Und ganz sicher gab es da keinen Platz für »Sünder« oder Außenseiter fast jeder Sorte – was zweifellos das glatte Gegenteil der Botschaft und Mission Jesu war. Unsere kleinen Königreiche und unser kleiner Verstand brauchten einen Gott, der uns dienlich ist, und einen domestizierten Jesus, den man für folkloristische Zwecke einsetzen kann.

An dieser Stelle muss uns der kontemplative Erkenntnisweg zu Hilfe eilen, indem er uns erlaubt, eine kosmische Ahnung von Christus und eine Sicht auf Jesus zu entwickeln, die nicht auf Insider beschränkt ist. Dieser Weg wird uns auch helfen zu erkennen, dass uns keine böse Absicht vom Evangelium ferngehalten hat, sondern in der Tat ein Mangel an Achtsamkeit und der Fähigkeit, präsent zu sein (neben unserer gesellschaftlichen Verstrickung in die Strukturen von Macht, Geld und Krieg natürlich).

Der kontemplative Geist kann auf den Grund von Dingen blicken und sie in ihrer Ganzheit wahrnehmen anstatt nur in Einzelaspekten. Der binäre Geist, der für rationales Denken so gut geeignet ist, findet sich völlig jenseits der eigenen Liga vor, wenn es darum geht, mit Dingen wie Liebe, Tod, Leid, Unendlichkeit, Gott, Sexualität und dem Geheimnisvollen wirklich klarzukommen. Er beschränkt die Realität fortlaufend auf zwei Alternativen und hält sich für schlau, wenn er eine davon wählt! Das ist keine Übertreibung.[96] Die beiden Alternativen schließen einander prinzipiell aus und sind meist aggressiv: Die Dinge sind entweder total richtig oder total falsch, positiv oder negativ für mich, männlich oder weiblich, liberal (links, »demokratisch«) oder konservativ (rechts, »republikanisch«), christlich oder heidnisch und so weiter und so fort. Der binäre Geist sorgt im Nu für Sicherheit und Friedhofsruhe, aber niemals für Weisheit. Er hält sich für clever, weil er deine

96 Diesen Teil habe ich aus meinem Buch *Pure Präsenz* übernommen.

Idee mit einer entgegengesetzten Idee kontern kann. Da gibt es normalerweise keinen Platz für ein »versöhnendes Drittes«. Ich beobachte das fast jeden Tag an mir selbst.

In unserer Zeit macht mir die Tatsache Mut, dass der kontemplative Geist in seiner ganzen Breite und Tiefe neu entdeckt wird, der während der ersten beiden christlichen Jahrtausende weitgehend Mönchen und Mystikern vorbehalten war. Diese Wiederbelebung ist das Herz unserer Zielsetzung im *Zentrum für Aktion und Kontemplation* (»Center for Action and Contemplation) in Albuquerque/ New Mexico; sie war während der vergangenen vierzig Jahre auch das Herz meines eigenen Wirkens als Lehrer. Es geht dabei nicht um unsere Metaphysik (»was ist real«), sondern um unsere Epistemologie – *auf welche Weise wir meinen, die Realität zu erkennen*. Dafür können wir den kombinierten Einsichten aus der Psychologie, aus therapeutischer Arbeit, aus spiritueller Begleitung, aus der Geschichte und aus östlichen Religionen dankbar sein und außerdem der Wiederentdeckung der westlichen und östlichen kontemplativen Tradition, die in den 1960er-Jahren in den USA mit Thomas Merton begann. Heutzutage explodiert diese neue Erkenntnistheorie in aller Welt und in allen Denominationen – und hilft uns, die eigene Metaphysik so viel besser zu verstehen! Was für eine Ironie und Überraschung des Schicksals!

Offenkundig wächst im Christentum auch eine neue Art von Demut, wenn wir damit anfangen, unsere vielen gravierenden Fehler in der Vergangenheit zu erkennen, insbesondere unseren tragischen Umgang mit indigenen Gruppen in fast allen Nationen, die von Christen kolonialisiert worden sind, aber auch unser Schweigen und unsere totale Komplizenschaft mit Sklaverei, mit zerstörerischem Konsumrausch, mit Apartheid und weißen Privilegien, mit der Verwüstung des Planeten, mit Homophobie, Standesbewusstsein und dem Holocaust. Unsere dualistische Logik gestattete uns fast alles, wonach dem kollektiven Ego gelüstet hat.

Inzwischen sind wir ein bisschen weniger arrogant, wenn es darum geht, unsere »einzig wahre Religion« zu verstehen – geschweige denn zu leben. Und unsere Kritiker haben durchaus nicht die Absicht, uns unsere eigenen Fehler der Vergangenheit vergessen zu lassen. Die harschen Urteile der Menschheit gegenüber dem tatsächlichen Auftreten des real existierenden Christentums werden uns für den Rest der Geschichte verfolgen. Die Leute müssen nur googeln, um zu erfahren, was anscheinend tatsächlich geschehen ist.

Es gibt niemals eine Schwarz-Weiß-Geschichte, auch wenn unser dualistischer Verstand (auf beiden Seiten!) das gerne so darstellen würde. Man kann allerdings die dunkle Seite und Geschichte des Christentums kennen und trotzdem glücklich und gern Christ sein. (Ich selbst zähle mich zu dieser Gruppe!) Aber du brauchst einen kontemplativen oder non-dualen Geist, der dir nicht erlaubt, etwas zu leugnen, und dich zugleich Integration, Versöhnung und Vergebung lehrt. Du musst dein Zelt irgendwo auf dieser Welt errichten, und es gibt kein Podest der Unschuld, auf dem man abgesondert und über den Dingen stehend existieren könnte. »Blut schreit zum Himmel« von jedem Stück Land dieser Erde (Genesis/1. Mose 4,10). Nur unsere Egos sind es, die solch eine Überlegenheit wollen und fordern. Religion beginnt in der Regel mit »Reinheitscodes«, aber sie darf da nicht stehenbleiben.

Man kann diesem Geschichtswissen eine wachsende Kenntnis menschlicher Entwicklung, bestimmter Bewusstseinsstadien, spezifischer gesellschaftlich bedingter Voraussetzungen, unterschiedlicher Typologien (wie der von Myers-Briggs, Spiral Dynamics und des Enneagramms) hinzufügen.[97] Sie alle vermitteln uns ein weitaus ehrlicheres und hilfreiches Verständnis unserer selbst und unserer Mitmenschen. Wenn wir unseren kalkulierenden Verstand lange genug pausieren lassen und einen kritischen Blick darauf werfen, *wie wir erkennen*, ist das, als würde man eine farbige Weitwinkellinse in eine alte Schwarz-Weiß-Kamera mit ihren Beschränkungen installieren. Wir können anfangen zu begreifen, dass das Christusgeheimnis nichts ist, was wir beweisen müssen oder beweisen können, sondern *ein weites Feld, das wir persönlich wahrnehmen können*, sobald wir auf kontemplative Weise hinschauen, was sich oft eher wie symbolisch und intuitiv anfühlen wird als ausschließlich rational, eher wie ein non-duales Mysterium als all das, was uns nur binäre Entscheidungen anbietet, die eine in die Irre führende Abkürzung auf dem Weg zur Weisheit sind.

Viele haben begonnen zu sehen, dass man einen non-dualistischen und einen weder aggressiven noch diskursiven Geist braucht, um die *wirklich großen Themen* mit einem Mindestmaß an Tiefgang und Aufrichtigkeit zu bearbeiten, und den meisten von uns hat man niemals vermittelt, wie man das in der Praxis bewerkstelligt. Wir haben weitge-

97 Anmerkungen des Übersetzers: Der vor allem in den USA im Bereich von Coaching und Personalwesen sehr verbreitete *Myers-Briggs Typenindikator (MBTI)* ist ein Instrument, mit dessen Hilfe die im Ansatz von Carl Gustav Jung entwickelten psychologischen Typen erfasst werden sollen. *Spiral Dynamics* ist eine Theorie über die Entwicklung von individuellen und kollektiven Bewusstseinszuständen. Das Konzept wurde von Don Beck und Chris Cowan auf der Grundlage der Theorien von Clare W. Graves entwickelt und 1996 im gleichnamigen Buch (deutsche Ausgabe 2007) vorgestellt. Marion und Werner Küstenmacher und Tilmann Haberer haben das Konzept in ihrem vielbeachteten Buch »Gott 9.0 – Wohin unsere Gesellschaft spirituell wachsen wird« (Gütersloh 2010) unter anderem auf die religiöse Bewusstseinsentwicklung und den Wandel von Gottesbildern angewendet. Das *Enneagramm* ist eine spirituelle und transpersonale Typenlehre, die aufgrund verschiedener religiöser und entwicklungspsychologischer Theorien in den 1960er-Jahren des 20. Jahrhunderts von Oscar Ichazo entwickelt wurde und inzwischen weltweit bekannt ist. Aus christlicher Sicht: Richard Rohr, Andreas Ebert, »Die neun Gesichter der Seele«, München 1988. Alle diese Modelle werden aus »wissenschaftlicher« Sicht immer wieder als empirisch und rational nicht belegbar kritisiert, da sie eine non-duale, »weisheitliche« Sichtweise repräsentieren.

hend gelehrt, *was* man glauben soll anstelle von *wie* man glauben kann. Wir haben *an* Jesus geglaubt, oft geradezu so, als sei er ein Götze, anstatt *mit* Jesus einen expandierenden Glauben zu teilen, der immer demütig und geduldig ist (Matthäus 11,25) und nur von denen verstanden werden kann, die ihrerseits demütig und geduldig sind. Das würde ich gerne auf den restlichen Seiten dieses Kapitels und im nächsten Kapitel näher ausführen.

LIEBE UND LEID ALS ERKENNTNISWEGE

Ich bitte um Verzeihung dafür, dass ich diesen Abschnitt mit einer ziemlich absoluten Aussage einleite: Im Rahmen der Ordnung des Lebens sind wir praktisch unfähig, spirituelle Zusammenhänge in einer gewissen Tiefe auszuloten, *wenn wir niemals von tiefstem Herzen geliebt oder zutiefst gelitten haben.* Jede gesunde und »wahre« Religion lehrt dich, mit Leid umzugehen und mit Liebe umzugehen. Und wenn du diesen Prozess ernsthaft zulässt, wirst du schnell merken, dass es in Wirklichkeit Liebe und Leid sind, die mit *dir* umgehen. So wie nichts anderes es vermag! *Sogar Gott muss Liebe und Leid einsetzen, um dich all die Lektionen zu lehren, auf die es ankommt. Liebe und Leid sind seine wichtigsten Werkzeuge für unsere Transformation als Menschen.*

Seinerzeit hast du es vermutlich nicht begriffen, aber wann immer du dich im Flitterwochenstadium einer neuen Liebe befunden hast, hast du temporär eine Art von Einheit stiftendem, non-dualem und kontemplativem Geist erlebt. Während diesem begnadeten Abschnitt deines Lebens hattest du keine Zeit, um Streit zu suchen oder dich von Unwesentlichem irritieren zu lassen; du warst fähig, Beleidigungen wegzustecken und selbst deinen Geschwistern oder am Ende gar deinen Eltern zu vergeben. Mütter meinen, dass ihre Söhne wie neugeboren wirken, wenn sie neue Freundinnen haben! Sie sind richtig nett und räumen ihre Klamotten auf; sie sagen sogar Hallo! und Entschuldigung! Ich habe es immer geliebt, Traugespräche zu führen, weil die verlobten Paare sich da in der Regel in einer höchst lernbereiten Phase befanden und alles zustimmend abnickten, was ich gesagt habe. So wenig Gegenwind.

Umgekehrt betrittst du oftmals in den Tagen, Wochen und Jahren nach einem erschütternden Trauerfall, Verlust oder Tod eines Menschen, der dir nahestand, ebendiesen Raum des Einheit stiftenden Geistes, wenn auch diesmal durch eine andere Eingangspforte. Die Größe der Tragödie rückt alles ins rechte Licht, und schon das schlichte Lächeln einer Kassiererin erscheint dir wie ein heilender Balsam für deine traurige Seele. Du hast keine Zeit und Lust, Streit vom Zaun zu brechen, selbst nicht über Sachen, die dich vorher genervt haben. Es dauert nach dem Verlust eines Menschen, mit dem du tief verbunden warst, anscheinend mindestens ein Jahr, um wieder zu »normal« zurückzukehren, und oftmals schaltest du nie wieder völlig auf »normal« zurück. Du bist für alle Zeit neu konfiguriert. Häufig ist das die erste Geburtsstunde von Mitgefühl, Geduld und sogar Liebe, weil das Herz durch Schmerz, Depression und Trauer weicher und empfindsamer wird. Dies sind die bevorzugten Pforten zur Tiefe und zur Wahrheit.

Aber wie können wir diese kostbaren Früchte langfristig bewahren? Liebe und Leid führen uns an die Quelle eines kontemplativen Geistes, wenn wir uns denn überhaupt auf sie einlassen, und viele von uns öffnen sich zwar eine Zeitlang dafür, aber allzu oft kehren die meisten von uns zu dualistischen inneren Streitgesprächen und zu unseren alten ausgelutschten Urteilen zurück beim Versuch, das Leben wieder in den Griff zu kriegen. Die meisten von uns verlassen diesen allzu nackten Garten von Adam und Eva und begeben sich stattdessen in die Streit- und Konkurrenzwelt von Kain und Abel. Dann lassen wir uns »im Lande Nod (oder *Wanderschaft*) nieder, jenseits von Eden« (Genesis/ 1. Mose 4,16), bevor wir merken, wie uns nach alldem verlangt und dürstet, was wir seinerzeit in Eden verkostet haben. Vielleicht müssen wir eine Weile umherschweifen, um den Rückweg zu finden – oder bevor wir das wirklich mit aller Leidenschaft wollen.

Wenn wir ein paar gute Lehrerinnen und Lehrer haben, werden wir lernen, einen bewusst non-dualen Geist zu entwickeln, einen selbstgewählten Kontemplationsweg zu beschreiten oder regelmäßig einige spirituelle Praktiken oder Übungen zu absolvieren, die uns Tag für Tag einem Einheitsbewusstsein näherbringen. Welche Übung auch immer es ist, sie muss uns zum »täglichen Brot« werden. Das ist der Konsens spiritueller Meister aller Jahrhunderte. Die gängigen Namen für diese Praktiken der »Neuverkabelung« lauten »Meditation«, »Kontemplation«, jede Art von »Schweigegebet«, »Gebet der Sammlung« und »freiwilliger Rückzug in die Stille«, aber es handelt sich immer um eine Form der Unterbrechung und des Innehaltens, wie es von der jüdischen Sabbatruhe symbolisiert wird. Jede Weltreligion entdeckt – *auf ihren reifen Stufen* – irgendeine Übungsform, die uns von unserem Suchtgeist löst, den wir als normal hinnehmen. Keine Fast-Food-Religion und kein erfolgsorientiertes Christentum suchen solch einen Ort jemals auf. Sie bieten nur wenig echte Nahrung an, um Menschen durch schwere Zeiten, Irrungen und Wirrungen, Versuchungen, Götzendienst, Finsternis und Obsessionen hindurchzutragen, die am Ende des Tages immer auftauchen. Einige von uns nennen die heutzutage (vor allem in den USA und in Lateinamerika) verbreitete Form von Aufsteigerreligion das »Wohlstandsevangelium«, das bei denen populär ist, die nach wie vor großer Liebe und großem Leid aus dem Weg gehen. Diese Art von Religion weiß nicht, wohin mit der *Dunkelheit*, und deshalb projiziert sie das Dunkle immer woandershin. Fallen dir nicht sofort eine Reihe von Beispiele dafür ein?

Beginnend mit den 1960er-Jahren half uns die ständig wachsende Begegnung mit östlichen Religionen im Allgemeinen und insbesondere mit dem Buddhismus dazu, unsere eigene alte christliche Tradition neu zu entdecken. Durch Zisterziensermönche wie Thomas Merton und später Thomas Keating erfuhren Christen, dass wir diese Lehren schon immer auch selbst hatten, aber sie waren im Nebel versunken und spielten auch so gut wie keine Rolle bei unseren christlichen Reformationen im 16. Jahrhundert oder bei der katholischen Gegenreformation. Tatsächlich ist das genaue Gegenteil der Fall. Das gesamte Denken aller beteiligten Parteien war in den letzten fünfhundert Jahren hochgradig dualistisch, auf Spaltung angelegt und insofern gewalttätig. Bis zur Mitte des 20. Jahrhunderts fanden keine größeren gewaltlosen Revolutionen mehr statt.

Als die westliche Zivilisation ins Rollen kam und ihre zahllosen Pfade von Gewinn, Leistung und Eroberung zu beschreiten begann, schien der kontemplative Geist für unsere ichbezogenen Zwecke uninteressant oder sogar kontraproduktiv zu sein. Der kontemplative Geist erwies sich als Hindernis für unsere Philosophie der linken Hirnhälfte, wo es um Fortschritt, Wissenschaft und Wachstum geht, die auf ihre eigene Weise durchaus gut und notwendig sind – *aber nicht für Seelenwissen*. Auf der Strecke blieben fast jedes Verständnis für Paradoxien und das Mysterium oder die Weisheit des Unerkennbaren und Unsagbaren – was ja gerade jene ergebnisoffenen Eigenschaften sind, die biblischen Glauben so dynamisch, kreativ und gewaltfrei machen. Aber wir insistierten darauf, zu »wissen«, ja sogar *ganz sicher zu wissen*! Allzeit und auf jedem Schritt des Weges! Das ist längst nicht mehr der Erleuchtungspfad eines Abraham, eines Mose, einer Maria oder eines Jesus. Es ist vielmehr eine ziemlich überholte und völlig unbrauchbare Art von Religion und vermutlich der Grund, weshalb heutzutage so viele Menschen (die Hälfte der Bevölkerung des Westens?) sagen, sie seien inzwischen »spirituell, aber nicht religiös«. Ich kann ihnen das nicht verübeln; aber nichtsdestotrotz schwingen nach meinem Dafürhalten bei solchen Äußerungen Restbestände des alten dualistischen Denkens mit.

WESHALB DIESES INTERESSE AM BUDDHISMUS?

Ich bin überzeugt, dass Buddhismus und Christentum auf mannigfache Weise Antipoden und Schattengestalten füreinander sind. Sie offenbaren die blinden Flecken ihres jeweiligen Gegenübers. Verallgemeinernd kann man sagen, Christen des Westens waren nicht gut aufgestellt, wenn es um Kontemplation ging, und der Buddhismus war nicht besonders gut, wenn es um engagiertes Handeln ging. Immerhin sehen wir seit einigen Jahren, wie ein sogenannter »engagierter Buddhismus« wächst, den wir Lehrern wie Thich Nhat Hanh und dem Dalai Lama zu verdanken haben. Es gibt einen Grund dafür, dass Jesus in der Kunst meist mit offenen Augen und Buddha mit geschlossenen Augen dargestellt wird. Im Westen sind wir weitgehend als extrovertierte Religion mit all der Oberflächlichkeit aufgetreten, die damit einhergeht; und der Osten hat weitgehend introvertierte Religionsformen hervorgebracht mit bis dato wenig sozialem Engagement. Ich gehe das Risiko übertriebener Verallgemeinerung ein, wenn ich sage, wir haben Geist und Herz des Menschen nicht besonders gut verstanden und sie haben tätigen Dienst oder ein Engagement für Gerechtigkeit nicht besonders gut verstanden. Infolgedessen haben wir den Turbo-Kapitalismus hervorgebracht, während sie häufig einem ideologischen Kommunismus verfallen sind. Beide Religionen haben versucht, mit jeweils nur einem Lungenflügel zu atmen – und das ist keine gute Art von Atmung. Oder besser gesagt: *Man kann nicht nur einatmen, und man kann nicht nur ausatmen.*

Das abendländische Christentum ist bestenfalls dynamisch und verströmt sich. Aber die Kehrseite dieses unternehmerischen Instinkts hat immer wieder dazu geführt, dass es von den Gesellschaften und Kulturen, in die wir eingedrungen sind, entweder absorbiert worden ist oder sie brutal niedergetrampelt hat – anstatt auf tiefergehende Weise an ihrer Umgestaltung mitzuwirken. Aus uns wurde eine formalistische und effektive Religion, die es für ihre Aufgabe gehalten hat, den Leuten beizubringen, *was sie sehen sollen, anstatt wie man wirklich sieht*. Das hat eine Weile funktioniert, tut es aber meiner Meinung nach nicht mehr.

Ich habe in buddhistischen Klöstern in Japan, in der Schweiz und in den USA mitgelebt. Sie sind eindeutig disziplinierter als die meisten christlichen Monasterien und eindeutig ernsthafter. Die erste Frage aus dem Mund eines japanischen Abtes an mich lautete: »Worin besteht deine Übungspraxis?« Die erste Frage bei der Begegnung mit einem christlichen Abt wäre vermutlich: »Wie war deine Reise?« oder « Hast du alles, was du für deinen Aufenthalt hier brauchst?« oder »Bist du hungrig?« oder so ähnlich.

Beide Ansätze haben ihre Stärken und ihre Grenzen. Schwerpunkte des Buddhismus sind eher eine bestimmte Art von Erkenntnis und das Reinigen der Linsen als eine theistische Religion zu sein, die sich mit metaphysischen »Gottes-«fragen befasst. Indem der Buddhismus hauptsächlich lehrt, *wie* man richtig sieht, ist er für uns gleichzeitig anziehend und bedrohlich, weil er uns viel angreifbarer macht sowie eine regelmäßige und verbindliche Übungspraxis fordert – und nicht nur den gelegentlichen »Besuch« eines Gottesdienstes, wie es viele Christen praktizieren. Buddhismus, das ist eher eine Philosophie, eine Weltanschauung und eine vielgestaltige Praxis, die Wahrheit und Liebe in uns freisetzen will, als ein formales System von Glaubensaussagen zu irgendeinem Gottesbild. Er stellt Einsichten und Prinzipien vor, bei denen es um das *Wie* der spirituellen Praxis geht, und hat sehr wenig Interesse am *Was* oder daran, *Wer* hinter all dem steht. Das ist seine Stärke, und ich habe keine Ahnung, weshalb das irgendwelche »Gläubigen« bedrohen sollte.

Im Gegensatz dazu haben wir Christen Jahrhunderte damit zugebracht, das *Was* und das *Wer* der Religion zu definieren – und haben den Menschen sehr wenig *Wie* vermittelt, abgesehen von einigen quasi »magischen« Vollzügen (Sakramente, moralisches Verhalten und griffige Bibelverse), die von sich aus häufig wenig Auswirkung darauf haben, *wie* ein Mensch tatsächlich lebt, wie jemand sich ändert oder wächst. Diese Vollzüge neigen häufig dazu, eher die Geschwindigkeit der Menschen zu regulieren als sie zu irgendeiner wirklich neuen Begegnung oder Handlungsweise herauszufordern. Ich sage es ungern, aber das ist meine Erfahrung in fast 50 Jahren als Priester und Lehrer in vielen Gruppen.

Transformation oder Erlösung ist viel mehr als eine Gefälligkeit, die Jesus für gewisse Individuen erwirkt und irgendwo auf einem himmlischen Konto verbucht. *Es geht vielmehr um eine umfassende Landkarte für den ganz realen Lebensweg eines Menschen. Es handelt sich dabei um keine absolute Notwendigkeit, aber ganz gewiss um ein großartiges Geschenk!* Auf dieser Landkarte geht es außerdem um die Erfahrung der Teilhabe an einer irgendwie gearteten Gemeinschaft, nicht zuletzt an jener Gemeinschaft, die die

Weltgeschichte in ihrer Entfaltung darstellt. Ich glaube, das christliche Erlösungskonzept besteht nicht nur aus persönlicher Erleuchtung, sondern auch aus sozialer Verbundenheit und Gemeinschaft – was paradoxerweise am Ende zugleich Verbindung mit dem Göttlichen ist. Nur dies ist das vollständige inkarnierte Christentum, bei dem die vertikale und die horizontale Linie gemeinsam unser zentrales Logo formen, das Kreuz. Man vertraue niemals der vertikalen Linie oder der horizontalen Linie allein. Sie müssen sich kreuzen und sich miteinander verflechten und vereinigen. Und das bedeutet in der Tat Kreuzigung.

Spiritualität bedeutet, den Weg des Menschen zu würdigen, zu lieben und in all seiner Herrlichkeit und Tragik zu leben. Liebe und Leid haben nichts wirklich »Übernatürliches«. Das alles ist ganz natürlich und trägt uns durch das tiefe Zusammenspiel von Tod und Leben, Kapitulation und Vergebung in all ihren elementaren und fundamentalen Ausformungen. *»Gott kommt zu dir, indem er sich als dein Leben verkleidet«*, sagt meine Freundin Paula D'Arcy so trefflich. Wer hätte das gedacht? Mir hat man einst beigebracht, es ginge darum, zur Kirche zu gehen.

Echtes Christentum ist weniger ein Glaubenssystem als ein System des Lebens und Sterbens, das dir zeigt, wie du das Leben verschenken kannst, deine Liebe und schließlich auch deinen Tod. Es geht im Grunde darum, wie man *weggibt und schenkt* – und wie du dich dadurch mit der Welt, mit allen anderen Geschöpfen und mit Gott verbindest.

MEIN METHODISCHER ANSATZ

Erkenntnistheorie ist eine Wissenschaft, die versucht, die Frage zu stellen »Wie *wissen wir, was wir zu glauben meinen?*« und sie zu beantworten. Christen müssen sogar noch weitergehen und fragen: Wie *wissen wir das, was wir sicher zu wissen meinen?«* – damit wir einen sterilen Fundamentalismus, eine Unmenge von arrogantem Wissen und dualistische Argumentationsmuster stoppen können. *Der Zwang, zwischen zwei Möglichkeiten zu wählen, führt niemals dazu, mit Tiefgang, Behutsamkeit oder Mitgefühl zu sehen.* In unserer Lebensschule hier in New Mexico lehren wir eine Methode, die wir unser »Dreirad« nennen, weil sie sich auf drei Rädern vorwärtsbewegt: *Erfahrung, Bibel* und *Tradition*, denen man erlauben muss, einander zu korrigieren und ins Gleichgewicht zu bringen. Nur sehr wenige Christen wurden in der Vergangenheit dazu eingeladen oder angeleitet, alle drei Räder gleichzeitig zu nutzen, und erst Recht war es nicht erlaubt, dass die Erfahrung das Vorderrad ist. Wir versuchen darüber hinaus, *alle drei Räder auf »vernünftige« Weise zu nutzen,* im Wissen, dass die Vernunft am Ende das ganze Gefährt steuern würde, wenn wir ihr ein eigenes Rad zubilligen würden.

Bis heute haben Katholiken und Orthodoxe die Tradition zum Guten wie zum Schlechten benutzt, und Protestanten haben die Bibel zum Guten wie zum Schlechten benutzt, aber niemand von uns kam wirklich gut mit der Erfahrung zurecht. Erfahrung ist die Neue im Viertel. *Sie war schon immer da, aber wir hatten weder die Fertigkeiten noch die Redlichkeit zuzugeben, dass wir letztlich alle aufgrund eigener Erfahrung agieren.* Jetzt aber haben wir Werkzeuge wie Psychologie und spirituelle Begleitung – und Google. Sie können uns helfen, der ständig produktiven Quelle der Erfahrung, nämlich dem menschlichen Wesen, das wir sind, zu trauen und es infrage zu stellen.

Vor allem müssen wir uns daran erinnern, dass das Christentum in seiner reifen Gestalt zutiefst liebeszentriert ist und nicht informations- oder erkenntniszentriert, was man als »Gnostizismus« bezeichnet. Der Primat der Liebe gestattet unserem Wissen, wesentlich demütiger und geduldiger zu sein, und hilft uns bei der Erkenntnis, dass uns andere Traditionen – und andere Menschen – eine Menge zu lehren haben, und dass es umgekehrt auch eine Menge gibt, was wir mit ihnen teilen können. Diese Haltung aufrichtiger Selbsterkenntnis und vertiefter Verinnerlichung, das einhellige Zusammenwirken von Kopf (Bibel), Herz (Erfahrung) und Körper (Tradition), hilft vielen, im Blick auf die eigene tatsächliche Gotteserfahrung wesentlich integrierter und aufrichtiger zu sein.

ANDERE SICHTWEISEN

Wir lernen auch von anderen Kulturen, dass wir nicht einfach dadurch zur »Erkenntnis« oder zur Kontemplation gelangen, dass wir in der Stille sitzen und eine disziplinierte Haltung einnehmen, was wir uns bei unseren buddhistischen oder monastischen Freunden »abgeschaut« haben. Immerhin spricht Jesus kein einziges Mal über Körperhaltung! In ihrem Buch *Joy Unspeakable* zeigt uns Barbara Holmes, wie die Erfahrung der Schwarzen und der Sklaven zu einem völlig anderen Verständnis des kontemplativen Geistes geführt hat.[98] Sie nennt das »Krisenkontemplation«. Erleuchtung oder Gotteserkenntnis kann ja nicht einfach darauf beruhen, dass Leute gewillt sind, für längere Zeiträume aufrecht auf einer Matte sitzen – sonst würden 99 Prozent der Menschheit Gott nie und nimmer kennen. Barbara lehrt, wie die schwarze Erfahrung, gemeinsam zu stöhnen und Spirituals zu singen, zu immenser innerer Achtsamkeit geführt hat. Es war de facto die Teilnahme

98 Barbara Holmes, *Joy Unspeakable: Contemplative Practises of the Balck Church*, Minneapolis 2004.

an Klageliturgien und das Engagement durch gewaltfreien Widerstand, die einen qualitativ anders gearteten – aber tiefen – kontemplativen Geist hervorgebracht haben, wie er uns in Gestalten wie Fannie Lou Hamer[99], Harriet Tubman, Martin Luther King Jr., Howard Thurman[100] und Sojourner Truth[101] begegnet.

Dann sind da die Wandermeditierer wie der anonyme russische Pilger, der sein gesamtes Leben zu Fuß unterwegs war und dabei das Jesusgebet rezitiert hat[102], die amerikanische Friedenspilgerin, die zwischen 1953 und 1981 die Vereinigten Staaten durchwanderte, und heutzutage ihre modernen Nachfolger wie die Langstrecken-Hiker Jonathon Stalls und Andrew Forsthoefel, die die tiefe Weisheit eines ziellosen Wanderns oder eines »Lebens in drei Meilen pro Stunde« lehren. Mein damaliger spiritueller Begleiter, ein Jesuit, hat mir schon in jungen Jahren gesagt, für Typ-A-Persönlichkeiten wie mich wäre es viel besser, im Gehen anstatt im Sitzen zu meditieren.[103] Viele andere gelangen durch Aktivitäten wie Musizieren, Tanz oder Joggen zu einem kontemplativen Geist. Es geht vor allem um dein inneres Ziel und deine Intention und darum, was auch immer für dich Körper, Geist und Herz herunterholt und

99 Anmerkung des Übersetzers: *Fannie Lou Hamer* (1917-1977), schwarze US-amerikanische Bürgerrechtsaktivistin, kämpfte in den 1960er-Jahren für das Stimmrecht und die Gleichberechtigung der Afroamerikaner.

100 Anmerkung des Übersetzers: *Howard Thurman* (1899-1981), afroamerikanischer Schriftsteller, Philosoph, Theologe, Pädagoge und Bürgerrechtler, spielte eine führende Rolle in vielen Bewegungen und Organisationen für soziale Gerechtigkeit.

101 Anmerkung des Übersetzers: *Sojourner Truth* (etwa 1797-1883), US-amerikanische Abolitionistin, Frauenrechtlerin und Wanderpredigerin.

102 Emmanuel Jungclaussen (Hg.), *Aufrichtige Erzählungen eines russischen Pilgers*, Freiburg i.Br. 2000.

103 Anmerkung des Übersetzers: Die *Typ A und Typ B Persönlichkeitstheorie* (auch »Jacob Goldsmiths Theorie«) aus den 1950er-Jahren beschreibt zwei kontrastierende Persönlichkeitstypen entlang einem Kontinuum. A-Persönlichkeiten zeichnen sich durch einen starken Konkurrenzinstinkt, Ungeduld und eine eher feindselige Haltung gegenüber anderen aus, während die B-Persönlichkeit eher entspannt und zurückgelehnt ist.

sammelt. Oder wie es der alte Witz formuliert: *Es ist verboten, während des Betens zu rauchen! Aber es ist wundervoll und verdienstlich, wenn du während des Rauchens betest!*

Kontemplation ermöglicht uns, die Dinge in ihrer Zusammengehörigkeit und insofern mit Respekt zu sehen (erinnere dich, dass *re-spicere* bedeutet, ein zweites Mal hinzuschauen). *Bis Richard zur Erkenntnis gelangt und seine von Vorurteilen geleitete Gewohnheit, den Augenblick wahrzunehmen, irgendwie kompensiert, wird Richard in jeder neuen Situation tendenziell nichts als das eigene Gefühlsleben und die eigene Agenda sehen.* Das ist die Hauptlektion der »Kontemplation 101«, aber für den Durchschnittsmenschen fühlt sich das nicht wie »Gebet« an, weshalb vermutlich viele allzu schnell die Flinte ins Korn werfen und offenkundig anderen nie wirklich begegnen – ganz zu schweigen von *dem* Anderen. Sie begegnen nur immer wieder sich selbst. Bei der »Kontemplation 201« beginnst du, die Korrelation zwischen dem zu sehen, wie du *irgendetwas Beliebiges* tust und wie du *alles* tust. Das führt dazu, dass du mit dem gegenwärtigen Augenblick viel ernsthafter und respektvoller umgehst. Du schaust dir quasi selbst über die Schulter, und deine Egospiele entlarven und reduzieren sich.

Diese Art von Erkenntnis wiederspricht nicht der Ratio, aber sie ist wesentlich ganzheitlicher und inklusiver. Sie geht an Orte, an die die Vernunft nicht gelangen kann, aber kommt dann zurück und würdigt die Rationalität ebenfalls. In unserer Lebensschule nennen wir dies »kontemplative Erkenntnistheorie«. *Kontemplation ist tatsächlich die Veränderung, die alles verändert – und zunächst und vor allem die Person, die sieht.* Wenn ich beispielsweise versuche, den gegenwärtigen Zustand der US-amerikanischen Politik zu erkennen und zu verstehen, werde ich nur entmutigt und wütend und fange an, absolute Behauptungen aufzustellen, was niemandem hilft. Wenn ich all das »ins Gebet nehme«, wie wir das einst genannt haben, empfange ich die Informationen tatsächlich auf einem Schirm, der viel größer und freundlicher ist als mein kleiner Bildschirm, der permanent statisch und elektrisch aufgeladen wird, was mich irritiert.

ABER WESHALB SOVIEL GEREDE VON LEIDEN UND STERBEN?

Ich gehe davon aus, dass die Botschaft Jesu vom »Kreuz«, die jedem vitalen menschlichen Wunschdenken total zuwiderläuft, als dramatischer göttlicher Überraschungsmoment zur Erde geschickt werden musste, weil Gott wusste, dass wir alles tun würden, was in unsere Macht stünde, um diese Botschaft abzuwehren, ihr auszuweichen, sie zu verniedlichen oder aus ihr eine Theorie zu konstruieren. (Also genau das, was wir dann ohnehin getan haben.) Aber dies ist diejenige Botschaft Jesu, die um keinen Preis in den Hintergrund gedrängt werden kann und darf. Wir glauben an einen Christus, der Jesus entspricht – an einen Gott, der gemeinsam mit der Menschheit auf die Matte geht und ihr nicht nur eine himmlische und kosmische Vision vorführt. *Wenn Christus den Zustand nach der Auferstehung repräsentiert, dann repräsentiert Jesus den Pfad durch das Kreuz und den Prozess der Auferstehung, der nötig ist, um dorthin zu kommen. Wenn Christus Quelle und Ziel ist, dann ist Jesus der Weg von jener Quelle hin zu dem Ziel der göttlichen Vereinigung mit allen Dingen.*

Es ist nicht unbedeutend, dass Christen das Kreuz oder Kruzifix als ihr wichtigstes Symbol gewählt haben. Zumindest unbewusst haben wir erkannt, dass Jesus häufig davon sprach, »dein Leben zu verlieren«. Vielleicht ist Ken Wilbers Unterscheidung zwischen »Aufstiegsreligion« und »Abstiegsreligion« an dieser Stelle hilfreich. Er und ich, wir beide trauen der Religion des Abstiegs wesentlich mehr, und ich glaube, Jesus tat das auch. Hier ist vornehmlich von Verlernen, Loslassen, Kapitulieren und vom Dienst für andere die Rede und *kein Platz für die Sprache der Selbstoptimierung – die so oft hinter unseren populären Konzepten von »Erlösung« lauert.* Wir müssen diesbezüglich ehrlich sein. Wenn wir nicht aufpassen, machen wir Jesu Religion des Abstiegs einmal mehr, wie schon so oft zuvor, zu einer neuen Form von Aufstiegsreligion.

»Selig sind die geistlich Armen« sind Jesu erste Worte in der Bergpredigt (Matthäus 5,3). Und obwohl Jesus das während seines gesamten Lebens eindeutig klargestellt hat, haben wir aus dem Christentum weitgehend eine Religion gemacht, bei der das faktisch wirksame Programm darin besteht, zu einer gewissen moralischen Vervollkommnung zu gelangen, irgendeine Erlösung zu erreichen, »in den Himmel zu kommen«, andere zu bekehren anstatt uns selbst und nach mehr Gesundheit, Wohlstand und Erfolg in der Welt zu streben. Bei der Verfolgung dieser Ziele endeten wir häufig damit, dass wir uns auf Herrschaftssysteme, Krieg und die Kolonisation des Planeten eingelassen haben anstatt auf Jesus oder auf die Machtlosen. Nichts als Aufstieg und wenig Abstieg, und das alles hat uns spätestens im 21. Jahrhundert eingeholt.

Auch Buddhisten sprechen viel und oft über Leiden und Sterben und schaffen dadurch ihre eigene Art einer Religion des »Abstiegs« – sogar noch deutlicher und direkter, als Jesus es tat. »Leben ist Leiden« ist eine der *Vier Edlen Wahrheiten*. Aber im buddhistischen Kontext ist Leiden keine Bedingung der Jesusnachfolge, kein Weg, um Verdienste für die Ewigkeit zu sammeln, nicht jenes sprichwörtliche »Tragen des Kreuzes« um des Seelenheils willen und auch kein Trainingsmotto wie »no pain no gain« (Kein Schmerz, kein Gewinn). Stattdessen *wird Leiden als der konkrete und reale Preis für das Loslassen von Illusionen, falschen Begierden, einer Haltung der Überlegenheit und dem Gefühl verstanden, isoliert zu sein*. Gleichzeitig wird unterstrichen, dass Leiden auch der Preis ist, den man zu zahlen hat, wenn man *nicht* loslässt, was womöglich ein noch besserer Weg ist, Ursache und Sinn des Leidens zu lehren.

Wann immer du dich einem negativen, anklagenden, zwanghaften oder ich-bezogenen Gedanken, Wort oder Verhalten überlässt, nennen das die Buddhisten »sterben«! Macht, Selbstbild und Herrschsucht geben nicht kampflos auf, und das stimmt zuallererst für das Innenleben unseres Geistes, wo die Täuschungen ihren Ausgang nehmen. Man beobachte nur einen Zweijährungen, der lernt, zu seinen Eltern Nein zu sagen. Die Schlacht beginnt frühzeitig, kehrt mit voller Kraft in der Teenagerzeit und bei jungen Erwachsenen wieder und hört eigentlich niemals auf. Auf der praktischen Ebene haben viele Buddhisten Jesu Worte bestens verstanden: *»Wenn das Weizenkorn nicht in die Erde fällt, bleibt es nichts als ein einzelnes Korn. Aber wenn es stirbt, bringt es viel Frucht«* (Johannes 12,24). Sie mögen diese Botschaft vielleicht sogar konkreter und unmittelbarer verstanden haben, als wir Christen es taten! Solch tägliches und »notwendiges Leiden« ist sowohl der Preis der Erleuchtung des Selbst als auch der Preis des Mitgefühls für andere. Genau das meinen alle spirituellen Meister, wenn sie vom »Sterben, bevor du stirbst« reden oder von der »Einübung ins Sterben«. Ich persönlich traue keinem spirituellen Lehrer, der im Zusammenhang mit dem notwendigen Pfad des Abstiegs nicht eindeutig und äußerst aufrichtig ist.

Sowohl das Christentum als auch der Buddhismus halten fest, dass *der* Pfad der Wandlung, *das* Muster, das verbindet, und *das* Leben, das die Realität uns anbietet, nicht darin besteht, dem Tod auszuweichen, sondern immer darin, dass der Tod transformiert wird. Mit anderen Worten besteht der einzig vertrauenswürdige Pfad der spirituellen Transformation aus Tod *und* Auferstehung. Christen lernen, Prüfungen anzunehmen, weil uns Jesus gesagt hat, wir müssten gemeinsam mit ihm »das Kreuz tragen«. Buddhisten tun es, weil der Buddha ganz eindeutig gesagt hat, dass »Leben Leiden ist«; aber das eigentliche Ziel besteht darin, echtes und notwendiges Leiden jenem selbstgemachten Leiden vorzuziehen, das normalerweise nur aus Ärger und Projektionen besteht. Diesbezüglich war der Buddha ein spirituelles Genie, und wir Christen könnten von ihm und seinen reifen Nachfolgern eine Menge lernen. Für Christen ist das Ziel allerdings göttliche Liebe und nicht die Überwindung des Leids. Aber man beachte einmal, wie viele Buddhisten schließlich zu höchst empathischen Mitmenschen werden!

Beide Gruppen sagen, dass Tod und Leben zwei Seiten derselben Medaille sind und dass man das eine nicht ohne das andere haben kann. Jedes Mal, wenn du bereit bist, dich auszuliefern, jedes Mal, wenn du dich dem Sterben anheimgibst, wird dein Glaube auf eine tiefere Ebene geführt und du entdeckst darunter ein größeres Selbst. Du entscheidest dich nicht dafür, dich in die Vorderfront zu drängeln, und etwas viel Besseres geschieht hinter der Frontlinie. Du lässt deinen narzisstischen Ärger fahren und findest heraus, dass du dich viel glücklicher fühlst. Du gibst das Bedürfnis auf, deinen Partner zu beherrschen, und endlich blüht die Beziehung auf. Aber es ist jedes Mal eine Entscheidung – und jedes Mal eine Art kleiner Tod.

Die Mystiker und die großen Heiligen waren diejenigen, die diesem Muster vertraut und es zugelassen haben. Oftmals haben sie sozusagen gefragt: »Was habe ich je verloren, indem ich gestorben bin?« Oder man nehme den berühmten Einzeiler des Paulus: »Christus ist für mich Leben, und Sterben ist für mich Gewinn« (Philipper 1,12). Inzwischen zeigen sogar wissenschaftliche Studien einschließlich solcher, die sich mit Nahtoderfahrungen befassen, dasselbe Muster. Die Dinge verändern sich und wachsen, indem ihr gegenwärtiger Zustand stirbt, aber jedes Mal ist das auch riskant. »Wird es auch diesmal klappen?«, fragen wir immer wieder. Viele akademische Disziplinen stimmen auf je eigene Weise darin überein, dass in dieser Welt und auf allen Ebenen eine ständige Bewegung von Verlust und Erneuerung in Gang ist. Dabei scheint es sich um das Muster alles Wachsens und jeder Evolution zu handeln. Leben bedeutet, sich diesem unvermeidbaren Fluss anzuvertrauen. Dasselbe Muster findet sich in jedem Atom, in jeder zwischenmenschlichen Beziehung und in jeder Galaxis. Indigene Völker, hinduistische Schriften, Buddha, Mose, Mohammed und Jesus, sie alle sahen es längst und redeten von einer Art »notwendigem Sterben«.

Wenn dieses Muster stimmt, dann hat es zu allen Zeiten und an allen Orten gestimmt. Diese Sichtweise gibt es nicht erst seit 2000 Jahren. Alle, die wir auf der Reise sind, müssen schließlich auf jeweils eigene Weise lernen, etwas Kleineres loszulassen, damit sich etwas Größeres ereignen kann. Aber das hat nichts mit Religion zu tun – das ist eine offensichtliche Wahrheit. Es ist die Art und Weise, wie die gesamte Realität funktioniert.

Ja ich behaupte,
dass die *Weise, wie alle Dinge funktionieren,* und Christus ein und dasselbe sind.
Das ist keine Religion, der man entweder inbrünstig folgen oder die man wütend zurückweisen muss oder kann.
Es ist die Reise in einem Zug, der bereits in Bewegung ist.
Die Gleise sind überall sichtbar.
Du kannst bereitwillig und voller Freude mitreisen.
Oder auch nicht.

17
JENSEITS BLOSSER THEOLOGIE: ZWEI PRAKTISCHE ÜBUNGEN

Reden ist nicht Trainieren.

Ratschlag aus dem Coaching für Manager

Du hast mir freundlicherweise erlaubt, dich auf dieser Christusreise zu leiten, und ich danke dir für dein Vertrauen. Ich glaube, das war von deiner Seite ein demütiger Vertrauensakt. Aber du magst dich immer noch fragen: Welchen Unterschied macht dies alles? Ist das einfach noch mehr Theologie und Theorie? Noch so eine Reihe von Ideen, die man ins Bücherregal stellen kann? Noch so ein gut getarnter religiöser Trip?

Diese kritischen Fragen bringen etwas Wichtiges auf den Punkt: Solange die Erkenntnis des Christusmysteriums dich nicht auf der Ebene des Körpers, des Gehirns und der Zellen *neu verkabelt* – solange du es nicht wirklich auf neue Weise sehen und erfahren kannst –, wird das Ganze nichts als eine weitere Theorie oder Ideologie bleiben, noch so ein Buch, das du gelesen und reflektiert hast, um es dann im Laufe von ein paar Wochen zu vergessen. Es hat den größten Teil meiner fünfundsiebzig Jahre gedauert, bis ich damit anfangen konnte, meinen christlichen Glauben auf dieser Erfahrungsebene des Bewusstseins wahrzunehmen und zu genießen. Ich hoffe, dass ich dir ein paar dieser Jahre ersparen und dazu beitragen kann, dass du viel früher damit anfängst, ein echtes Christusbewusstsein zu genießen. Wie schon das Motto dieses Kapitels betont: Menschen einfach etwas einzureden ist weitgehend wirkungslos, wenn es nicht von einer soliden Trainingspraxis begleitet wird, bei der wir üben, *unsere Reaktionsweisen tatsächlich neu zu vernetzen*. In diesem Kapitel nun will ich dir zwei bewährte Praktiken vorstellen, die wir im »Zentrum für Aktion und Kontemplation« vermitteln. Zunächst aber möchte ich noch etwas zum Thema Übung sagen.

Übung bedeutet, selbst Teil des Flows zu sein, wohingegen Theorie und Analyse den Flow aus einer abgeschotteten Position beobachten. Übung bedeutet, von deiner Mitte aus nach außen zu blicken; Analyse bedeutet, so auf dich selbst zurückzuschauen, als seist du ein Objekt. Durch Analyse magst du etwas mit dem Intellekt lernen, aber während dieses Vorgangs ist es gut möglich, dass du dich von deiner tieferen inneren Erfahrung abkoppelst. Solange du nicht weißt, wie sich dein eigener *Flow* anfühlt, weißt du nicht einmal, dass es so etwas überhaupt gibt. Und du musst ferner lernen, wie sich *Widerstand* anfühlt. Nimmt er die Gestalt von Schuldzuweisungen, Wut, Angst, Vermeidung, Projektionen, Leugnung oder vom drängenden Bedürfnis an, etwas vorzutäuschen? Du musst die cleveren Tricks bei den Hörnern packen wollen, die dich persönlich Tag für Tag vom wirklichen Leben abhalten, oder sie werden dein Leben steuern – und du wirst sie nie erwischen. Du wirst denken, dass *du* »denkst« oder »entscheidest«, wenn du in Wirklichkeit nur nach Programm agierst. Einen Ausweg aus der eigenen Programmierung zu finden ist ein wesentlicher Teil dessen, was wir »Bewusstsein« nennen.

Als Allerersten müssen wir eine Gebetsweise finden, die tatsächlich in unser Unbewusstsein eindringt, sonst ändert sich nichts wirklich Tiefgreifendes. In der Regel wird das irgendeine Art von Sammlungsgebet, Gehmeditation, Einübung ins Loslassen, Schattenarbeit oder von freiwilligem Rückzug in eine längere Phase des Schweigens sein (wie ich es getan habe, als ich den ersten Entwurf dieses Buches niedergeschrieben habe, wo ich fünfunddreißig Tage lang weitgehend allein in der Stille war). Was immer du wählst, es wird sich eher wie Verlernen anfühlen als wie Lernen, mehr wie Kapitulation als wie Erfolg. Das ist vermutlich der Grund, weshalb so viele von vorneherein eine Abneigung gegen Kontemplation haben. *Das Ganze fühlt sich eher nach einem Verzicht auf Gedanken im Allgemeinen an als nach einem Zuwachs an neuen oder guten Gedanken. Es fühlt sich eher wie bloßes Loslassen an als wie das Erreichen irgendeines Ziels.* Das steht dem emotionalen Haushalt unseres von Natur aus »kapitalistischen« Geistes diametral entgegen und ist der seit Menschgedenken verbreitete Widerstand gegen jede Art von Abstiegsreligion.

Das menschliche Bedürfnis nach physischen Übungen, die den Körper einbeziehen, ist nicht neu. Während der christlichen Geschichte gab es bei uns immer die »Sakramente«, wie Orthodoxe und Katholiken sie nennen. Bevor im 16. Jahrhundert das Zeitalter der allgemeinen Alphabetisierung anbrach, erlaubten bestimmte Praktiken wie Pilgerreisen, Gebetsperlen, Niederfallen, Verneigungen und Kniebeugen, die »Selbstsegnung« mit dem Zeichen des Kreuzes, Statuen, das Besprengen von Gegenständen mit Weihwasser, dramatische Mysterienspiele und Liturgien, Weihrauch und Kerzen allesamt der Seele, sich durch die Außenwelt zu erkennen, einen Vorgang, den wir in diesem Buch frech »Christus« genannt haben. Diese äußeren Bilder dienen in einer Weise als Spiegel des Absoluten, was dem Verstand häufig entgehen kann. *Ein Sakrament ist alles, was als Abkürzung zum Unendlichen dient, aber es wird immer in etwas verborgen sein, was ganz und gar endlich ist.*

1969 wurde ich als Diakon ausgesandt, um im Pueblo Acoma zu arbeiten, einer uralten indigenen Gemeinschaft im westlichen New Mexiko. Als ich dort Fuß fasste, habe ich mit Erstaunen entdeckt, dass viele katholische Praktiken bei den amerikanischen Ureinwohnern direkte Pendants hatten. Inmitten der Tafelberge sah ich Altäre, die mit Bündeln von Gebetsstöckchen bedeckt waren. Ich bemerkte, wie die Bewohner von Acoma bei Bestattungen Maiskörner verstreuten, ähnlich wie wir Weihwasser verspritzen, und wie das, was wir neumodisch »liturgischen Tanz« nennen, bei ihnen an jedem Festtag Standard war. Ich habe beobachtet, wie Mütter ihren Kindern beibrachten, sich den morgendlichen Sonnenschein ins Gesicht zu wedeln, genauso wie wir lernen, mit dem Zeichen des Kreuzes »uns selbst zu segnen«, und wie die Menschenweihe mit qualmendem Salbei fast exakt dasselbe war, was wir bei unseren katholischen Hochämtern mit Weihrauch zu tun pflegen. All diese Praktiken haben eines gemeinsam: Sie sind *spielerisch ausagierte, pantomimisch dargestellte und leiblich manifestierte* Ausdrucksformen des Geistes. Die Seele erinnert sich ihrer auf einer beinahe vorbewussten Ebene, weil sie sich in unserem Muskelgedächtnis festgesetzt haben und visuell abrufbar sind. Die Spätformen des Protestantismus taten sich schwer damit, das zu verstehen.

Versuchen wir uns also an einer Übung, die zu leibhaftem Wissen führt. Ich habe eine besonders gute in *The Book of Privy Counseling* (»Buch der Geheimen Seelsorge«) gefunden, einem weniger bekannten Klassiker des anonymen Autors der *Wolke des Nichtwissens*[104]. Ich mag diese Übung vor allem, weil sie so einfach und für mich selbst so wirkungsvoll ist, sogar mitten in der Nacht, wenn ich zwischen drei und sechs aufwache, wo die Psyche am wehrlosesten ist (manche nennen das die »Wolfsstunde«), und wenn ich nicht wieder einschlafen kann. (Andere nennen das einfach »Schlaflosigkeit«!) Warnung! Dieses Muster verschlimmert sich, wenn man älter wird, deshalb tust du dir selbst einen Gefallen,

104 William Johnston (Hg.), *The Cloud of Unknowing and The Book of Privy Counseling*, Image Classics 15, 1996.

wenn du die folgende Übung rechtzeitig erlernst! Ich habe die genauen Formulierungen des Autors für unsere sehr praktischen Zwecke hier zusammengefasst. Meine Paraphrase:

ÜBUNG I: SCHAU EINFACH, DASS DU DA BIST

Zunächst einmal »nimm Gott einfach so hin, wie Gott ist. Akzeptiere Gottes huldvolle Gnade, so wie du es mit einer glatten, einfachen und weichen Kompresse machen würdest, wenn du krank bist. Greif nach Gott und drück Gott auf dein heilloses Selbst, einfach so wie du bist.«

Zweitens solltest du wissen, wie dein Geist und dein Wille ihre Spielchen mit dir treiben werden.

»Hör damit auf, dich selbst oder Gott zu untersuchen. Du kommst damit klar, wenn du nicht so viel von deiner Kraft darauf verschwendest zu entscheiden, ob etwas gut ist oder schlecht, gnädig geschenkt oder von deinem Temperament angetrieben, göttlich oder menschlich.

Sei drittens getrost:

»Bring dein einfaches nacktes Wesen zum freudvollen Wesen Gottes, denn ihr beide seid in der Gnade eins, auch wenn von Natur aus getrennt.«

Und schließlich: »Schau nicht darauf, was du bist, sondern einfach, dass du bist! Wie hoffnungslos töricht müsste eine Person sein, wenn sie oder er nicht begreifen würde, dass er oder sie einfach da ist!«

Drück die weiche warme Kompresse dieser liebevollen Worte auf dein leibliches Selbst, lenke den Geist und sogar die Gefühle des Herzens um und verzichte darauf, zu untersuchen, wer du bist oder nicht bist.

»Einfach, dass du da bist!«

Ich mag diese Übung, weil sie zu einer sehr leiblichen Erfahrung dessen werden kann, worüber wir in diesem ganzen Buch reden. Dein eigener Leib – in seinem nackten Dasein und ohne Beteiligung irgendeiner »Tätigkeit« – wird so zum Ort der Offenbarung und inneren Ruhe. Christus wird »entspiritualisiert«.

ÜBUNG II: DIE GESAMTE MATERIELLE WIRKLICHKEIT ALS SPIEGEL

Nach Betrachtung der Objekte des Kosmos
finde ich keines
und auch kein Teilchen von einem,
das keinen Bezug zur Seele hat.
Walt Whitman

Ich habe oft gesagt, Erlösung sei keine Frage des *Ob*, sondern eine Frage des *Wann*. Sobald du mit Gottes Augen siehst, wirst du alle Dinge in ihrer Gesamtperspektive sehen. Einige schieben das bis zum Augenblick des Todes oder sogar bis nach dem Tod auf (»Purgatorium« oder »Fegfeuer« war unser merkwürdiger Begriff dafür). Erlösung bedeutet für mich einfach, den »Sinn Christi« zu haben (1. Korinther 2,16), den Paulus als denjenigen beschreibt, »der die Welt, das Leben und den Tod, die Gegenwart und die Zukunft zu euren Dienern macht, denn ihr selbst gehört Christus, und Christus gehört Gott« (1. Korinther 3,23).

Alles gehört am Ende dazu, und du bist ein Teil davon. Dies zu wissen und zu genießen sind gute Beschreibungen von Heil und Erlösung.

Ich möchte dieses Buch mit einer ausführlichen Spiegelmeditation beenden, die ich einst aufgeschrieben habe. Ziel dieser Meditation ist es, dich neu zu verkabeln – sowohl geistig als auch körperlich –, damit du alle Dinge in Gott und Gott in allen Dingen siehst. Ich merke, dass diese Art des Sehens bei regelmäßiger Übung schon bald zu einem eigenen Lebensstil werden kann, bei dem die natürliche und materielle Welt für dich zum täglichen Spiegel deiner selbst werden können und dir Teile von dir zeigen, die du auf andere Weise vielleicht nicht erfahren hättest, indem sie die Tiefenstruktur der Wirklichkeit offenbaren und vor allem zeigen, dass es wahr ist, was wir über den Christus sagen: Die Außenwelt ist ein Sakrament Gottes.

Lies die folgende Meditation langsam, in Teilen oder ganz. Wenn du merkst, dass dich eine bestimmte Formulierung in einer gewissen Tiefe anspricht, halte inne und verweile dabei, bis sich das Gefühl verflüchtigt. Verwechsle diese sinnliche Wahrnehmung nicht mit deinen eigenen Gedanken oder bloßer Hirnchemie. Begrüße sie stattdessen als den Ausfluss Göttlicher Liebe.

DER GÖTTLICHE SPIEGEL

Ein Spiegel nimmt auf, was er sieht, und strahlt es zurück.
Er urteilt und ändert nicht, schreibt keine Kommentare.
Wir sind es, die so etwas tun.
Ein Spiegel zeigt einfach, was ist.
Und lädt dich zur Antwort ein.

Ein Spiegel, die Sonne und Gott sind ein und dasselbe.
Sie sind einfach da und strahlen und glänzen.
Ihr Wesen sind Licht und Liebe und endloses Geben.
Du kannst sie nicht kränken, ihr Strahlen nicht stoppen.
Du kannst nur beschließen,
Empfang und Genuss zu verweigern.
Doch wenn du dann schaust, wirst du sehen:
Sie sind immer noch da!
Und strahlen vollkommen.
Und haben das immer gemacht.
Die Botschaft bleibt gleich und ist gut und schenkt Leben.
Es gibt nur die Seher und die, die nicht schauen,
Empfänger und solche, die nicht auf Empfang sind.

Wenn wir es lernen, jemand oder etwas zu lieben,
Dann deshalb, weil sie unser Selbst, vielleicht für Momente,
barmherzig und wahr reflektieren.
Das halten wir fest! Warum denn auch nicht?
Wir »werden lebendig« durch dieses Echo.
Doch zweifelsohne müssen wir selbst es erlauben.
Denn solch ungefiltertes pures Dasein
Zeigt sich nur dem, dessen Dasein es abruft.
Mehr ist nicht nötig.
Von Christus her kommt Präsenz auf uns zu.
Und dann weiß unser Dasein, was nötig ist, um zu lieben.

Wenn dieser Spiegel aus beliebigem Grund verschwindet,
Verursacht das Trauer, Lehre und Wut.
Dann sind wir ziellos, das Herz gar gebrochen für einige Zeit.
Wir sterben gewissermaßen. Aber weshalb?
Weil wir uns selbst nur erkennen im Blick eines andren,
Und weil wir uns selbst – im Guten und Schlechten –
Ganz voneinander empfangen.
Der, die und das Andere schafft uns und heilt uns.

»Wir sind keine Insel, komplett in uns selbst«,
sagt uns John Donne, der Dichter.
Das nennen wir pures Geschenk: unsere Heiligkeit!
Oder auch Ganzheit, wenn du das vorziehst.
Wir sind immer Gebende, Resonanz,
und nie im Besitz unsrer selbst.

Der ganze Kosmos: Beziehung,
auf allen Ebenen und auch dazwischen.
Beziehung: Das Herz und die Grundmatrix des Seins,
Ein Spiegel des Drei-einen Gottes. (Genesis/1. Mose 1,26-27)
Jedes Objekt ist ein Spiegel, ein neuer Aspekt des Daseins.
Du findest die Spiegel überall in der Schöpfung, in Tieren,
Deinen Eltern, Geliebten, in Kindern und Büchern,
in Bildern und Filmen,
Und dann auch in dem, was manche als »Gott« bezeichnen.
Bedenke: Ein Wort nur ist »Gott« für die Wirklichkeit –
ein Wort mit Gesicht! Und manchmal Verbundenheit
(»Gebet« nennt das mancher oder auch »Liebe«).

Gott ist ein Spiegel, der groß genug ist, um alles zu fassen,
Und jeden einzelnen Teil von dir,
So wie er ist, nichts verwerfend und nicht korrigierend.
Oft,
Um einer tieferen Liebe willen.
Wir werden universelle Vergebung erleben,
Göttliche Zuneigung zu allem, was ist.
Manche nennen es »Göttliches Mitleid«.
Und es schließt auch uns ein.
Was immer der Spiegel aufnimmt, wird dadurch »erlöst«.
Und alles wird aufgenommen,
ob wir es glauben oder auch nicht.
Du musst die Sonne nicht sehen, um dennoch zu wissen,
dass sie immer noch scheint.

Wenn dich dein Göttlicher Spiegel nicht so empfangen kann,
Ist er gewiss nicht Gott.
Bedenke: Reue nützt keinem.
Scham ist nicht nötig.
Anklagen sind verschwendete Zeit.
Hass ist nichts als Ablenkung und Sackgasse.
Gott sieht und liebt in dir Gott, allezeit.
Als hätte Gott keine andere Wahl.
Gott hat sich einseitig, ewig der Seele verpflichtet.
Wenn du nicht zulassen kannst,
so ganz gespiegelt zu werden,
Wirst du dich nie erkennen
und auch nicht dein Sosein genießen.
Und Gottes Herz wird sich dir nicht erschließen.

Ein liebender Blick, den zu empfangen wir wagen,
startet womöglich den Fluss:
Die ganze Schöpfung, die Tiere, die Menschen,
sie sind dieser göttliche Blick,
Wenn wir es erlauben.
»Mein ganzes Wissen von einst war Stückwerk,
Doch dann soll ich einmal vollkommen erkennen, so wie
mich Gott schon jetzt ganz erkennt« (1. Korinther 12,12b).
Der Spiegel wird einstmals in beide Richtungen leuchten,
Und dort drüben werden wir sehen,
was wir hier drinnen erlauben.
Die Fähigkeit, ganz zu sehen,
sich vollständig sehen zu lassen:
Die meisten nennen das »Himmel«,
Und der beginnt jetzt.
Erlaube dem Göttlichen Spiegel, dich voll zu erfassen.
Dich ganz.

 Und du musst nie mehr einsam sein.

EPILOG

Sie dürfen mir mein Wort glauben: Griechenland, Ägypten, das alte Indien, das alte China, die Schönheit der Welt, jeder reine und echte Abglanz dieser Schönheit in den Künsten und in der Wissenschaft, der Anblick der Heimlichkeiten des menschlichen Herzens, die von religiösem Glauben leer waren – all dieses ebenso wie alles ersichtlich christliche hat dazu beigetragen, mich Christus als Gefangene auszuliefern.

Simone Weil[105]

105 In einem Brief an Pater Perrin, zitiert in: Wolfgng G. Müller (Hrsg.), Simone Weil und die religiöse Frage, Luzern 2007, 102.

NACHWORT: DIE LIEBE NACH DER LIEBE

Unser unverhülltes Angesicht
nimmt den Glanz Gottes auf
und wirft ihn zurück,
und wir werden nach und nach
in das Bild verwandelt,
das wir widerspiegeln.

2. Korinther 3,18

Derek Walcotts Gedicht »Love After Love« (*Die Liebe nach der Liebe*) fiel mir genau an dem Tag in die Hände, als dieser Dichter aus den West Indies starb: am 17. März 2017, gerade als ich begann, dieses Buch zu schreiben. In den frühen 1970er-Jahren war Walcotts Geburtsort, die Insel St. Lucia, die erste Station außerhalb der kontinentalen Vereinigten Staaten, wohin ich eingeladen wurde, um das Evangelium zu predigen. Ich begegnete ihm bei meiner dortigen Tagung sogar persönlich, an der er in aller Demut teilnahm! Wir sandten schon bald vier junge Mitglieder unserer New Jerusalem Community in Cincinnati aus, um in St. Lucia unter den Armen zu arbeiten, zwei von uns waren schwarz und zwei weiß, zwei Frauen und zwei Männer. Es hat ihr Leben verändert. Die wunderschöne Insel und die Menschen dort erschienen mir immer wie verzaubert, und sie sind es in meinen Erinnerungen noch immer. Jetzt wirst du noch einen weiteren Grund dafür erfahren:

DIE LIEBE NACH DER LIEBE

Die Zeit wird kommen,
wenn du, mit Jubel,
dich selbst begrüßen wirst als den,
der vor der eigenen Tür,
in deinem eigenen Spiegel ankommt,
und jeder wird lächeln, um den anderen zu begrüßen,

und sagen: Setz dich. Iss was.
Du wirst den Fremdling wieder liebgewinnen,
der du selber warst.
Schenk Wein ein. Gib Brot. Und gib dein Herz
dir selbst zurück, und dem Fremden, der dich geliebt hat

dein Leben lang, den du missachtet hast
für jemand anderen, der dich von innen kennt.

Hol die Liebesbriefe von dem Bücherbord,
die Fotos, die verzweifelten Notizen,
und schäl dein eigenes Gesicht vom Spiegel.
Und setz dich. Feiere dein Leben.

Ich hoffe, dieses Buch hat dir geholfen zu erfahren – und zu *wissen* –, dass der Christus, du und jeder »Fremde« alle derselbe Blick sind.

ANHÄNGE

LANDKARTEN FÜR DIE SEELENREISE ZU GOTT

In den beiden folgenden Anhängen präsentiere ich Schemata, die denen helfen könnten, die sich noch immer fragen, *wie* man den Universalen Christus, der in diesem Buch beschrieben wird, darstellen und verstehen kann.

Anhang I untersucht die Bedeutung von Weltbildern, indem er vier solche grundlegenden Konzepte sehr vereinfacht darstellt. Dieser Anhang liefert auch eine Begründung dafür, weshalb ich das vierte Weltbild favorisiere.

Anhang II beschreibt einen universellen Prozess der spirituellen Transformation einschließlich Dekonstruktion und Rekonstruktion. Selbst innerhalb eines inkarnatorischen Weltbildes wachsen wir, indem wir eine anscheinend perfekte Ordnung überschreiten und eine in der Regel schmerzhafte und scheinbar unnötige Unordnung zulassen, um schließlich zu einer erleuchteten Neuordnung oder »Auferstehung« zu gelangen.

ANHANG I
DIE VIER WELTBILDER

Wir alle agieren aufgrund impliziter Weltbilder, einer Reihe von Grundannahmen, die uns in der Regel nicht bewusst sind und die deshalb nur schwer wahrzunehmen, geschweige denn auszuwerten sind. Dein Weltbild ist nicht das, was du siehst. Es ist vielmehr *der Standpunkt, von dem aus du siehst, oder die Brille, durch die du siehst.* Demzufolge nimmst du es als gegeben hin, es ist dir weitgehend unbewusst und es bestimmt einen großen Teil dessen, was du siehst – und was du absolut nicht siehst. Wenn dein impliziertes Weltbild davon ausgeht, dass es nur das äußere, materielle Universum gibt, wirst du von Haus aus die Dinge genau so sehen, ohne das kritisch hinterfragen zu können. Wenn dein Weltbild ausschließlich das eines methodistischen Christen ist, wirst du diesen Methodismus auf alles übertragen, ohne es zu merken – was deine Gesamterfahrung bereichern mag oder auch limitieren. Wichtig ist, dass du die eigenen Vorlieben und Vorurteile kennst, weil es so etwas wie ein unvoreingenommenes Weltbild nicht gibt. Wenn du die eigenen Filter anerkennst, kannst du sie kompensieren.

Ich bin zum Schluss gekommen, dass es vier grundlegende Weltbilder gibt, auch wenn sie auf vielfache Weise ausgedrückt werden mögen und nicht in allen Fällen streng voneinander zu trennen sind. Es gibt Gestalten, die für die Vorzüge jeder dieser Anschauungen stehen oder mehrere von ihnen irgendwie kombinieren, was ihnen ermöglicht, religiöse, intellektuelle und ethnische Barrieren zu überschreiten. Alle vier haben etwas Gutes, und keines dieser Weltbilder ist komplett falsch oder komplett richtig, aber eins von ihnen ist bei Weitem das hilfreichste.

Diejenigen, die am *materialistischen Weltbild* festhalten, glauben, dass das äußere, sichtbare Universum die ultimative und »reale« Welt ist. Anhänger dieses Weltbildes haben uns Naturwissenschaften, Ingenieurskunst, Medizin und vieles von dem ermöglicht, was wir heutzutage »Zivilisation« nennen. Die materialistische Weltsicht hat offenkundig viel Gutes hervorgebracht, aber in den beiden letzten Jahrhunderten hat sie in den meisten entwickelten Ländern derart dominiert, dass der Eindruck entstehen konnte, sie sei die einzig mögliche und vollständig adäquate Sichtweise. Ein materialistisches Weltbild produziert Gesellschaften, die in hohem Maß konsum- und konkurrenzorientiert sind, und in denen häufig ein Grundgefühl von Mangel den Ton angibt, weil solch materielle Güter immer begrenzt sind.

Das *spirituelle Weltbild* ist für viele Formen von Religion und für einige idealistische Philosophien charakteristisch, die den Primat und die Letztgültigkeit von Geist, Bewusstsein und einer unsichtbaren Welt hinter allen Manifestationen betonen. Man kann dieses Weltbild in der platonischen Gedankenwelt vorfinden; in allerhand Formen von Gnostizismus (der die Position vertritt, dass sich Erlösung durch Erkenntnis ereignet); in einigen Schulen der Psychologie; in jenen Gestalten von Spiritualität, die »esoterisch« oder »New Age« genannt werden; und in den vielen auf pure Innerlichkeit fokussierte oder spiritualisierte Ausformungen, die es in allen Religionen gibt, einschließlich eines Großteils des Christentums. Auch dieses Weltbild hat teilweise sein Gutes, weil es das Faktum der spirituellen Welt hochhält, die viele Materialisten leugnen. Aber wenn es überzogen wird, kann es ätherisch und körperlos werden, normale menschliche Bedürfnisse in den Wind schlagen und die Notwendigkeit einer soliden Psychologie und Anthropologie oder gesellschaftlicher Themen wie Friede und Gerechtigkeit leugnen. Wenn es zu ernst genommen wird, kümmert sich das spirituelle Weltbild wenig um die Erde, die Mitmenschen oder soziale Gerechtigkeit, weil es die diesseitige Welt weitgehend als Illusion abtut.

Diejenigen, die einem *priesterlichen Weltbild* anhängen, wie ich das gerne nenne, sind in der Regel kultivierte, gebildete und lebenserfahrene Leute und Traditionen, die das Gefühl haben, es sei ihre Aufgabe, uns zu erklären, wie sich Geist und Materie zueinander verhalten. Sie sind Verwalter des Rechts, der heiligen Schriften und der Rituale; diese Gruppe umfasst Gurus, Geistliche, Therapeuten und fromme Gemeinschaften. Anhänger des priesterlichen Weltbilds helfen uns, hilfreiche Zusammenhänge herzustellen zwischen der materiellen und der spirituellen Welt, die nicht immer offenkundig sind. Aber der Nachteil dieser Sichtweise besteht darin, dass sie davon ausgeht, dass die beiden Welten letztlich getrennt sind, und dass sie jemanden brauchen, der sie irgendwie zusammenbindet (das ist die Bedeutung des Begriffs »Religion«: *re-ligio*, oder *Rückbindung*, und das ist auch die Wurzel des Begriffs *»yoga«*). Dieses Bedürfnis nach Wiedervereinigung ist natürlich zum Teil berechtigt, aber wenn man daran glaubt, entstehen Statusunterschiede und das führt häufig eher zu religiös Abhängigen und Konsumenten als zu echten Suchenden. Es beschreibt genau das, was die meisten von uns für das Wesen organisierter Religion und eines großen Teils der Selbsthilfewelt halten. Es verwickelt sich häufig mit Kauf und Verkauf im Tempel, um ein neutestamentliches Bild zu benutzen. Es überrascht nicht, dass die Konsumenten dieses Weltbildes in eine Zwickmühle zwischen sehr gesunder und wenig gesunder Religion geraten und dass sich seine »Priester« als großartige Mediatoren einerseits und als pure Scharlatane andererseits erweisen können.

Das *inkarnatorische Weltbild* schließlich, das davon ausgeht, dass Materie und Geist niemals getrennt worden sind, kontrastiert alle drei genannten Auffassungen. Materie und Geist offenbaren und manifestieren sich gegenseitig. *Diese Sicht baut mehr auf Erwachen als auf Mitgliedschaft, mehr auf Sehen als auf Gehorsam, mehr auf Wachstum, Bewusstsein und Liebe als auf Klerus, Expertentum, Moral, Schriften oder Rituale. Das Codewort, das ich in diesem ganzen Buch für dieses Weltbild verwende, ist einfach »Christus«.* Die Gegner dieses Weltbilds sind häufig Anhänger der drei anderen, aber aus unterschiedlichen Gründen.

In der christlichen Geschichte finden wir das *inkarnatorische Weltbild* am deutlichsten bei den frühen Kirchenvätern des Ostens[106], in der keltischen Spiritualität, bei vielen Mystikern, die Gebet und intensives gesellschaftliches Engagement miteinander verbunden haben, bei den Franziskanern ganz allgemein, bei vielen Naturmystikern und in der gegenwärtigen Öko-Spiritualität. Im Allgemeinen herrscht das *materialistische Weltbild* in der technokratischen Welt und jenen Bereichen vor, die von ihren Anhängern kolonialisiert werden; das *spirituelle Weltbild* wird vom gesamten Spektrum kopfgesteuerter und esoterisch angehauchter Zeitgenossen aufrechterhalten, während das *priesterliche Weltbild* fast alle Formen institutionalisierter Religion dominiert.

Jedes der vier Weltbilder besitzt einen Teil des kosmischen Puzzles der Realität, und selbst das inkarnatorische Weltbild kann unreflektiert und naiv daherkommen und insofern ebenfalls »falsch« sein. Ich habe das bei zahlreichen progressiven Katholiken, liberalen Protestanten und New Agern erlebt. Wenn jemand vorschnell und allzu zun-

106 Vgl. zum Beispiel Klaus Heinrich Neuhoff, *Theosis, Anakephalaiosis und Apokatastasis nach Maximos dem Bekenner in ihrer Bedeutung für die Kosmische Christologie*, Bonn 2016. Vgl. John O'Donhue u.a., *Anam Cara: Das Buch der keltischen Weisheit*, München 2010; John Philip Newell, *Christ of the Celts: The Healing of Creation*, Glasgow 2008. Ders.: *Dem Glauben Weite geben: Das Herz der Spiritualität neu finden*, Freiburg i.Br. 2016.

genfertig behauptet, »alle Dinge sind heilig« oder »Gott ist überall«, heißt das nicht unbedingt, dass sich diese Person tatsächlich nach solch einer Erkenntnis *gesehnt und Raum für sie geschaffen* oder diese erstaunliche Einsicht wirklich integriert hat. Deswegen müssen wir das Christusbewusstsein mit dem menschgewordenen Jesus in Einklang bringen. Auch die Inkarnation kann zu einem weiteren mentalen Glaubenssystem werden, das allzu problemlos akzeptiert wird, weil es sich einfach und trendy anfühlt. Nur ernsthafte und langjährige Sucherinnen und Sucher erleben die tiefe Befriedigung, die eine inkarnatorische Weltsicht mit sich bringt. Das fällt einem nicht einfach in den Schoß. Du musst ihren tiefen Sinn erkennen und wirklich den Geist in der und durch die Materie suchen. Ich denke, du musst tatsächlich im Laufe der Zeit lernen, die Materie in all ihren Erscheinungsformen zu lieben.

Die inkarnatorische Weltsicht begründet christliche Heiligkeit in der objektiven und ontologischen Realität anstatt ausschließlich in moralischem Verhalten. Das ist ihr großer Vorzug. Es ist jedoch auch der wichtige Sprung, den viele noch nicht gemacht haben. Diejenigen, die ihn hinter sich haben, können sich in einem Krankenhausbett oder in einer Kneipe genauso heilig fühlen wie in einer Kapelle. Sie können Christus in den Verunstalteten und den Gebrochenen ebenso sehen wie in den sogenannten Perfekten oder Attraktiven. Sie können sich selbst lieben und vergeben und auch allem anderen, was unvollkommen ist, weil alle gleichermaßen die *Imago Dei* tragen, wenn auch nicht perfekt. Inkarnatorisches Christusbewusstsein hat normalerweise unmittelbare soziale und praktische Auswirkungen. Wenn es sich tatsächlich um ein inkarnatorisches Christentum handelt, dann ist es immer eine Religion, die Hand anlegt, und niemals nur Esoterik, ein Glaubenssystem oder die Heilsvermittlung durch eine Priestergestalt.

Bei meiner Beschäftigung mit der zweitausendjährigen Geschichte des Christentums habe ich festgestellt, dass die meisten unserer historischen Gefechte und Abspaltungen mit Macht und mit der Deutungshoheit über die Sprache zu tun haben: Wer verwaltet die Symbole oder hat das Recht, die Symbole zu präsentieren? Wer benutzt die richtigen Worte? Wer folgt den oft willkürlichen Vorschriften, die sich auf die Bibel berufen? Wie geht man korrekt mit den Symbolen um? Und andere Dinge, die unwissentlich sind. (Das wird dir immer widerfahren, wenn du nicht weißt, was wesentlich ist.) Und all das muss als Ersatz für – die doch sicherlich ersehnte – Tiefenerfahrung des unendlichen Gottes herhalten.

Der Kern des Evangeliums von Gottes *Liebesvereinigung mit der gesamten Schöpfung von Anfang an* wurde selten geglaubt – und in der Regel von den meisten Klerikern sogar militant verworfen oder geleugnet. Man fragt sich, und ich meine das nicht zynisch, ob es dabei letztlich um die Absicherung von Arbeitsplätzen ging. Wir Kleriker waren in den ersten drei Weltbildern die notwendigen Mittler und Verkäufer, nicht aber so sehr aus inkarnatorischer Sicht. Deswegen sehen die meisten Kirchenfunktionäre die Natur nicht als die »Erste Bibel« an, sondern betonen die viel spätere Lesart, die in der letzten Nanosekunde der geologischen Zeit entstanden ist und dann zum *einzigen* Wort Gottes ernannt wurde. Aber genau dieselben Heiligen Schriften sagen, dass das »Wort« »von Anfang an« da gewesen sei (Johannes 1,1). Dieses Wort wurde immer mit »Christus« identifiziert – das in Raum und Zeit »Fleisch wurde und unter uns wohnte« (1,14). St. Bonaventura glaubte, dass *jedes Geschöpf ein Wort Gottes ist*, und dass dies das erste Buch »der Bibel« sei.[107]

107 Marianne Schlosser (Hg.), *Bonaventura: Breviloquium, 2, 5.1. 2*, Einsiedeln 2017.

Wenn meine Grundannahme in diesem Buch stimmt und Christus ein Wort für das Große Drehbuch der Geschichte ist, dann ist das inkarnatorische Weltbild, wenn man erwachsen damit umgeht, ganz bestimmt die Gute Nachricht!

Du musst die universale Manifestation aber nicht »Christus« nennen, um ganz und gar in ihr zu Hause zu sein und ihre immensen Früchte zu genießen.

ANHANG II
DAS MUSTER DER SPIRITUELLEN TRANSFORMATION

Selbst im Rahmen eines inkarnatorischen Weltbildes wachsen und reifen wir, indem wir eine gewissermaßen perfekte Ordnung hinter uns lassen, eine in der Regel schmerzhafte und scheinbar unnötige Unordnung durchschreiten und schließlich zu einer erleuchteten Neuordnung oder »Auferstehung« gelangen. Dies ist das »verbindende Muster«, das unsere Beziehung zu allem, was uns umgibt, auf soliden Boden stellt.

Ich nehme wahr, dass alle großen religiösen und philosophischen Traditionen den Prozessverlauf von Transformation und Wachstum kartographieren und dabei eine Vielzahl unterschiedlicher Metaphern für dieses Muster benutzen. Wir könnten auf die klassische »Heldenreise« hinweisen, die Joseph Campbell beschrieben hat[108]; auf die vier Jahreszeiten oder vier Himmelsrichtungen bei den meisten indigenen Religionen; auf die epischen Schilderungen vom Exodus, vom Exil und vom Gelobten Land beim jüdischen Volk, gefolgt von der Erzählung über das Kreuz, den Tod und die Auferstehung in der Christenheit. An dieser Stelle biete ich ein Destillat an, das vielleicht helfen könnte, all diese Prozesse und ihren jeweiligen Verlauf auf einen gemeinsamen und sehr einfachen – fast allzu einfachen – Punkt zu bringen. Jeder dieser »Mythen« sagt auf jeweils eigene Weise, dass sich Wachstum im Rahmen dieses Gesamtbogens ereignet. Um auf Liebe, Einheit, Heil oder Erleuchtung hinzuwachsen (ich benutze diese Worte fast auswechselbar), müssen wir uns von

108 Joseph Campbell, *Der Heros in tausend Gestalten*, Berlin 2011.

Ordnung über *Unordnung* und schließlich zu *Neuordnung* bewegen lassen.

ORDNUNG: In diesem ersten Stadium, *wenn es uns denn vergönnt ist (und das ist es nicht allen)*, fühlen wir uns unschuldig und geborgen. Alles ist im Wesentlichen gut, alles hat einen Sinn, und wir fühlen uns als Teil von etwas, was uns als normal und gerecht erscheint. Es handelt sich um unsere »erste Naivität«; sie erklärt alles und alles fühlt sich daher so an, als käme es direkt von Gott und sei solide und ewig. Wer versucht, an dieser ersten zufriedenstellenden Erklärung festzuhalten, wie die Dinge sind und sein sollten, wird dazu neigen, jede Verwirrung, jeden Konflikt, alle Ungereimtheiten und Leiden und jede Art von Dunkelheit zurückzuweisen und zu vermeiden. Solche Menschen können Unordnung nicht ausstehen, in welcher Form auch immer. Selbst viele Christen mögen nichts, was wie das »Tragen des Kreuzes« aussieht. (Das ist ein schwerer Preis, den wir dafür bezahlt haben, dass wir Jesus nur für das *gedankt* haben, was er am Kreuz getan hat, anstatt ihm wirklich *nachzufolgen*.) Das Ego glaubt, dass Unordnung und Veränderung stets zu vermeiden sind, also lasst uns einen sicheren Unterschlupf beziehen und so tun, als ob *meine Einstellung* völlig in Ordnung ist, und als ob sie für jede und jeden verbindlich ist, immer und überall »wahr«, ja sogar die einzige Wahrheit, die es überhaupt gibt. Aber der Dauerverbleib in diesem Stadium pflegt Menschen hervorzubringen, die entweder freiwillig naiv bleiben oder zu Kontroll-Freaks werden, und sehr häufig ist es sogar eine Kombination aus beidem. Mir ist aufgefallen, dass dieses Weltbild ausnahmslos aus einem Mangelgefühl heraus agiert und selten jemals aus einem Gefühl der Fülle.

UNORDNUNG: Schließlich und endlich muss und wird dich dein vorzüglich geordnetes Universum – dein »privates Erlösungsprojekt«, wie Thomas Merton es genannt hat – enttäuschen, *wenn du ehrlich bist.* Leonard Cohen drückt das so aus: »Da ist ein Riss, ein Riss in allem, das ist der Spalt, durch den das Licht einfällt« *(There is a crack in everything, that's how the light gets in).*[109] Deine Frau stirbt, dein Vater verliert den Job, du wurdest als Kind auf dem Spielplatz gemobbt, du stellst fest, dass du bedürftig bist und ständig an Sex denkst, du vermasselst das Examen für ein begehrtes Zertifikat, oder du merkst endlich, dass viele Mitmenschen von deinem wohlverdienten »Leben, deiner Freiheit und deinem Glücksstreben« ausgeschlossen sind.[110] Dies ist das Stadium der Unordnung , das wir auch nach der Geschichte von Adam und Eva den »Fall« nennen. Dieses Stadium ist in irgendeiner Form notwendig, wenn sich so etwas wie Wachstum ereignen soll; aber einige von uns finden diese Stufe derart ungemütlich, dass wir versuchen, zu unserer Anfangsordnung zurückzuflüchten – selbst wenn uns das umbringt. Das ist der postmoderne Standpunkt, der allen Großerzählungen, Ideologien und universal gültigen Grundannahmen misstraut, häufig sogar allen Vorstellungen von Vernunft, von einem gemeinsamen Wesen der Menschen, von gesellschaftlichem Fortschritt, von allgemein verbindlichen menschlichen Normen, von einer absoluten Wahrheit und einer objektiven Wirklichkeit. Ein Großteil der derzeit in der US-amerikanischen Gesellschaft und Regierung herrschenden chaotischen Zustände ist

109 Leonard Cohen, *Album: The Future*, 1992.

110 Anmerkung des Übersetzers: »Life, Liberty, and the Persuit of Happiness«, die drei großen Versprechen der US-amerikanischen Konstitution, die eigentlich allen gelten, da alle Menschen »gleich geschaffen« sind.

direkte Folge solch einer »Post-Wahrheitsgesellschaft«. Ein Daueraufenthalt in diesem Stadium pflegt die Leute ziemlich negativ und zynisch werden zu lassen, sehr häufig auch wütend und ziemlich starrsinnig und dogmatisch in der Frage, was je nach Standort »politisch korrekt« ist. Das ist Folge ihrer Suche nach einem soliden Fundament. Einige werfen religiösen Menschen vor, übertrieben dogmatisch zu sein, aber diese schwache Position betet ihrerseits die Unordnung selbst an, als sei sie ein Dogma, das in etwas so lautet: »Ich lehne sämtliche allgemeingültige Erklärungen ab, bis auf eine – es gibt keine allgemeingültigen Erklärungen!« Solch genereller Zynismus und Skeptizismus werden zu ihrer allgemeingültigen Erklärung, zu ihrer *de facto* Religion und auch zu ihrer tiefsten Verwundbarkeit.

NEUORDNUNG: Jede Religion verspricht auf je spezifische Weise, dass sie dich in diesen Zustand der Neuordnung versetzt. Unterschiedliche Systeme würden das »Erleuchtung«, »Exodus«, »Nirwana«, »Himmel«, »Seelenheil«, »Frühlingserwachen« oder auch »Auferstehung« nennen. Es ist das Leben auf der anderen Seite des Todes, der Sieg auf der anderen Seite des Scheiterns, die Freude auf der anderen Seite der Schmerzen bei der Geburt eines Babys. Es hängt alles davon ab, *es durchzumachen – anstatt unten durchzuschlüpfen, es zu übergehen oder zu umgehen.* Der Weg zur Neuordnung ist kein Dauerkampf. Um dort anzukommen, müssen wir vielmehr geduldig sein, Lehren ziehen aus allem und das Stadium der Unordnung miteinschließen, indem wir die erste naive Ordnung transzendieren – *aber auch sie nach wie vor einbeziehen!* Es läuft darauf hinaus, das Beste der konservativen und das Beste der progressiven Positionen miteinander zu verbinden. Es geht darum, das zu bewahren, was an der ersten Ordnung gut war, und ihr zugleich höchst notwendige Korrekturen ins Stammbuch zu schreiben. Gestalten, die, wie die jüdischen Propheten, dieses Stadium erreicht haben, könnte man »radikale Traditionalisten« nennen. Sie lieben ihre Wahrheit und ihre Gruppe genug, um sie kritisieren zu können. Sie kritisieren sie genug, um der eigenen Integrität und Intelligenz treu zu bleiben. Diese Weisen haben damit aufgehört, übermäßig zu reagieren, aber auch damit, den Status Quo übermäßig zu verteidigen. Das allerdings ist in der Regel eine Minorität.

Aufgrund meiner vielen Jahre als geistlicher Begleiter von Menschen in den Vereinigten Staaten und in anderen Ländern habe ich herausgefunden, dass die Konsequenzen dieses Weges für diejenigen, die sich selbst als Konservative oder Progressive verstehen, unterschiedlich sind. Konservative müssen die Illusion aufgeben, sie könnten die Welt durch Religion, Geld, Krieg oder Politik ordnen und in Schach halten. Das ist häufig ihr eigentliches Sicherheitssystem; ihre stark religiös gefärbte Sprache erweist sich oftmals als Vorwand und Verbrämung für eine ultra-konservative Politik. Echte Kontrollabgabe an Gott wird sich als Mitgefühl und Großherzigkeit zeigen und weniger als Grenzziehung.

Progressive hingegen müssen ihren Glauben an ständige Unordnung aufgeben samt ihrem Horror vor jeder Art von Führung, Altersweisheit oder Autorität, und sie müssen herausfinden, was an einer fundamentalen Ordnung gut, gesund und zutiefst richtig sein kann. Das wird normalerweise als Bewegung zu Demut und echter Gemeinschaft erlebt. Diese Leute müssen aufhören, negativ auf jede Autorität und Tradition zu reagieren, und erkennen, dass beide für die Kontinuität einer Gesellschaft nötig sind, ebenso wie geistige Gesundheit – was ihnen gestatten würde, Teil von etwas anderem außerhalb ihrer selbst zu sein.

Um zu größerer Ganzheit zu gelangen, müssen beide Gruppen auf je eigene Weise *ihre falsche Unschuld loslassen.* Progressive wie Konservative streben nach Isolation und Überlegenheit, wenn auch auf unterschiedliche Art. In meinem Jargon müssen beide irgendwie »verwundet« werden, bevor sie diese Grundillusionen aufgeben können. Im 12-Schritte-Programm von Selbsthilfegruppen wie den Anonymen Alkoholikern ist das Schritt 1, die »Anerkennung der eigenen Machtlosigkeit«.

Dieser Weg von der Ordnung zur Unordnung zur Neuordnung ist uns allen aufgetragen; es ist nichts, was man so nebenbei bei Abraham, Mose, Hiob oder Jesus bewundern kann. Unsere Aufgabe besteht darin, zu lauschen und zu erlauben, wenigstens ein bisschen mit dieser fast natürlichen Vorwärtsbewegung zu kooperieren. *Wir alle gelangen zur Weisheit, indem wir dafür den Preis unserer Unschuld und Kontrolle bezahlen.* Das heißt aber, dass nur wenige das freiwillig tun. Die Unordnung muss uns normalerweise aufgenötigt werden. Warum würde irgendwer so etwas von sich aus wählen? Ich jedenfalls nicht.

Ich will wiederholen, dass es keinen Nonstopflug von der Ordnung zur Neuordnung gibt oder von der Unordnung zur Neuordnung, es sei denn, du drehst wieder um und kehrst zu jenen guten und hilfreichen, aber zugleich begrenzten anfänglichen Beschreibungen von »Ordnung« zurück oder sogar zu den Tragödien der »Unordnung« und Verwundung (weil du sonst zu viel Leben mit Rebellion, Reaktion und Atemnot zubringst). Ich bin mir nicht sicher, weshalb Gott die Welt so geschaffen hat, aber ich muss den universellen Mythen und Erzählungen trauen. Die großen Narrative enthüllen zwischen Anfang und Ende geradezu zwangsläufig einen Konflikt, einen Widerspruch, eine Konfusion, eine Fliege in der Suppe unseres selbsterschaffenen Paradieses. Das bringt das Drama in Gang und beseelt es mit Dynamik und Demut. Natürlich jagt jeder am Anfang dem »Glück« nach, aber die meisten Bücher, die ich je gelesen habe, scheinen eine zusätzliche Version davon zu enthalten, wie Leiden Menschen sensibilisiert, gelehrt und gewandelt hat.

Unsere Ursprungsordnung aufrechtzuerhalten ist nicht per se Glück. Wir müssen eine »zweite Naivität« erhoffen und erwarten, die uns eher *geschenkt* wird, als von uns selbst geschaffen oder konstruiert. Glück ist das spirituelle Resultat vollendeter Reife, und deshalb spreche ich von »Neuordnung«. Du wirst zu deinem Glück geleitet – du kannst den Weg dorthin nicht mit eigener Willenskraft oder Cleverness finden. Trotzdem versuchen wir das alle! Wir scheinen dieses universelle Muster von Reifung und Veränderung hartnäckig zu ignorieren. Bäume werden stark, wenn sie Winden und Stürmen ausgesetzt sind. Boote wurden nicht gebaut, um ständig im Trockendock oder im Hafen zu bleiben. Tiersäuglinge müssen von ihren Müttern in die harte Schule des Überlebens genommen werden, oder sie sterben fast immer jung. Anscheinend muss jede und jeder von uns selbstständig für sich und begleitet von viel Gestrampel und Geschrei das erlernen, was gut versteckt, aber zugleich deutlich sichtbar ist.

ZITIERTE UND WEITERFÜHRENDE LITERATUR IN AUSWAHL

Die angeführten Internetquellen wurden am 16.09.2019 auf ihre Richtigkeit geprüft. Nachträglich erfolgte Änderungen oder Löschungen konnten daher nicht integriert werden.

Alfeyev, Hilarion. *Christ the Conqueror of Hell: The Descent into Hades from an Orthodox Perspective.* New York, 2009.

Uta Heil und Athanasius von Alexandrien (Hg.). *Athanasius. Gegen die Heiden. Über die Menschwerdung des Wortes Gottes. Über die Beschlüsse der Synode von Nizäa.* Frankfurt am Main, 2008.

Augustinus. The Retractions. Ins Englische übersetzt von Sr. M. Inez Bogan, R.S.M. The Fathers of the Church, Band 60. Washington, DC, 1968.

Barnhart, Bruno. *Second Simplicity: The Inner Shape of Christianity.* Mahwah, NJ, 1999.

Berry, Thomas. *Das Wilde und das Heilige: The Great Work – Unser Weg in die Zukunft.* Berlin, 2011.

Berry, Wendell. *The Wild Geese. Collected Poems, 1957–1982.* Berkeley, CA, 1984.

Boff, Leonardo. *Jesus Christus der Befreier.* Freiburg i.Br., 1992.

— *In ihm hat alles Bestand. Der kosmische Christus und die modernen Naturwissenschaften*, Innsbruck, 2013.

Bonaventura. *Breviloquium.* Einsiedeln, 2017.

Bonhoeffer, Dietrich. *Wer ist und wer war Jesus Christus? Seine Geschichte und sein Geheimnis.* Berlin, 1962.

Bourgeault, Cynthia. *The Holy Trinity and the Law of Three: Discovering the Radical Truth at the Heart of Christianity.* Boston, 2013.

— *The Meaning of Mary Magdalene: Discovering the Woman at the Heart of Christianity.* Boston, 2010.

— *The Wisdom Jesus: Transforming Heart and Mind – a New Perspective on Christ and His Message.* Boston, 2008.

Bowen, Elizabeth. *The Heat of the Day.* New York, 2002.

Browning, Elizabeth Barrett. *Aurora Leigh.* New York, 1857.

Bruteau, Beatrice. *Radikaler Optimismus: Praktische Spiritualität in einer unsicheren Welt.* Bielefeld, 2007.

Buber, Martin. *Das dialogische Prinzip: Ich und Du. Zwiesprache. Die Frage an den Einzelnen. Elemente des Zwischenmenschlichen. Zur Geschichte des dialogischen Prinzips.* Gütersloh, 1999.

— *Der Weg des Menschen nach der chassidischen Lehre.* Gütersloh, 2001.

Bühlmann, Walbert. *Von der Kirche träumen.* Graz, 1989.

Burnfield, David. *Patristic Universalism: An Alternative to the Traditional View of Divine Judgment.* CreateSpace Independent Publishing Platform, 2016.

Cannato, Judy. *Im Anfang war das Feld: Über die schöpferischen Kräfte des Lebens.* Amerang, 2015.

Cardenal, Ernesto. *Das Buch von der Liebe*, Wuppertal, 2004.

Carroll, John E. and Keith Warner (Hg.). *Ecology and Religion: Scientists Speak.* Quincy, IL, 1998.

Chryssavgis, John und Bruce V. Foltz (Hg.). *Toward an Ecology of Transfiguration: Orthodox Christian Perspectives on Environment, Nature, and Creation.* New York, 2013.

Clarke, Jim. *Creating Rituals: A New Way of Healing for Everyday Life.* Mahwah, NJ, 2011.

Crossan, John Dominic and Sarah Sexton Crossan. *Resurrecting Easter: How the West Lost and the East Kept the Original Easter Vision.* New York, 2018.

Davies, Paul. *Die Unsterblichkeit der Zeit: Die moderne Physik zwischen Rationalität und Gott.* Berlin, 2016

Dawkins, Richard. »Richard Dawkins on Skavlan December 2015.« *Skavlan.* YouTube. December 4, 2015. 14:12. https://www.youtube.com /watch ?v =e3oae0AOQew.

Delio, Ilia. *Christ in Evolution.* Maryknoll, NY, 2008.

— *The Emergent Christ: Exploring the Meaning of Catholic in an Evolutionary Universe.* Maryknoll, NY, 2011.

— *From Teilhard to Omega: Co-Creating an Unfinished Universe.* Maryknoll, NY, 2014.

Deseille, Placide. *Orthodox Spirituality and the Philokalia.* Wichita, 2008.

Dowd, Michael. *Thank God for Evolution: How the Marriage of Science and Religion Will Transform Your Life and Our World.* Tulsa, 2007.

Ebert, Andreas. *Schwarzes Feuer – Weißes Feuer: Mein Glaubensbekenntnis*, München, 2018.

— *Die Spiritualität des Enneagramms*. München, 2018.
Ebert, Andreas und Musto, Peter. *Praxis des Herzensgebets. Einen alten Meditationsweg neu entdecken*. München, 2019.
Edinger, Edward F. *Der Weg der Seele*. München, 1990.
Edwards, Denis. *The God of Evolution: A Trinitarian Theology*. Mahwah, NJ, 1999.
— *Jesus and the Cosmos*. Mahwah, NJ, 1991.
Elgin, Duane. *Das Lebende Universum: Woher wir kommen. Wohin wir gehen*. Weilersbach, 2010.
Everson, William. *Die unmögliche Wahl*. Wenzendorf, 2008.
Ferwerda, Julie A. *Raising Hell: Christianity's Most Controversial Doctrine Put Under Fire*. Lander, WY, 2011.
Fox, Matthew. *Der große Segen. Umarmt von der Schöpfung*. München, 1991.
Gilson, Etienne. *Der Geist der mittelalterlichen Philosophie*. Wien, 1950.
Girard, René. *Das Heilige und die Gewalt*. Düsseldorf, 2012.
Green, Harold J. *The Eternal We*. Chicago, 1986.
Gregor von Nyssa. *Das Leben des Mose oder Das vollkommene Leben*. Paderborn, 2016.
Hanson, Rick. *Das resiliente Gehirn: Wie wir zu unerschütterlicher Gelassenheit, innerer Stärke und Glück finden können*. Freiburg i.Br., 2019.
Hartmann, Isabel und Knieling, Reiner. *Gott. Wie wir den Einen suchten und das Universum in uns fanden*. Gütersloh, 2019.
Hillesum, Etty. *Das denkende Herz: Die Tagebücher von Etty Hillesum 1941 – 1943*. Reinsbeck, 1985.
Holmes, Barbara A. *Joy Unspeakable: Contemplative Practices of the Black Church*. Minneapolis, 2004.
Houselander, Caryll. *Essential Writings*, ohne Ort, 2005.
— *Mit Christus auferstanden*. Limburg, 1960.
Ingham, Mary Beth. *Scotus for Dunces: An Introduction to the Subtle Doctor*. St. Bonaventure, NY, 2003.
Johnson, Elizabeth A. *Creation and the Cross: The Mercy of God for a Planet in Peril*. Maryknoll, NY, 2018.
Julian von Norwich. *Offenbarungen von göttlicher Liebe*. Einsiedeln, 2011.
C. G. Jung. *Briefe II: 1946-1955*. Oelten, 1998.

— *Zur Psychologie westlicher und östlicher Religion: Gesammelte Werke 11*. Ostfildern, 2011.

Kazantzakis, Nikos. *Rechenschaft vor El Greco*. Reinbek, 1991.

Keating, Thomas. *Das Gebt der Sammlung*. Münsterschwarzach, 2010.

Koller, Dietrich. *Trinitarisch glauben, beten, denken. Die Dreieinigkeit als Liebessymbol*. Münsterschwarzach, 2002.

Koller, Dietrich und Ebert, Andreas. *Verborgene Jesusworte. Meditationen zum Thomasevangelium*. Münsterschwarzach, 2013.

Küng, Hans. *Der Anfang aller Dinge: Naturwissenschaft und Religion*. München, 2011.

Küstenmacher, Marion; Haberer Tilmann; Küstenmacher, Werner Tiki. *Gott 9.0: Wohin unsere Gesellschaft spirituell wachsen wird*. Gütersloh, 2010.

Küstenmacher, Marion. *Integrales Christentum. Einübung in eine neue spirituelle Intelligenz*. Gütersloh, 2018.

Leclerc, Eloi. *The Wisdom of the Poor One of Assisi*. Translated by Marie-Louise Johnson. Pasadena, CA, 2009.

Loy, David. *Erleuchtung, Evolution, Ethik – ein neuer buddhistischer Pfad*. Berlin, 2015.

MacNutt, Francis.*Die Kraft zu heilen*. Innsbruck, 1996.

Maximus the Confessor. *On the Cosmic Mystery of Jesus Christ*. Übersetzt von Paul M. Blowers und Robert Louis Wilken. New York, 2003.

McGilchrist, Iain. *The Master and His Emissary: The Divided Brain and the Making of the Western World*. New Haven, 2010.

Merton, Thomas. *Conjectures of a Guilty Bystander*. New York, 1966.

— *Christliche Kontemplation: Ein radikaler Weg der Gottsuche*. München, 2017.

Miller, William R. and Janet C' de Baca. *Quantum Change: When Epiphanies and Sudden Insights Transform Ordinary Lives*. New York, 2001.

Moltmann, Jürgen. *Der gekreuzigte Gott. Das Kreuz Christi als Grund und Kritik christlicher Theologie*. München, 1986.

— *Der Weg Jesu Christi. Christologie in messianischen Dimensionen*. Gütersloh, 1989.

Mooney, Christopher E. *Teilhard de Chardin and the Mystery of Christ*. New York, 1968.

Newell, John Philip. *Mit der Erde beten. Ein Gebetbuch des spirituellen Friedens.* Freiburg i.Br., 2014.
— *Dem Glauben Weite geben: Das Herz der Spiritualität neu finden.* Freiburg i.Br., 2016.
Nolan, Albert. *Jesus vor dem Christentum. Das Evangelium der Befreiung.* Luzern, 1993.
O'Connor, Flannery. *The Habit of Being: Letters of Flannery O'Connor.* New York, 1979.
Oliver, Mary. »*Wild Geese.*« *Owls and Other Fantasies: Poems and Essays*. Boston, 2003.
Panikkar, Raimon. *Das Göttliche in allem. Der Kern spiritueller Erfahrung.* Freiburg i.Br., 2000.
— *Der unbekannte Christus im Hinduismus.* Mainz, 1990.
Rahner, Karl. *Grundkurs des Glaubens. Einführung in den Begriff des Christentums.* Freiburg i.Br., 2008.
Rinpoche, Sogyal. *Das tibetanische Buch vom Leben und Sterben. Ein Schlüssel zum tieferen Verständnis von Leben und Tod*, München, 2010.
Rötting, Martin und Hackbarth-Johnson, Christian (Hg.). *Spiritualität der Zukunft: Suchbewegungen in einer multireligiösen Welt.* St. Ottilien, 2019.
Rohr, Richard. *Adams Wiederkehr: Initiation und Männerspiritualität.* München, 2013.
— *Zwölf Schritte der Heilung. Gesundheit und Spiritualität.* Freiburg i.Br., 2016.
— *Reifes Leben. Eine spirituelle Reise.* Freiburg i.Br., 2015.
— *Paulus: Der unbekannte Mystiker.* Stuttgart, 2019.
— *Pure Präsenz: Sehen lernen wie die Mystiker.* München, 2019.
— *Ganz da: Einfach und kontemplativ leben*. München, 2018.
— *Ins Herz geschrieben. Die Weisheit der Bibel als spiritueller Weg.* Freiburg i.Br., 2014.
Rohr, Richard und Ebert, Andreas. *Das Enneagramm. Die neun Gesichter der Seele*, München, 2017.
Rohr, Richard und Morrell, Mike. *Der göttliche Tanz. Wie uns ein Leben im Einklang mit dem dreieinigen Gott zutiefst verändern kann.* Asslar, 2017.
Roszak, Theodore. *Öko-Psychologie – Der entwurzelte Mensch und der Ruf der Erde.* Stuttgart, 1997.

Seed, John, Joanna Macy, Pat Fleming und Arne Naess. *Denken wie ein Berg. Ganzheitliche Ökologie: Die Konferenz des Lebens*. Ohne Ort, 1989.

Shore-Goss, Robert E. *God is Green: An Eco-Spirituality of Incarnate Compassion*. Eugene, OR, 2016.

Smith, Paul R. *Integral Christianity: The Spirit's Call to Evolve*. St. Paul, MN, 2011.

— *Is Your God Big Enough, Close Enough, You Enough? Jesus and the Three Faces of God*. St. Paul, MN, 2017.

Stegmaier, Werner. *Emmanuel Lévinas zur Einführung*. Hamburg, 2013.

Stendahl, Krister. *The Apostle Paul and the Introspective Conscience of the West*. Harvard Theological Review 56, no. 3 (1963): 199–215.

— *Das Vermächtnis des Paulus. Eine neue Sicht auf den Römerbrief*. Zürich, 2003.

Sweeney, Jon M. *Inventing Hell: Dante, the Bible, and Eternal Torment*. New York, 2014.

— *When St. Francis Saved the Church: How a Converted Medieval Troubadour Created a Spiritual Vison for the Ages*. Notre Dame, 2014.

Teihard de Chardin, Pierre. *Der Mensch im Kosmos*. München, 2018.

— *Das Herz der Materie und das Christische in der Evolution*. Ostfildern, 2014.

— *Das göttliche Milieu. Ein Entwurf des Innern Lebens*. Einsiedeln, 1990.

Teresa von Avila. *Die innere Burg*. Zürich, 2006.

Thitch Nhat Hanhh. *Jesus und Buddha – Ein Dialog der Liebe*. Freiburg i.Br., 2016.

Tucker, Mary Evelyn and John Grim. *Thomas Berry: Selected Writings on the Earth Community*. Maryknoll, NY, 2014.

Van Ness, Daniel W. und Karen Heetderks Strong. *Restoring Justice: An Introduction to Restorative Justice*. New Providence, NJ, 2010.

von Balthasar, Hans Urs. *Kleiner Diskurs über die Hölle – Apokatastasis*. Einsiedeln, 2007.

Walcott, Derek. *Love after Love. Collected Poems, 1948–1984*. New York, 1986.

Watts, Alan.*Weisheit des ungesicherten Lebens.* München, 2014.
Weil, Simone. *Waiting for God.* New York, 1973.
Whitman, Walt. »Starting from Paumanok.« *Walt Whitman: The Complete Poems.* London, 1986.
— *Grashalme.* Köln, 2009.
Wilber, Ken. *Integrale Spiritualität: Spirituelle Intelligenz rettet die Welt.* München, 2017.
Wink, Walter. *Verwandlung der Mächte. Eine Theologie der Gewaltfreiheit.* Regensburg, 2018.
Wright, Wendy M., ed. *Caryll Houselander: Essential Writings.* Maryknoll, NY: Orbis Books, 2005.
Yoder, John Howard. *The Politics of Jesus.* Grand Rapids: Wm. B. Eerdmans, 1994.

Originaltitel:
Richard Rohr: THE UNIVERSAL CHRIST: How a forgotten reality can change everything we see, hope for and believe.

This translation published by arrangement with Convergent Books, an imprint of the Crown Publishing Group, a division of Penguin Random House LLC

Penguin Random House Verlagsgruppe FSC® N001967

3. Auflage, 2024

Umschlagmotiv: www.pixabay.com
Druck und Bindung: GGP Media GmbH, Pößneck
Printed in Germany
ISBN 978-3-579-01481-4
www.gtvh.de